회사는 이유 없이 망하지 않는다

호세 에르난데스 지음

김경식 옮김

회사는 이유 없이 망하지 않는다

리더만 모르는 공공연한 비밀

호세 에르난데스 지음

김경식 옮김

문학사상

추천의 글

"모든 기업의 경영진들은 이 책을 꼭 읽어야 한다. 이 책은 일이 잘못되는 과정을 탐구하고 기업이 무너지는 것을 예방하는 법과 위기를 극복하고 궁극적으로 더 나은 기업이 되는 방법을 명확하게 설명한다. 더욱 중요한 것은, 이 책이 아직 윤리적인 문제를 겪지 않은 이들에게 사내 위법 행위를 인지할 수 있는 통찰력을 주고 위기를 겪지 않도록 도울 것이라는 점이다!"

이안 본 (에쓰앤씨-라발린 전 부회장)

"이 책에서 묘사된 **윤리적 완전성에 힘 실어 주기** 절차는 위기에서 벗어나 성공적인 전환을 이룩하려는 기업이 취해야 하는 행동을 적절하게 설명한다. 나는 저자인 에르난데스를 다임러에서 일하며 알게 됐다. 나는 한 인간으로서 그를 존경하며, 비즈니스에 대한 이해뿐만 아니라 그의 확고한 직업적 능력을 높이 평가한다."

보도 우에버 (다임러 전 CFO)

"호세 에르난데스의 책, 《회사는 이유 없이 망하지 않는다》는 잘못된 경영 방식을 고집하는 리더에게 큰 깨달음을 줄 것이다. 이는 그들의 경영이 잘못된 것을 알려 주고 올바른 방향으로 이끌어 주며 같은 실수를 반복하지 않도록 지도한다. 잘못된 경영 방식은 곧 주주의 자산을 낭비하는 것과 같으며, 기업의 평판은 훼손되고, 결국은 사법 당국의 제재 조치까지 불러온다. 기업의 잘

5

못된 지배 구조가 기업의 추락을 불러오는 것을 알게 된 에르난데스 박사는 '윤리적 완전성'이 기업의 성공에 필수적인 요소임을 경영진들이 확실하게 인식할 수 있도록 교훈을 설파하고 있다. 훌륭한 제품이나 서비스를 넘어, 훌륭한 기업 전략과 리더십 그리고 윤리적 완전성에 대한 강한 헌신이 기업을 강력하게 만들고 장기적인 수익을 내는 것을 돕는다. 모든 CEO, 이사회 구성원, 법률 자문 위원, 그리고 기업의 관리자들은 이 책을 정독해야 한다."

루이스 프리 (전 FBI 국장)

"명료하고 간결하면서 실제 경험을 바탕으로 해서 생생하다. 기업과 일한 경험에서 나온 실질적인 조언을 제공하는 훌륭한 책이다. 《회사는 이유 없이 망하지 않는다》는 경영진부터 솔선수범하는 문화와 기조가 중요하다는 사실을 강조하며, 위기가 어떻게 기업을 강력하고 사회에 필요한 가치를 지닐 수 있도록 만드는지도 분명하게 보여 주고 있다."

클라우스 파자크 (빌핑어 CFO)

"유럽의 관점에서 볼 때, 이 책은 특히 각 나라의 다양하고 낯선 사법 규제에 대한 중요한 정보를 제공한다. 이 책은 사내 위법 행위로 위기에 직면했을 때 리더로서 해야 할 일과 위법 행위를 불러올 수밖에 없던 상황을 설명하고 중요한 교훈을 주며 같은 일이 반복되지 않도록 도울 것이다. 또한 당신은 이 책에서 제시한 해결책으로 위기에서 벗어나 올바른 조직 문화를 바탕으로 한 단단한 기업을 구축할 것이다. 나는 이 책을 모든 기업의 리더, 고위 임원진 그리고 장래 기업의 리더들에게 추천한다."

피터 와키 (톰톰 감사회 의장)

"이 책은 저자 호세 에르난데스가 세간의 이목을 끈 기업의 위기를 기업의 리더들과 함께 헤쳐 나오며 얻은 주요 통찰을 담고 있다.《회사는 이유 없이 망하지 않는다》에서 에르난데스 박사는 위기의 근본적인 원인을 규명하고 대처하는 방법을 보여 준다. 그 원인은 대부분의 경우 리더의 잘못된 리더십과 조직 문화의 시스템적 실패에 기인한다."

로저 대센 (ASML CFO)

"현재의 리더와 장래에 리더가 되기를 열망하는 모든 사람들은《회사는 이유 없이 망하지 않는다》를 읽어야 한다. 이 책은 부패와 비리를 유발하는 조직 문화에서 실패의 원인을 찾고 해결책을 제시한다. 또한, 실질적이고 유용한 일곱 가지 로드맵을 사용해 경영진들에게 조직 내에 내재한 문제를 고쳐 나갈 방향을 안내한다. 저자인 에르난데스 박사는 리더들이 조직을 강화할 때 명심해야 하는 자세를 설득력 있는 이야기를 통해 보여 주며 이에 대한 중요한 통찰을 하게 만든다.《회사는 이유 없이 망하지 않는다》는 이해하기 쉬우며 중요한 영감을 주는 책이다. 에르난데스 박사의 도전을 받아들이고 **윤리적 완전성에 힘 실어 주기**를 채택하는 기업의 리더들은 직원, 이해관계자 그리고 사회를 위해 실제적이고 지속 가능하며 긍정적인 혜택을 주는 방식으로 자신의 조직을 재구성하게 될 것이다.

조이 토머스 (캐나다공인회계사협회 CEO)

단순히 자신의 편의가 아닌 잘못된 것을 바로잡으려 용감하게 소리친 사람들에게

나는 기업과 일을 하면서 전 세계에 걸쳐 기업 내 부정부패와 위법 행위를

고발한 사람들을 만났다. 진실이 묻히길 바라는 권력자들은 대부분 내부 고발자를

배척하고 그들이 침묵하기를 강요하며 위협한다. 그러나 그들의 목소리 없이

사회는 성장할 수 없다. 이 책의 핵심은 내부 고발자가 감내해야 하는 침묵과

배신자라는 낙인을 제거하는 것이다. 따라서 선을 넘는 비즈니스 관행을 고발하고

끊임없이 의문을 표하는 사람들에게 이 책을 바친다. 개인이 기업에 맞서 투쟁하려면

많은 위험이 뒤따를 수밖에 없다. 그들은 경력이 망가지는 것을 감수하며

기업에 항의하는 영웅이다. 그들은 악습을 청산해 사회를 바꾸려 하며

더 나은 세상을 위해 노력한다.

사람은 못 고쳐도
회사는 고칠 수 있다

왜 괜찮은 회사들이 망했을까? 왜 기업의 스캔들은 끊이질 않을까? 기업의 부패와 위법 행위는 불가피한 것일까? 더 현실적으로, 기업의 리더는 이걸 어떻게 해결할 수 있을까? 스캔들이 일어났을 때 회사를 살리기 위해 리더가 무엇을 해야 할까? 더 바람직하게, 애초에 스캔들을 피하려면 어떻게 해야 할까?

이런 고민들이 책을 집필하게 된 이유다.

나는 이 고민에 대한 답을 사회적 현상과 다년간의 경험에서 찾았다. 많은 글로벌 기업들이 회사 내부 문제로 위기를 겪었다가 문제를 극복하고 한층 성장했다. 이 책은 기업의 리더거나 경영, 기업 윤리, 기업의 위법 행위가 사회에 미치는 영향과 그 영향에 대처하는 것에 관심이 있는 사람이라면 누구든지 흥미롭게 읽을 수 있다.

해가 갈수록 기업의 스캔들에 관한 뉴스가 증가하고 있다. 최근에 일어난 일들을 언급하자면, 배기가스 배출 검사 결과를 속이기 위해 차량을 조작한 세계적인 자동차 회사, 고객의 동의를 얻지 않고 불법으로 계좌와 신용카드 정보를 빼돌린 대형 은행, 고위급 임원들의 성추문에 관한 뉴스가 있다. 이건 이미 잘 알려진 사례다. 기업에 관한 뉴스를 꾸준히 읽어 기업에 대해 잘 알고 있다고 생각할 수도 있지만, 언론에 보도된 것은 빙산의 일각일 뿐이다.

안타깝게도, 회사 상황을 악화시키는 것은 외부에 알려지면 안 되는 특별한 문제들이 아니다. 고위급 임원이 회사 비리를 묵인하는 것이 상황을 더 악화시킨다.

현실적으로 비리, 위법 행위, 부패를 근절하는 것은 불가능에 가깝다. 인간의 본성과 위법 행위로 얻는 수혜, 그리고 기업 인사들은 상대적으로 처벌을 적게 받기 때문에 비리를 근절하기 어렵다. 그래서 리더는 비리나 위법 행위가 불가피하다는 것을 받아들여야 한다(이는 위법 행위를 묵인한다는 것과 다르다). 그다음으로, 이런 현실을 염두에 두고 자신의 리더십을 재정비해서 회사가 더 큰 위기에 빠지기 전에 비리를 발견할 수 있는 조직을 만들어야 한다.

위법 행위는 불가피하지만, 스캔들은 그렇지 않다.

다음은 워런 버핏이 그의 기업 간부들에게 한 말이다.

지금 이 순간, 당신의 회사나 부서의 누군가는 절대로 해서는 안 되는, 밖으로 말이 새어 나가면 회사에 오명을 남길 일을 하고 있을 것이다(Buffett, 2006).

상황이 악화되기 전에 비리를 밝힐 수 있는 조직 문화나 시스템을 가진 회사가 얼마나 있을까? 대부분의 회사는 그런 체계를 가지고 있지 않을 것이다.

기업에 닥친 위기에 대처하고 청렴한 기업 문화를 만들 수 있는 방법이 있다. **윤리적 완전성에 힘 실어 주기**Empowering Integrity라는 일곱 단계의 과정이다. **윤리적 완전성에 힘 실어 주기**는 직원들에게 도덕적인 완벽함을 요구하는 것이 아니다. 직원들에게 법을 준수하라고 강요하는 것도 아니다. 대규모의 과징금, 손해 배상으로 회사의 명성이나 당기 순이익에 막대한 손해를 입기 전에 문제가 일어날 것을 미리 알고 예방하기 위한 로드맵을 그리는 것이 **윤리적 완전성에 힘 실어 주기**의 핵심이다. 이는 무너진 조직을 재건하기 위해 진행하는 모든 의사 결정이 투명하고 개방적이어야 하며 무엇보다도 윤리적으로 부족함이 없어야 한다는 뜻이다. 그래야 장기적인 면에서 전략적이며 수익 창출이 용이한 회사로 다시 태어나게 된다.

이 말이 이상적이어서 의심스럽게 들리는가?

이건 내가 20년간 일하면서 얻은 경험이니 의심하지 말라.

책을 집필하게 된 이유

나는 오랜 시간 기업과 일하면서 기업 내에서 일어난 부정부패를 목격했다. 그리고 그것을 해결하려는 과정에서 **윤리적 완전성에 힘 실어 주기**의 개념이 탄생했다.

나는 예나 지금이나 문제가 많은 나라 중 하나인 엘살바도르에서 자라면서, 업계 전체가 무너지는 과정을 여러 번 목격했다. 1987년, 아버지는 해산물 가공업체의 총괄 관리자였다. 회사는 노동자 파업과

라이벌 정치 집단이 벌인 폭력에 휘말렸고, 정치적 연계가 있는 3명의 유명 인사가 이 문제를 해결하기 위해 15만 달러 이상의 돈을 요구했다. 지금도 마찬가지지만, 그때도 뇌물은 흔한 일이었다. 지속된 뇌물 요구로 회사는 결국 파산했고 수천 명이 직업을 잃었다. 이렇게 파산한 회사가 한두 곳이 아니었으며, 수산업계는 끝내 회복될 수 없었다.

그 일이 있고 얼마 지나지 않아 우리 가족은 캐나다로 이민을 갔고 거기서 직장을 구할 수 있었다. 처음엔 PwC의 법의학 회계사로 시작해서 지금은 위기에 처한 회사를 돕는 기업 컨설턴트로 일하고 있다. 기업이 비리에 연루돼 사법 당국의 수사 대상이 되거나, 그로 인해 기업의 평판, 수익, 회사의 존속 여부가 흔들릴 때, 많은 기업들이 기업 컨설턴트를 찾는다. 우리 회사의 주 고객은 전 세계적으로 유명한 기업이다. 이들은 역사적으로 유서가 깊지만, 여러 나라의 사법 당국이 관여할 만큼 규모가 큰 사기, 뇌물 수수, 돈세탁 같은 사건에 휘말렸다(이런 수사는 보통 미 당국이 진행하는데 이유는 차차 밝혀질 것이다).

우리 회사는 원인을 파악하고 문제를 해결하기 위해 드는 천문학적인 노력에 대해 조언하며, 일이 재발하지 않도록 조치를 취한다. 상당히 보람 있는 일이며, 회사를 원상 복구하는 데는 기업의 경영진들의 공이 크다. 기업의 위기는 가끔 통제 불가능한 수준으로 커지기도 한다. 회사는 이를 수습하기 위해 헌신할 수 있는 사람들을 찾는다. 새로 온 경영진들은 기업의 신용도와 명성을 이전 수준까지 끌어올리기 위해 오랜 시간 공을 들인다. 우리 회사가 그들의 가이드이자 그들에게 도움을 주면서 회사를 원상 복구하는 과정에 함께할 수 있어 자랑스럽다.

그러던 중, 한 고객의 권유로 이 과정에 이름을 붙이고 책으로 집필하게 됐다.

그래서 나온 것이 **윤리적 완전성에 힘 실어 주기**다.《회사는 이유 없이 망하지 않는다》, 이 책에서 나는 **윤리적 완전성에 힘 실어 주기**의 일곱 단계를 서술하고, 각 조직의 문제와 일반적으로 기업에 내재한 문제도 함께 조명할 것이다.

책의 내용과 읽는 법

이 책은 크게 문제점과 해결책으로 나뉜다.

문제점에서, 멀쩡한 회사가 망하는 과정과 이유를 처음 세 장을 통해 다룰 것이다. 윈드 인터내셔널Wind International이라는 가상의 회사에 문제가 생겨 위기에 처하고 이를 인지하는 상황을 분석한 것이 이 부분의 핵심이다. 이 사례는 오랜 경험과 실화를 바탕으로 꾸며진 허구의 이야기다.

기업이 범하는 실수는 셀 수 없이 많고 복잡하지만, 특정한 패턴이 존재하기 때문에 예를 들어 간단하면서도 생생하게 설명할 수 있다. 윈드 인터내셔널의 이야기로 들어가기 앞서, 모든 위법 행위에는 3명의 인물이 있음을 짚고 넘어가고자 한다. 이들은 윈드 인터내셔널 사례에서는 물론이고 책의 다른 부분에서도 언급될 것이며, 책에서 나타나는 중요한 이슈들을 함축해서 보여줄 것이다.

1. 경영진은 회사를 생각하지만 타협이 빠르다. 당연히 그들이 놓치기 쉬운 사각지대가 생긴다. 그것이 의도적이든 아니든, 그 부

분은 문제가 곧 터진다는 사실을 인식하기 전에 회사를 위험에 빠트린다.

2. 유능하고 지적이며, 능률이 좋지만 도덕적으로 문제가 있는 직원은 높은 자리로 승진한다. 그들은 오랫동안 간섭을 받지 않고 조직을 운영할 수 있다. 스캔들이 터지고 나면, 이들은 '썩은 사과'로 치부된다. 이건 조심해서 사용해야 하는 용어이므로 이들을 기업의 '슈퍼스타'라고 부르려 한다.

3. 내부 고발자 혹은 잠재적인 내부 고발자들은 보통 선한 사람들이며 목소리를 높여 항의하지만, 의견은 대부분 묵살당한다. 혹은 보복의 위협 때문에 비리 고발을 두려워한다.

2장에서 윈드 인터내셔널의 사례를 보고 실수를 분석한 후, 심리적이거나 사회적인 이유에서 위법 행위가 불가피해지는 과정을 넓은 관점에서 살펴보고자 한다. 이 책에서 언급하는 연구가 있다. 이 연구에서 밝혀진 내용을 살펴보면 이 책을 이해하는 데 도움이 될 것이다. 연구 결과는 직원들이 도덕적으로 완벽하게 행동하는 것이 어려운 일임을 보여 준다. 그렇기 때문에 사고를 미리 예방하고 감지해야 하며, 비리나 위법 행위를 대처할 수 있는 올바른 문화와 체계를 개발하는 책임감이 필요하다.

문제를 파악한 후, '해결'하는 방법이 이 책의 두 번째 부분이다. **윤리적 완전성에 힘 실어 주기**를 설명하는 과정이라고 할 수 있다. 이는 총 일곱 단계며, 각 단계마다 사례, 실생활에서의 예, 이것을 적절히 활용하는 구체적인 팁을 넣어 이해를 돕고자 했다. 처음 네 단계는 회사를 위기에서 벗어나게 하기 위한 방법이고, 마지막 세 단계는 위기에 빠지지 않기 위해 회사가 취해야 하는 자세에 관한 내용이다. 만약 회사가 위기에 처해 있지 않고 시간이 없다면 5~7단계에 집중하면 된다.

이 책의 마지막 장은 새로운 형태의 리더십을 위한 모든 사항을 요약했다. 새로운 형태의 리더십은 회사 내부를 통제하고 전통적인 '당근과 채찍' 방식을 이용해 직원의 좋은 행동을 유도할 뿐 아니라, 직원과 비즈니스 파트너를 책임감 있고 윤리적으로 상대하는 것을 뜻한다. 화이트칼라 범죄는 복잡하고 주위에 만연하며, 조직에서 가장 약하고 리더가 알아채기 힘든 곳에서 벌어진다. 전통적인 리더십 방식은 이 문제를 대처하기에 적절하지 않다는 사실이 밝혀졌으므로 새로운 방식이 필요하다.

책을 읽어야 하는 사람

부정부패와 직원의 위법 행위는 어느 기업에서든 일어날 수 있다. 연매출 수십억 달러의 세계적인 제조업체, 국가 무역 단체나 각종 조합들, 심지어 비영리 단체일 수도 있다. 이 책의 뒷부분에 나오는 사례는 영리 단체에 초점을 맞춘 경우가 많은데, 내가 대부분을 영리 단체와 일했기 때문이다. 그러나 문제점과 해결책은 어느 기업에서나 적용할 수 있다.

이 책에서 언급하는 이슈는 특정한 곳에서 발생하는 것이 아니다. 나는 범죄와 부정부패가 만연한 나라에서 살기도 했고, 안정적인 정부와 비교적 생활 수준이 높은 나라에서도 살았다. 하지만 부정부패는 정치적인 문제와 상관없이 어디에서나 눈에 띈다.

사실 어떤 면에 있어서는 선진국의 기업이나 시민이 부정부패에 더 취약하다. 그들이 부정부패에 충격을 받을 가능성이 높기 때문이다. 고향인 엘살바도르나 브라질, 중국, 남아프리카공화국, 러시아 같은 국가에서 부정부패는 낯설지 않다. 비리를 어디서든 볼 수 있다. 그들은 돈이 조직의 의사 결정에 영향을 끼칠 수 있는 것을 알고 있기 때문에 이를 경계한다. 반대로, 도덕적 신뢰가 기본적으로 깔려 있는 나라(예를 들어 네덜란드나 캐나다)에서 위법 행위를 저지른 사람은 사람들의 시선을 피해 더 오랜 시간 범죄를 저지를 가능성이 크다. 이 말은 부정부패가 만연한 나라를 옹호하는 것이 아니다. 오히려 그와 거리가 멀다. 핵심은 위법 행위가 일어나지 않을 것이라 생각했던 곳에서 부정부패가 일어날 수 있다는 말이다. 리더들은 조직의 어두운 면을 보지 않으려 하며, 부정부패는 주로 어두운 곳에서 모습을 드러내지 않는다.

그럼 누가 이 책을 읽어야 할까? 회사가 잘 되기를 바라는 사람들이 읽으면 좋을 것이다. 특히 이사회 의장, 최고경영자CEO, 비상임이사, 이사, 부사장 등 임원직에 있는 사람들에게 큰 도움이 될 것이다.

특별히 언급하고 싶은 직책이 있다. 바로 게이트키퍼Gatekeeper라고 불리는 사람들이다. 이들은 기업의 윤리적이고 법적인 행동을 보호하는 독특한 직책을 가진 부서에서 일한다. 게이트키퍼의 역할은 최고재무관리자CFO, 총무, 인사 담당자, 내부 감사인, 준법 감시인, 위기관리, 회계와 자재 조달 책임자 등이다.

많은 이들이 이 역할에 대한 이해가 부족하며, 중요성도 인식하지 못한다. 게이트키퍼 유지 비용을 부담해야 하는데 이를 불필요한 간접비로 인식하고 사업을 방해한다고 생각하기 때문이다. 그걸 이해 못 하는 것은 아니다. 이 일이 제품 제조, 신제품 개발 혹은 매출을 증가시키거나 거래를 하는 등 수익을 창출하는 부서의 일이 아니기 때문이다. 게이트키퍼는 기업의 가치를 측정하는 주요한 지표인 기업의 이윤과 성장을 향상시키는 데 직접 가담하지 않는다. 하지만 게이트키퍼는 위법 행위가 더 큰 문제로 번지기 전에 이를 잡아낸다. 때문에 많은 경영진들이 인식하는 것보다 회사의 최종적인 순이익에 훨씬 더 근접하게 연결돼 있다. 이 역할을 CEO와 이사회가 인식하게 되면, 이는 회사에서 가장 가치 있는 자산이 될 것이다. 경영진은 게이트키퍼가 일을 효율적으로 할 수 있도록 권한을 부여해야 한다. 그들은 기업의 명성이 훼손되는 것을 방지하고 수백만 달러의 과징금을 부과하는 것과 수익 감소를 막을 수 있다. 게이트키퍼에 관한 내용은 책의 뒷부분에서 자세히 서술하겠다.

요약하자면, 이건 기업의 부정부패나 위법 행위를 어떻게 막을지 고민하는 사람들을 위한 책이다. 기업의 윤리 의식과 직업적인 완벽함을 유지해야 하는 게이트키퍼를 포함한 경영진들에게 특히 유용할 것이다.

차례

해결책

새로운 형태의 리더십

1장

생선은
머리부터 썩는다

회사는 이유 없이 망하지 않는다

2005년, 독일에 본사를 둔 자동차 회사에서 자문 업무를 시작했다. 시가 총액이 1천억 달러가 넘고, 전 세계적으로 30만 명 이상을 고용한 회사였다. 회사는 오랜 역사와 전통으로 존경받는 브랜드였고, 자동차를 생산해 전 세계에 수출하는 복합적인 시스템을 가지고 있었다. 이건 (여전히) 대단하고 인상적인 구조였다.

하지만 1년 전, 미 당국은 전 내부 감사관에게서 뇌물을 목적으로 개설된 계좌에 대한 정보를 입수했다. 이는 민형사상 수사로 이어졌고 변호사와 범죄 전문 회계사들이 모여 내부 수사를 진행했다.

내부 조사는 몇 년에 걸쳐 진행됐으며, 회사를 원상 복구하기 위해 천문학적인 비용이 들었다. 결국 회사는 미 법무부와 기소유예약정 DPA, Deferred Prosecution Agreement을 맺었다. 이는 피고가 유죄를 인정하면 감형해 주는 피고와 검찰 사이의 합의(양형 거래)다. 법원의 승인하에, 기업은 기소를 피하는 대신 위법 행위를 인정하고 벌금과 위약금을 내는 것에 동의한 사실을 문서로 보관한다.

우리 회사는 내부 조사가 시작되고 1년 후 이 일에 동참했다. 우리가 맡은 일은 장부를 원상 복구하고 내부 통제를 강화하는 것이었다. 우리는 재무제표상에 나타나지 않는 계좌를 장부에 기입하고 비자금 조성 같은 행동을 바로잡은 후 부적절한 지출이 생기지 않도록 조치를 취했다. 이는 회계 업무와 법적 문제가 뒤엉킨 복잡한 사건이었다. 하지만 사람과 관련된 일이 가장 큰 골칫거리였다.

이 일에 참여한 지 얼마 되지 않아, 100개국이 넘는 개발 도상국 시장을 담당하는 영업부 본부장을 만난 기억이 난다. 그는 부드러운 목소리와 자신감 넘치는 악수로 사람을 자기편으로 끌어들였다. 자신을 신뢰할 수 있는 사람으로 인식하게 하는 매력적인 사람이었다. 그는 붙임성이 좋았고 곧 퇴임하는 CEO와 가까운 사이였다. 그는 자신만의 경영 방식으로 개발 도상국 시장에서 오랫동안 실적을 쌓아온 경력자였고 회사 내에서 동경의 대상이었다.

그랬던 그가 스캔들과 부정부패의 중심에 있었다. 비자금 계좌는 그의 소행이었다. 그를 만나기 전, 나는 이 모든 일이 그의 소행임을 알고 있었으나 그는 나를 자신의 편으로 만들려 했다.

내부 조사를 진행하고 피해 사실을 수집하는 데 오랜 시간이 흐르긴 했지만, 결국 그와 그의 부하 직원들은 파면됐다. 새로 취임한 CEO와 CFO가 위기에 빠진 회사를 원상태로 복구하기 위해 노력했다. 그들은 위법 행위를 근절하고, 새로운 조직 문화를 구축했다. 추가로 발견된 문제 부문도 원래대로 복구했다. 몇 년에 걸쳐 회사를 바로

잡고 나니, 회사는 전보다 체계적으로 업무를 진행할 수 있었다. 그들은 회사가 주요 시장에 접근하는 방법을 재설계해, 단순하면서도 투명하게 관리할 수 있도록 경영을 전면 재편했다. 회사는 경영진들에게 새롭게 주의를 기울이며, 회사의 자원을 관리하는 데 있어 그들이 윤리적으로 행동하기를 당부했다. 2006년, 회사는 새로운 부패 방지 제도를 도입했다. 경영진들은 윤리적인 문제를 공개적으로 다루고 주도적으로 조직을 변화시키기 위해 많은 시간을 들였다.

회사의 업무는 더 이상 예전과 같은 방식으로 진행되지 않았다. 회사는 청렴한 기업 문화를 탄생시켰다. 규정을 준수해야 하는 강력한 환경을 만들고 시장 전략을 단순화했다. 위법 행위가 반복되지 않고, 발생하더라도 빠른 시일 내에 해결할 수 있는 강력한 규정을 세웠다. 또한 회사는 회사 내에서 위법 행위의 조짐이 보일 시 수사를 진행해 상황을 즉각적으로 복구하기 위한 위법 혐의 관리 및 조사 기구를 설치했다.

우리 회사가 업무를 마무리할 무렵, 회장은 회사의 변화에 대해 감사를 표했다. 우리는 회사의 사상, 이익, 기업가 정신을 훼손하지 않으면서 회사에 제도적인 변화를 가져왔다. 이 회사는 세계 자동차 업계 평판 3위에서 1위로 성장했고 이는 원래 예상했던 것보다 훨씬 이르게 이룬 놀라운 성과였다.

청렴한 환경을 고집하고 문제를 책임지려는 경영진이 있어서 윤리적인 문제를 해결할 수 있었다. 우리 회사가 한 일은 우리의 경험과 회사의 상황을 바탕으로 회사가 더 나은 선택을 하고 새로운 모습으로 변화하도록 이끌었을 뿐이었다.

지난 수년간 우리는 어려운 시기를 보낸 수많은 회사들과 비슷한 길을 걸었다. 이 책은 그들의 이야기를 담은 것이다.

문제점

지난 20년간 빠르게 증가한 기업 비리에 대중과 규제 당국의 인내심이 한계에 다다랐다. 엔론 스캔들은 2001년에 발생했음에도 아직도 그 여파가 식지 않았다. 2002년 미국에서 사베인스-옥슬리 법안 Sarbanes-Oxley Act이 통과되면서 기업 내부 통제안이 발생하자 많은 사람들이 거세게 항의한 것을 생생하게 기억하고 있다. 여러 CEO와 CFO들이 분기별 재무제표에 서명하는 것을 꺼려했다. 그들은 회계 감사인이 보내는 보고서에 서명을 해야 했지만 회사의 재정 상태와 재정 통제가 개인의 책임이 된 후에는 사정이 달라졌다.

엔론이 훌륭한 이사회와 인상적인 조직 구조를 가진 기업이었던 만큼, 엔론 사태는 여전히 기업인들에게 경종을 울리는 사례로 남아 있다(2008년에 일어난 테라노스 사태도 유사하다). 엔론의 충격적이고 빠른 파산 이후, 기업의 지배 구조를 위한 원칙 개발과 재무 보고 통제에 많은 관심이 쏠렸다.

2003년, 나는 네덜란드에서 발생한 '유럽의 엔론'이라 불리는 사기 사건을 조사하고 기업을 원상 복구시키는 일을 맡았다. 이 사건은 회사의 비리 문제가 미국에만 국한된 것이 아님을 보여 줬다. 기업 비리는 최고의 기업, 업계를 대표하는 기업 그리고 세계 어디에서나 일어날 수 있는 일이다. 미국, 아시아, 라틴 아메리카, 유럽에 지사를 둔, 역사적으로 유례가 깊은 기업에서 일어난 비리에 자국민들은 경악을 금치 못했다. 나는 당국과 연락하며 2년이 넘는 시간 동안 기업의 문제를 해결하려 애썼다. 결국 일부 경영진은 미국에서 복역했고, 다른 사람들은 가택 연금, 벌금 혹은 기소 유예 처분을 받았다.

규제 없는 서브 프라임 대출과 허술한 부동산 투자 관행으로 인해 2008년 미국발 금융 위기가 일어났다. 이런 사태가 벌어지자 정부는 불가능하다고 여겨졌던 주요 금융 기관 구제에 나섰다. 전 세계적으로 금융 위기의 충격에 따른 정부 구제와 국유화 계획이 퍼져 갔다. 기업의 탐욕, 공모, 견제와 균형의 부족으로 발생한 금융 위기를 구제한 것은 공적 자금이었다. 그렇게 금융 위기가 지나가자 베일에 가려져 있던 스위스와 다른 국가들의 조세 회피와 자금 세탁 스캔들이 밝혀졌다. 곧이어 은행 간부들이 수조 달러에 달하는 자금의 이자율을 조작한 리보LIBOR 스캔들이 터졌다.

대중은 이를 용서하거나 잊지 않을 것이다. 그 점은 뉴스 보도와 소셜 미디어, 일상 속의 대화에서도 명백하게 드러난다. 영화 〈빅 쇼트Big Short〉에 대중들의 생각이 고스란히 담겨 있다. 〈빅 쇼트〉는 2015년에 개봉한 코미디 영화로 대중들의 사랑과 평론가들의 호평을 받았다. 영화는 사내 문제로 위기에 빠진 기업이 좌절하는 모습을 신랄하게 비판하고 조롱했다. 오늘날 대중은 기업을 더 이상 신뢰하지 않는다. 아마 기업은 신뢰도를 회복하기 어려울 것이다.

뿐만 아니다. 규제와 관련된 일을 하는 사람은 누구나 알듯이, 전 세계의 국회의원과 규제 당국은 이런 스캔들이 일어나는 와중에 대중의 의견과는 다른 규제 정책을 펼쳤다. 대중들은 규제를 강화하고 법규를 준수할 것을 요구하는 시위를 벌였다.

이런 환경에서 기업이 스캔들로 치러야 할 대가는 어마어마하다. 나쁜 소식은 클릭 한 번에 전 세계로 퍼져 나가고 상황은 눈덩이처럼 커져 속도를 늦추거나 수습하기 더 힘들어진다.

스캔들은 위기를 가져올 수밖에 없다. 스캔들이 일어나는 순간 주식 시장에서 시가 총액이 급격하게 떨어지고 경영진들의 자질을 의심하는 기사가 쏟아진다. 그로 인해 기업과 안정적인 관계를 원했던 협력사의 신경이 곤두서게 된다. 공급업체는 혹시 모를 자금난을 걱정하며 신용 한도를 제한한다. 은행은 기업의 신용도 하락을 걱정하며 담보를 챙긴다. 그리고 은행은 이 회사가 위기를 극복하기 위해 추가적인 자금을 원한다는 사실도 알고 있다. 경영진들은 장기적인 계획을 세우기보다는 당장 눈앞의 생존에만 초점을 맞추고 우왕좌왕한다. 새로운 사실이 쏟아지고 그 때문에 생길지도 모르는 추가적인 부채 때문에 시장에 자본을 조달하는 것이 어려워진다. 자본 비용은 증가하고 직원들은 불안해한다. 유능한 직원들은 다른 직장을 찾아 나선다. 회사는 핵심 인력을 유지하기 위해 보너스 지급을 계획한다. 그러나 회사는 현금을 보유하기 위해 구조 조정을 발표할 것이다. 불안정한 고용 상태로 인한 직원들의 불안이 퍼져 나가고 의욕은 떨어진다. 주가 하락으로 인한 인수 합병설이 현실로 다가온다. 수백 명의 컨설턴트가 회사를 살리기 위해 회사로 들어오고, 그로 인한 추가적인 비용이 발생하며 미래에 대한 불확실성과 혼란이 가중된다.

하고자 하는 말은 간단하다. 화이트칼라 범죄는 엄청나게 크고 고통스러운 비용과 결과를 가져온다.

***

사내 위법 행위로 기업이 위기에 빠졌을 때, 경영진은 원인부터 찾을 것이다. 언론의 주장과 대중들이 믿는 것처럼 경영진들의 탐욕과 부패가 원인일까? 그렇게 믿는 것이 쉽고 단순할 것이다. 그러나 내가 많은 경영진들과 일했을 때 꼭 그렇지만은 않았다. 대기업의 경영진들은 주주와 직원, 고객의 이익을 위해 최선을 다하고자 하는 욕심이 있다.

그럼 도대체 기업 비리의 원인은 무엇일까?

훌륭한 경영진을 둔 우수한 기업들이 잘못된 길로 빠지는 이유는 시스템이 실패했기 때문이다. 이것은 기업 내에서 동시에 발생하는 구조적·전략적·문화적인 실패라는 뜻이다. 시스템 문제로 인한 이러한 실패는 (초기에는 합리화가 가능하지만) 경영진의 잘못된 선택에서 비롯된다. 스캔들이 터지기 최소 몇 년 전에 경영진들은 주요 인사들과 중요한 시장에 얽힌 위법 행위에 대한 조짐을 알게 된다. 어느 정도 수준인지 파악하기 위해 조사에 들어가지만 깊게 들어가지는 않는다. 경영진들은 순항하는 배가 흔들리는 것을 원치 않아 혐의를 더 파헤치거나 상황을 개선하려 하지 않고 이 사실을 묵인한다. 기업의 평판을 지키고 주요 프로젝트와 좋은 아이디어를 내놓는 기업의 '슈퍼스타'를 보호하려는 욕심이 그들의 판단을 흐리게 만든다. 각 기업 특유의 조직 문화도 화이트칼라 범죄와 위법 행위가 만연하게 하는 데 일조한다.

경영 비리에 연루된 경영진들이 처음부터 위법 행위를 저지르려고 했던 것은 아니다. 오히려 그 반대다. 그들은 옳은 일을 하려고 하며, 자신의 회사가 옳은 일을 한다고 생각한다. 하지만 그들은 위법 행위로 번질 수 있는 사소한 행동에 손을 대기 시작한다. 그들은 되돌리기엔 이미 늦었다는 사실을 알지 못한다. 앞서 말한 시스템 문제로 인한 실패는 지적이고, 창조적이며 카리스마를 가진 오랜 경력의 임원이 흔히 저지르는 실수다. 이 기업의 슈퍼스타들은 사실을 숨기고 문제 있는 행동을 합리화하며 그들의 힘과 영향력을 사용하는 방법을 안다. 혼란한 분위기와 모호한 관행으로 그들이 목적을 달성하는 것이 쉬워진다.

기업 비리는 처음엔 별개의 문제처럼 보인다. 하지만 곧 각 문제가 서로 깊숙하게 얽혀 있다는 것을 알게 된다. 대부분의 경우, 문제가 심각해지기 전에 알아챌 수 있는 경고가 분명히 존재한다. 회사는 이미 피해를 입었더라도, 더 큰 손해로 번지기 전에 기각되거나 표면적으로만 다뤄진 위법 행위를 다시 살펴봐야 한다.

예를 들어, CEO는 고객에게 몰래 뇌물을 주고 경쟁사의 기밀 정보를 제공받은 직원을 문제 삼지 않을 수도 있다. CEO는 제삼자가 회사를 위해 떳떳하지 않은 짓을 했다고 생각하기도 한다. 이런 일 중 일부는 내부 감사에서 밝혀질지도 모른다. 회사는 잘나가는 임원은 잘못이 없고 제삼자가 비난을 받아야 한다며 합리화한다. 그럼으로써 회사는 이 슈퍼스타의 잘못을 눈감아 주게 되고, 슈퍼스타는 또 다른 거래를 성사시킨 후에 승진한다.

인센티브를 기반으로 한 보상 제도도 비리를 저지를 수밖에 없는 환경을 만든다. 이 제도는 자본 시장의 압박을 받을 때 조직을 갉아먹는다. 목표치를 달성하는 데 있어 무조건적인 접근 방식, 승진 심사에서 '실적을 올리지 못하면 떠나야 하는' 환경과 실적을 달성하지 못하면 '창피당하는' 문화로 변질될 가능성이 있다. 기준에 못 미치는 직원은 직장을 잃거나 소외될 것을 안다. 기준선 안으로 들어온 사람은 승진을 하고 보너스를 받는다. 간단한 원리다.

기업의 스캔들이 일어날 때 언론이나 경영진들은 대체로 몇몇 '썩은 사과'가 문제의 원인이라고 지목한다. 실제로 이런 비양심적인 자들이 존재하긴 한다. 하지만 그들은 적당한 환경이 조성되지 않으면 문제를 일으킬 수 없다. 이들은 훌륭하다고 평가되는 기업이 가진 허술하고 취약한 시스템을 노린다. 그들은 외부인이 아니라 회사와 밀접하게 연관된, 존경받는 내부 직원들이다. 이 때문에 스캔들을 해결하기가 더욱 어렵다. 사람들은 범죄가 일어났다는 사실을 쉽게 받아들이지만, 그가 우리 팀의 자랑스러운 팀원이라는 사실은 부정하려 한다. 왜 그럴까? 그들이 우리 회사의 일부가 순수하지 않다는 경고를 보내기 때문이다.

우리는 그 사실을 알고 싶어 하지 않는다. 우리는 가치 있고, 그 가치를 인정받는 업무를 하는 중요한 회사에 출근한다. 우리는 대의명분을 믿는다. 어쨌든 자신의 일에 자부심이 있는 사람들은 회사를 소중히 여기고 스스로가 의미 있는 일을 한다고 믿는다. 스캔들이 일어나면 그들은 회사를 더 이상 신뢰하지 않고 오랜 시간 일하며 얻은 것들을 의심하게 된다.

스캔들이 일어나고 기업이 실패하는 가장 큰 이유는 기업이 목표만을 최우선으로 생각하며, 그 목표에 도달하기 위해 불건전하고 불합리한 방법을 사용하기 때문이다. 업계 최고인지 아닌지는 시장 점유율, 판매량, 경쟁자와의 상대적인 위치, 수익과 이익 신장률 같은 수치로 판단된다. 더 큰 성장을 위해 기업은 인수 합병에 열을 올린다. 안타깝게도 이럴 경우, 기업은 탄탄한 기업 문화를 유지하려 하지 않고 이미 취약한 기반 위에 새로운 운영 방식을 구축하려 한다. 이렇게 기업을 통제하기가 더 어려워지고 일은 더 복잡해진다. 고객은 수치가 되고 상품은 단위에 불과하며 기업의 가치는 냉장고 옆에 있는 광고 포스터 취급을 받는다. 이런 상황에서 부정부패와 위법 행위가 일어나고, 곪다가 결국 터진다.

자동차 산업을 예로 들어 보자. 2005년에서 2015년까지 자동차 판매량 세계 1위인 회사들 모두 형사상 위법 행위 혐의로 고생했다. 쉽지 않은 수사 과정을 거쳐 회사를 원래 상태도 복구하는 데 큰 비용이 들었으며 평판은 나빠졌다. 그들이 낸 벌금과 위약금, 기타 부수적인 손해가 수십억에 달했다. 이 글로벌 자동차 회사들은 위기에 적극적으로 대응하고 근본적인 변화를 위한 리더십과 경영 구조를 재구성해서 건전한 비즈니스 모델을 만들고 나서야 자동차 업계 1위의 자리를 되찾을 수 있었다.

곧 알게 되겠지만, 비리나 경영진들의 실수를 피하는 것은 거의 불가능하다. 비리를 저지르는 속성은 인간의 DNA에 기본적으로 내재돼 있기 때문이다. 따라서 비리를 막을 수 있는 가장 좋은 방법은 미리 대비하는 것이다. 비리 의혹이 제기되면 신속하게 조사에 들어가고 원상 복구까지 빠른 속도로 진행해 기업에 끼친 손해를 최소화하려는 조치만이 위법 행위로 인한 피해를 막을 수 있다.

회사를 경영하는 것은 어려운 일이다. 리더는 회사에서 일어나는 모든 일을 신경쓸 수 없다. 일반 직원들은 회사가 어떻게 돌아가는지 알아볼 기회조차 없다. 건전한 기업 문화를 만들기 위해 자신의 행동 (과 하지 않은 행동)을 책임질 수 있는 분위기를 형성해야 한다. 특히 위법 행위같이 중요한 문제에 대한 대처가 중요하다. 위법 행위가 발생할 경우, 겉핥기식으로 일을 처리하는 것은 기업의 도덕적 잣대를 훼손시키고, 다른 스캔들이 발생하도록 상황을 조성하는 것과 같다.

모든 기업은 각자의 독특한 특성을 가졌다. 하지만 비슷한 유형의 사고는 꾸준히 일어난다. 다음 장에서는 윈드 인터내셔널의 사례를 통해 이 문제를 철저하게 파헤칠 것이며, 이러한 위법 행위를 불가피하게 만드는 요소에 대한 심리 분석도 다룰 것이다.

해결책

대부분의 기업은 대중에게 널리 알려진 위기를 능숙하게 대처할 수 있다. 비리가 발각되거나 그런 조짐이 보일 때의 올바른 대처법을 알고 있으며, 더 중요한 것은 대중들로 하여금 그들이 올바르게 대처하고 있다고 생각하게 만드는 방법도 알고 있다는 것이다. 그러나 위기를 해결하려는 노력은 대부분 문제의 근본적인 원인까지 파고들지 못한다. 진정한 변화는 비리의 원인을 규명하고, 근원적인 해결책을 마련한 후, 범죄가 다시 발생하지 않는 상황에서 이뤄져야 한다.

이 책은 기업의 위법 행위에 숨어 있는 시스템 실패에 관한 해결책을 제시한다. **윤리적 완전성에 힘 실어 주기**는 규모와 목적에 상관없이 모든 조직에 적용할 수 있는 리더십 길잡이와 행동 지침서가 될 것이다. 이 과정은 총 일곱 단계로 구성돼 있으며, 위기 상황에 대응하고 조직 구조를 재구축하는 것과 비즈니스 방식을 바꾸는 것을 돕는다. 단계는 다음과 같다.

1단계 위기 이해하기

2단계 인과 관계 조사하기

3단계 로드맵 정의하기

4단계 합의 도모하기

5단계 기업 구조 강화하기

6단계 기업 문화 재정립하기

7단계 성장 전략 수립하기

앞에서 언급했듯이, 처음 네 단계는 당국과의 양형 거래를 포함해서 기업이 위기에서 벗어나는 방법을 설명한다. 마지막 세 단계는 더는 위기가 발생하지 않도록 철저하게 준비하는 과정이다. 이를 명확하게 구분하기 위해 과정을 두 부분으로 나눴다.

두 번째 단계(5-7단계)는 기업의 청렴도와 올바른 기업 문화를 고착하기 위한 시스템과 절차, 실무에 대해 서술했다. 또한 이 단계는 윤리적이고 책임감 있게 회사를 경영할 수 있는 핵심 부분을 설명할 것이다.

새로운 형태의 리더십

회사를 위해 애쓰며 존경받는 수많은 CEO, 이사, 임원들이 스캔들로 불명예스럽게 자리에서 물러난다. 그들은 잘못된 전략과 불안정한 시스템을 선택했으며, 회사 내에서의 비리를 못 본 체했다.

도덕적으로 행동하지 않은 사람이 회사에서 환대받는 일이 잦다. 즉 부회장, 회장, 회사의 통치자 같은 CEO를 비롯한 기업의 슈퍼스타가 뒤에서 벌이는 행동이 회사의 청렴한 문화를 갉아먹어도 그들은 칭송받는다.

오히려 옳은 일을 하는 사람들은 자신이 회사에 해를 입힌다고 생각하고 괴로워한다. 회사를 위해 옳은 일을 하고, 부적절한 사업 관행을 폭로하느라 개인적이고 직업적인 위험을 감수하는 기업의 관리자와 내부 고발자들이 있다. 그들은 침묵을 강요당하는 것은 물론, 무시당하거나 교묘하게 따돌림을 당한다. 그들의 경력에 흠이 생겼으며, 언제 보복당할지 몰라 두려워한다.

이 모든 일이 잘못된 리더십에서 나온 결과다. 처음 회사를 위한 그들의 의도와는 다르게 끝은 회사와 자기 자신에게도 피해를 끼칠 수 있다. 이 책의 결론 부분에서 리더십을 재설정하는 것이 무엇을 의미하는지를 탐구한다. 재설정한 리더십으로 경영진은 위기가 발생하기 전에 울리는 신호를 식별해 미리 대응할 수 있으며, 한 차원 높게 통찰할 수 있는 능력과 조직을 위한 의사 결정의 기반을 효과적으로 구축할 수 있다.

그렇다고 해서 이 책이 기업을 위한 현재 자본주의 체제의 대안을 요구하는 것은 아니다. 그리고 기업 전도사도 아니다. 현재 우리의 시스템에 문제가 있을 수는 있지만, 이건 우리가 가진 가장 나은 선택지다. 이 책에 담긴 메시지와 충고는 시스템의 결함을 잘 해결할 수 있는 방법을 알아내기 위한 것이다.

2장

회사가 망하는 데는
다 이유가 있다

회사는 이유 없이 망하지 않는다

위기는 예고 없이 찾아오지 않는다

바람이 부는 방향을 알기 위해
기상 캐스터가 필요한 것은 아니다.

- 밥 딜런

지난 수년간, 비리 혐의로 스캔들에 휘말린 많은 글로벌 기업을 봤다. 이 기업들의 스캔들은 사법 당국의 이목을 끌어 결국 수사로 이어졌다. 스캔들의 내막은 기업마다 다르지만, 전반적인 패턴과 경향은 비슷하다. 결론적으로 대부분의 기업이 잘못된 기업상을 가지고 있으며 경영진들의 잘못된 의사 결정도 스캔들의 원인이었다는 사실이 밝혀졌다. 경영진들은 문제가 발생할 것을 알지 못해 (종종 알고 있는 경우도 있다) 괴로워하는 것처럼 보인다.

윤리적 완전성에 힘 실어 주기 일곱 단계에 들어가기 전에, 교훈을 주는 사례부터 짚고 넘어가는 것이 도움이 될 듯하다. 다음의 사례는 잘못된 길로 들어섰으나 그 사실을 알지 못한 가상의 회사의 이야기다. 가상의 회사를 만든 이유는 두 가지다. 첫째, 회사 기밀 유지를 위해 컨설팅한 회사의 이름과 세부 사항을 밝힐 수 없기 때문이다. 둘째, 원활한 이해를 돕기 위함이다. 기업과 주인공은 가상의 소재지만, 현실을 기반으로 만들어졌다. 그들이 내린 잘못된 결정은 기업을 컨설팅하며 겪은 사례를 종합한 것이다.

여기서 소개할 이야기는 북유럽에 본사를 둔, 풍력 터빈을 제작하는 세계적인 제조업체인 윈드 인터내셔널이 겪은 일이다. 이 회사는 세계에서 가장 큰 풍력 장비 공급업체 중 하나고, 기술 혁신이라는 측면에서 산업을 이끌며 인정받고 있다.

북유럽을 문제가 있는 기업의 소재지로 설정한 것이 일반적인 정서와 맞지 않을 수도 있다. 어쨌든 북유럽은 투명성, 기업의 윤리와 사회적 책임 지수에서 전반적으로 높은 점수를 받고 있기 때문이다. 하지만 그렇기 때문에 윈드 인터내셔널의 본사 소재지로 북유럽을 선택했다. 최근 북유럽에서 일어난 사건을 보면 기업의 비리나 위법 행위가 세계 어디서나 일어날 수 있고 어떤 기업도 위법 행위에서 자유로울 수 없다는 사실을 알 수 있다.

이 사례에서 윈드 인터내셔널은 풍력 터빈 제조와 설치 운영 사업을 하고 있으나 이 역시 실제 사례는 아니다. 개인적으로 풍력 회사와 일한 적도 없고 이 산업에서 발생하는 비리에 대해 전혀 아는 바가 없다. 적절한 이해를 돕기 위해서 가상의 기업은 전 세계에 영향을 미쳐야 하며 사업도 복잡해야 하는데, 풍력 산업은 어떤 산업 못지않은 적절한 조건을 지녔기 때문에 풍력 산업을 선택했다.

사례를 살펴본 후, 윈드 인터내셔널이 무엇을 잘못했는지 심층적으로 분석할 것이다. 썩은 사과 하나가 바구니 안에 든 사과 전체를 썩게 만든다는 말이 있다. 윈드 인터내셔널의 사례를 보면서, 썩은 사과 하나가 어떻게 전체를 오염시키는지 생각해 보자. 또한 CEO가 조직 문화와 전략에 대해 의도적이거나 의도치 않게 범하는 실수에 집중해 보자. 윈드 인터내셔널의 이야기는 좋은 의도로 내린 결정이 잘못된 선택일 수 있으며 그 잘못된 결정이 어떻게 최악의 결과를 낳는지를 보여 준다.

윈드 인터내셔널 이야기

6월의 어느 날······.

존 피터는 윈드 인터내셔널의 CEO이며, 윈드 인터내셔널은 지난 100년간 풍차를 이용한 전기 발전기 개발 사업에 선구적인 역할을 했다. 북유럽의 작은 기업이었던 윈드는 현재 재생 에너지 분야를 이끌고 있다. 오대륙에 지사를 두고 있으며 경쟁력 높은 제품을 전 세계로 수출하는 영향력 있는 기업이다. 존 피터는 회사의 성공에 대한 긍지와 열심히 일하는 직원들에게 고마움을 느끼며 6월의 화창한 아침을 보냈다.

존은 회사가 주주들에게 많은 이익을 안겨줄 뿐 아니라, 청정에너지라는 가치 있는 일을 하는 것에 자부심이 있었다.

회사는 느리지만 꾸준하게 성장하다 21세기에 들어서 재생 에너지 분야에서 강자로 등극했다. 대체 에너지원에 대한 관심이 높아질 때를 놓치지 않고 2001년에 주식 시장에 상장을 했고, 오늘날까지 빠르게 성장했다.

존은 CEO가 되기 전부터 회사 성장의 주역이었다. 존은 남유럽 지사를 시작으로 대부분의 회사 생활을 윈드에서 보냈고 입사하자마자 회사의 기대주로 급부상했다. 회사는 전체적으로 호황기였지만 어떤 지사의 성장도 존이 기여한 성장에 비교할 수 없었다. 존은 동료들과 원만히 지냈지만 경쟁적이었으며, 매출 상승과 회사의 성장에 있어 동료들을 밟고 올라서는 데 엄청난 만족을 느꼈다.

존은 세계 각국의 풍차 엔지니어링 및 제조업체를 인수했다. 그들의 경영 방식에 간섭하지 않으며, 인수한 회사가 기존의 경영 방식을 유지하도록 하는 것이 윈드의 주된 전략이었고, 존은 그것을 책으로 출간했다. 그건 윈윈 전략이었다. 자회사들은 윈드 인터내셔널이라는 강력한 브랜드 덕분에 이익을 얻고, 윈드는 자회사가 가진 지역의 전문성과 기술적 노하우를 얻는 이점을 누렸다. 전 세계는 우수하고 청정한 에너지를 얻었으며, 그 결과 주주들은 이익을 챙기고 매 4분기마다 두 자릿수의 성장을 기대했다.

존은 오래된 업무 방식의 틀을 깨고, 리더십과 성장 측면에서 현대적인 방식을 도입했다. 5년 전, 그의 혁신적이고 탁월한 업무 성과로 이사회는 존을 윈드의 CEO로 임명했다.

존은 엘리베이터에서 내려 안내 데스크 직원들에게 인사하면서 윈드의 핵심 가치관인 '혁신', '우수성', '리더십', '팀워크', '사회 환원' 그리고 무엇보다도 중요한 '기업 윤리'를 누구나 볼 수 있도록 전시한 명판을 지나쳤다. 존의 지시에 따라 이 가치관은 전 세계 모든 지사에 전시됐다. 존은 심지어 이를 액자로 만들어 자신의 사무실에도 걸었다.

존은 어제 지역 상공 회의소에서 한 오찬 연설에 만족해 오늘 특히 기분이 좋다. 연설의 주제는 기업 윤리였다. 기업의 스캔들이 일상이 된 세계에서 기업의 지도자는 단지 도덕과 기업 윤리를 말로만 설교하는 것이 아니라 실천하는 것이 중요하다, 이것이 연설의 핵심 내용이었다. 모든 것은 위에서 하기 나름이다. 존은 윈드 인터내셔널이 기업 윤리 기준에서 모범이 되도록 많은 노력을 기울였다.

물론 윈드도 준법과 관련된 문제가 없는 것은 아니었다. 50개가 넘는 나라에서 지사를 운영하고, 100억 달러 이상의 매출을 올리면서, 25,000명의 직원을 거느린 기업에 문제가 없다는 것은 말이 되지 않는다. 하지만 회사는 일이 닥치는 대로 문제를 해결했다. '일을 빨리 해결하고 문제에서 벗어나자', 이것이 존의 모토였다.

존의 연설은 연설에 참석한 재계 인사들로부터 호평을 받았다. 윈드의 홍보 담당자는 그들이 보낸 찬사를 열정적으로 존에게 보고했다.

존은 자신의 사무실로 들어왔다. 비서가 존을 맞이하며 오늘의 스케줄이 담긴 파일을 건네줬다.

그러다 비서는 문득 생각이 난 것처럼, 회사의 내부 감사 담당자의 말을 전했다. 남미에서 발간된 스페인어로 쓰인 신문 기사를 읽었으면 한다는 말이었다. 윈드 인터내셔널이 언급된 부정적인 기사임이 분명했다.

존은 급하게 컴퓨터를 켜고 링크를 클릭해서 기사를 읽었다. 처음에 존은 왜 기사를 읽어야 하는지 알 수 없었다. 이는 '코니페라'라는 남미 컨설팅 회사의 의심스러운 관행과 남미 대륙의 몇몇 정부와의 유착 관계를 폭로한 기사였다. 코니페라는 권력 있는 공무원들과 그의 가족들에게 뇌물을 전달하는 역할을 했다. 그들의 이름이 신문 〈파나마〉에 언급됐다.

기사 제목에 언급된 유명한 기업들은 코니페라의 고객이라며 비난을 받았다. 그중에 윈드가 있었다. 기사는 풍력 발전소 설립 허가를 얻는 일이 말할 수 없이 복잡하며 장애물이 많다고 설명했다. 발전소 건립이 환경에 영향을 미치는지 평가해야 하고 각종 허가를 받아야 한다. 거기에 여론을 신경 써야 하고 토지 소유자와의 마찰도 해결해야 하며 풍력 발전을 반대하는 사람의 의견도 수용해야 한다는 것이다. 기사는 코니페라의 주요 고객인 윈드 인터내셔널이 고위직 공무원을 설득하고 규정을 어기면서, 경쟁 기업과 사업에 방해되는 걸림돌을 압도한다는 추측을 남발했다.

이런 추측은 윈드에서 일했다고 밝힌 익명의 직원에게 나왔다. 윈드의 홍보 담당자는 의혹에 대해 근거 없는 루머라고 일축했다. 윈드가 코니페라와 협력하냐는 질문에 담당자는 윈드는 수많은 공급업자 및 에이전트와 협력하며, 그들과 비밀 유지 계약을 맺었기 때문에 밝힐 수 없다고 대답했다.

존은 모든 면을 검토할 때 이 기사는 신빙성이 떨어지므로 회사의 명성에 큰 위험이 되지 않는다고 생각했다. 심지어 그는 이 신문의 이름조차 들어본 적이 없다. 언뜻 보기에도 이 신문은 현 집권당에 반대 의사를 표명하는 군소 지방지처럼 보였다. 존의 서투른 스페인어 실력으로도 기사는 공정해 보이지 않았다. 존은 본인이 알고 있는, 법률적으로 문제가 없는 다른 외국 기업도 혐의를 받고 있는지 확인하기 위해 기자의 이름을 확인했다. 존은 일단 이 문제를 깊게 들여다보기 위해 오전 스케줄을 비웠다.

우선, 존은 어제 한 연설에 대한 긍정적인 기사가 실린 지역 신문을 흔들며 기분 좋게 걸어오는 홍보 담당자를 불렀다. "좋은 기사야." 존이 말했다. "하지만 남미에서 나온 기사는 어떻게 된 일인가? 왜 내가 그 사실을 몰랐지?"

담당자는 그 문제로 존에게 걱정을 끼치고 싶지 않았다고 대답했다. 그의 입장은 이 기사가 남미에서 벌어진 지역적이고 사소한 일이며 회사의 전반적인 수익에 영향을 끼치지 않으므로 신경 쓸 필요가 없다는 것이다. 두 사람은 윈드의 법률 자문 위원을 만났다. 존은 자문 위원에게 이 기사에 대해 회사가 어떻게 반응을 해야 할지 물었다. 그들은 내부 감사 부서에 이 일을 맡기는 것 외에 할 수 있는 일이 없다고 대답했다. 이 기사는 회사에 큰 피해를 끼치지 않을 것이며, 추측성 혐의에 반응하는 것은 혐의에 정당성을 부여하는 것이니 그냥 기사에 반응하지 않고 모든 일이 끝날 때까지 기다리는 것이 최선이라 주장했다. 담당자는 이 기사가 다른 미디어에도 보도되는지 세밀하게 살피겠다고 약속했다. 그는 다른 미디어에 보도되지 않을 것이라 생각했다.

다음으로 존은 내부 감사 담당자를 만났다. 내부 감사 담당자는 다른 동료들보다 이 문제를 걱정하고 있었지만 역시 크게 개의치 않았다. 그녀는 회사가 직원은 물론 외부 감사 인력도 엄격히 감시하는 내부 시스템을 갖췄고 비리나 위법 행위에 대해서 무관용 처벌 정책을 취하고 있다며 존을 안심시켰다. 존은 내부 고발자의 신고 중 최근에 주목할 만한 폭로가 있었는지 물었다. 내부 감사 담당자는 해결하지 못한 문제가 많지만, 대부분은 회사에 불만을 품은 직원들의 피해망상적인 고발이라고 답했다. 회사의 자산을 빼돌리거나, 근무 시간에 대한 불만 혹은 사내 괴롭힘을 받는다는 일상적인 이슈와 증거가 부족한 혐의만 있을 뿐이었다.

내부 감사 담당자는 내부 고발자의 불만을 전담하는 조사 인력이 단 두 명에 불과하며, 이 인원은 문제를 해결하기에 턱없이 부족하다고 말했다. 감사팀은 현재 동유럽 지사의 혐의를 맡았는데 혐의를 제기한 사람이 아이러니하게도 이 혐의에 부분적으로 연루가 된 것처럼 보인다고 전했다. 만약 사실이라면 그는 해고될 것이다. 존이 누차 얘기했듯 무관용 원칙이 적용될 것이다. 내부 감사 담당자는 남미에 관한 보고 중에서 주목할 만한 것이 있는지 살펴보겠다고 약속했다.

내부 감사 담당자를 만나고 존은 남미 영업 총괄자인 조지프 바가에게 전화했다. 바가는 고객을 상대하느라 존을 5분 정도 기다리게 했다. 마침내 그와 통화하게 됐을 때 바가가 가볍게 말을 건넸다. "무엇을 도와드릴까요, 회장님?"

많은 사람들이 바가가 존의 뒤를 이을 것이라 생각했다. 윈드의 떠오르는 유망주인 바가는 지난 5년간 남미 지사의 매출을 거의 1,000%나 증가시켰다. 바가는 엔지니어로서 복잡한 터빈 기술에 해박했고 다른 기업과 사업 관계를 맺으며 회사를 대표해 대외적으로 좋은 이미지를 구축할 수 있는 재능을 지녔다. 바가는 똑똑하고 창의적이며 일을 카리스마 있게 추진할 수 있었다. 이사회는 4개 국어를 유창하게 하는 그에게 푹 빠져 있었다. 담당 지역 사업에 대한 발표를 위해 회의에 참석할 때 그는 청중을 압도했다.

바가는 존의 '인수를 통한 성장' 전략을 새로운 경지에 올렸다. 그는 새로운 시장으로 확장할 수 있는 정확한 타이밍을 알았고 어떤 기업을 공략해야 하는지도 정확하게 아는 듯했다. 새로운 프로젝트를 진행할 때 그의 팀은 항상 성공을 거뒀다. 전체적으로 봤을 때 회사는 입찰하는 프로젝트의 25%(이는 업계 평균을 웃도는 비율이다)를 성공적으로 확보했다. 존은 다른 지역 담당자들에게 바가처럼 일하라고 말하지는 않지만, 바가가 다른 담당자들의 실적을 판단하는 기준이라는 사실을 누구나 알고 있었다.

바가가 법률과 규정을 매번 지키는 것은 아니었지만 그는 언제 멈춰야 하는지를 알았다. 또한 항상 존에게 말했다. "이 업계의 비즈니스는 좀 다릅니다. 회사는 문화적 차이에 민감할 필요가 있습니다." 이는 일부 국가에서는 합법일지라도, 존이 담당하는 지역에서는 민감할 수 있다는 것이 그의 의견이었다.

그의 영업 매출액이 다른 지역보다 높은 이유는 바가가 직원들을 혹독하게 몰아쳤기 때문이었다. 많은 직원들이 일을 버거워했고 그 때문에 이직률이 높았다. 그래서 윈드 인터내셔널이 다른 회사 직원을 영입하는 것은 흔한 일이었다. 존은 회사가 최고의 인재를 배출하는 것은 모든 사람이 다 아는 사실이라고 믿고 싶었다. 바가의 아래에 있는 직원들은 그에게 충성을 다했다.

존은 바가에게 신문 기사에 언급된 혐의에 대해 주의를 기울이라 말했다. 바가는 기자가 그 나라에서 비열한 기회주의자로 알려져 있으며, 익명 제보자는 해고당해 윈드에 앙심을 품은 전 직원이라 확신했다. 바가는 소름끼치는 몰골로 회사 연례 총회에 나타났던 직원을 언급했다. "내부 고발자들은 정신 나간 사람들입니다." 바가가 말했다. 존은 그렇다고 말하진 않았지만, 이 의견에 동의하고 싶었다.

윈드가 과거에 코니페라와 일했다는 사실을 인정하긴 했지만, 바가는 코니페라와 한 계약이 '보잘것없는 것'에 불과하고 기사에서 언급한 규모와 다르다고 확신했다. 게다가 코니페라는 계약상 대리인을 위임하는 것과 반부패 관련 규정을 준수하는 데 필요한 모든 절차를 이행했다. 바가는 윈드 인터내셔널이 2년 전 다른 에이전트와 작은 문제가 있었다는 사실을 상기시켰다. 그때 바가가 사건 조사를 담당했다. 조사는 큰 성과를 가져왔다. 수상한 지출과 규정을 지키지 않은 사례가 발견됐다. 바가는 즉시 문제 있다고 판명되는 제삼자와 관계를 끊고 비리에 연루된 직원을 해고했다. 새로운 통제 시스템이 가동되면서 1만 달러가 넘는 지출은 모두 바가의 승인을 받아야 했다. 바가는 기사에 언급된 사건이 의심스럽지만, 내부 고발자의 상상에서나 가능한 일이라고 단언했다. 하지만 만약을 위해 코니페라와 관계를 끊을 것이고, 사건 조사에 착수하겠다고 말했다. 바가가 좋은 성과를 거두는 것은 익히 아는 사실이었고, 그가 직원을 올바른 방향으로 이끌 수 있다는 것을 알기에 존은 그의 대처 방안이 적절하다고 생각했다.

존은 마지막으로 이사회 의장에게 전화해 자신과 직원들이 알아서 해결할 테니 걱정하지 말라고 말했다. 의장은 존이 이 사실을 보고한 것에 대해 고마움을 표했다. 의장은 이 일이 경영에 관한 사안이고, 이 시점에서 이사회가 관여할 문제가 아니라는 것에 동의했다. 그들은 다음 감사 위원회가 열릴 때 내부 감사 담당자가 이 문제를 보고해야 한다는 것에도 동의했다.

남미 기사에 대한 문제가 안정되고 나서야 존은 본인의 업무로 복귀할 수 있었다. 오후에는 세 차례의 미팅이 있었다.

첫 번째 미팅은 재무 상태를 검토하기 위한 CFO와의 만남이었다. 믿기 힘들 만큼 좋은 소식이 가득했다. 주가는 치솟았고, 모든 매출은 8분기 연속해서 목표를 달성했다. 그들은 이때를 틈타 목표를 더 상향시키기로 결정했다. 무리한 결정임을 알고 있었지만, 다른 면에서 보면 목표를 올리는 것이 지역 간 영업 경쟁을 부추기는 방법 중 하나였다. 바가는 매 분기마다 모든 지역 간 경쟁에서 우위를 차지했다. 비교적 매출이 적은 아시아 태평양 지역의 책임자들은 이번 분기엔 바가가 아닌 자신이 좋은 성과를 낼 수 있기를 희망했다.

그다음으로 존은 신사업 및 기술 담당자를 만났다. 담당자는 먼 바다에서도 풍력 발전을 가능하게 한 부유 터빈을 제조하는 데 특화된 자회사에 관한 소식을 보고했다. 그들의 기술은 엄청난 혁신이었다. 자회사는 그들이 윈드를 통해 인수하기를 희망하는 세 곳의 중소기업을 지목했다. 아시아, 호주, 남유럽에 각 하나씩 있었다. 존은 자신이 남유럽에서 일할 때부터 알던 작은 기업을 기억해 냈다. 그 기업은 당시 준법과 관련된 문제가 있었지만 그 후 어떤 부정적인 소식도 들려오지 않았다. 게다가 이 기업은 윈드가 새로 떠오르는 산업에서 선두를 차지할 수 있도록 도움을 주는 다른 회사를 인수할 것이다. 존은 세

기업에 대한 인수를 승인했다.

마지막으로 존은 인사 담당자를 만나 직원 만족도 조사 결과를 논의했다. 참여율은 낮았으나 스트레스는 상승했다. 인사 담당자는 부서 방문(혹은 전화)이 25% 정도 늘었고, 스트레스로 인한 휴가가 20% 늘었다고 보고했다. 모든 직원은 분기마다 'CEO의 소식'이라는 약 10분짜리 영상을 시청해야 하는데, 두 사람은 이 방송에서 일과 생활의 균형의 중요성에 대해 언급하기로 했다. 인사 담당자가 다른 방안도 생각해야 할지 모른다고 말했지만 어쨌든 그건 나중의 일이었다. 지금으로서 영상은 적절한 조치였다. 존은 해야 할 일이 많았고 더 중요한 일도 남아 있었다.

오후 일과를 마치고 존은 만찬 자리로 이동했다. 존은 쉬기 위해 일찍 자리를 뜨려고 했다. 오늘 아침 어디에 위치한 지도 모르는 제삼 세계 언론에 난 자극적인 기사 때문에 일과를 지키지 못해 기분이 좋지 않았지만, 크게 이슈가 되지 않은 것에 만족했다.

1년 후…

존은 지친 발걸음으로 사무실로 들어왔다. 남미 스캔들이 아주 크게 터지고 나서 그는 온종일 스캔들을 수습하는 데 매달려 있다.

처음엔 지역 신문에서 시작된 문제였으나 곧 유럽을 비롯한 전 세계 신문들이 이 문제를 언급했다. 〈프랑크푸르터 알게마이네 차이퉁〉은 더 깊게 파고 들어갔다. 〈가디언〉, 〈월스트리트저널〉, 〈파이낸셜타임스〉, 〈사우스차이나모닝포스트〉, 〈글로브앤드메일〉 등이 이어서 이 사건을 보도했다.

시간이 흐른 후, 코니페라 대신 윈드 인터내셔널에 집중하는 기사가 늘었다. 기자들은 윈드가 코니페라와 처음 예상보다 더 깊은 관계에 있다는 사실과 남미의 악명 높은 다른 에이전트와 연결이 된 것을 밝혀냈다. 한 신문은 영국령 버진 아일랜드, 벨리즈, 키프로스, 셰이셸 제도와 같은 여러 조세 피난처에 설립된 셸 컴퍼니shell company와 윈드의 관계를 비난하는 기사를 냈다. 첫 기사의 내부 고발자를 시작으로, 수많은 증거와 내부 고발자들의 증언이 쏟아졌다. 여러 나라의 부패 공무원과의 유착 혐의가 보도됐다. 한 신문은 헤드라인을 이렇게 달았다. "깨끗하지 않은 에너지: 윈드 인터내셔널의 더러운 내막"

미 사법 당국이 수사를 진행하면서 일을 수습하기가 더 힘들어졌다. 미 당국이 수사에 참여할지도 모른다는 소문을 들었을 때, 존은 터무니없는 일이라고 생각했다. 말도 안 되는 소리다. 윈드가 위법 행위를 저질렀지만(이 당시까지만 해도 존은 이 혐의를 인정하지 않았다), 윈드는 미국 주식 거래소에서 거래되는 주식이 없었다. 미 당국은 왜 윈드를 수사하려는 것인가?

"회장님은 요점을 놓치고 있어요." 내부 감사 담당자가 존에게 말했다. "미 사법 당국의 법적 효력이 미치는 범위는 넓어요. 그들은 철저하고 무자비합니다. 우리가 미국에서 비즈니스를 하기 때문에 미 당국의 레이더에 걸린 겁니다. 코니페라도 마찬가지예요."

남미의 '작은' 컨설팅 기업으로 알려진 코니페라는 예상보다 훨씬 더 큰 기업이었다. 또 코니페라의 몇몇 직원이 위법 행위로 해고된 윈드의 전 직원이라는 사실이 밝혀졌다. "윈드 인터내셔널의 직원들은 비리를 외부에 위탁하면 들키지 않을 것이라 생각했다." 한 신문 사설이 지적했다. "그들은 틀렸다."

일부 매체는 존을 언급했다. 그는 지적이고 존경받지만, 현장에 관심이 없는 인물로 묘사됐다. "그는 현장 직원들이 무슨 일을 하는지 잘 모른다." 한 내부 고발자가 말했다. "직원들은 영상을 통해 그를 보지만 실물을 본 적은 없다. 회사 운영 방식을 확인하기 위해 그가 지사를 방문한 적은 단 한 번도 없다."

미 당국의 개입으로 다른 사실도 밝혀졌다. 미 당국은 윈드의 재무제표에서도 비리가 있다는 것을 밝혔다. 윈드를 낱낱이 파헤치니 자회사와 모회사의 복잡한 회사 구조로 중앙 감독을 통하지 않고 불법 거래가 가능했던 사실이 밝혀졌다.

다른 지역처럼 바가의 성과가 크게 부풀려진 사실도 드러났다. 몇몇 기사에서 윈드의 전 직원들은 비현실적인 목표를 달성하라는 압박을 받았다고 증언했다. "업무를 두고 지역 간 경쟁이 치열해서 기업에 해를 끼칠 정도였다." 한 직원이 말했다. "솔직히 말해, 직원들이 성과를 날조했다고 해도 놀랄 일은 아니다."

언론의 보도는 날카로웠고, 종종 윈드 인터내셔널의 위법 행위에 대한 무관용 정책을 인용했다. "어떤 면에서 무관용 정책이 딱 들어맞았다." 윈드에서 근무했던 한 직원이 말했다. "실제로는 무관용 정책은 그저 사건을 숨기고 침묵하는 것을 의미했다."

조작된 회계 장부는 미국 외에도 다른 여러 나라의 규제 당국과 사법기관의 이목을 끌어, 동시다발적인 수사가 진행 중이었다. 감사관과 수사관이 매일 회사를 방문했으며 본사는 포위된 느낌이 들었다.

잘못된 정보로 부풀려진 주가는 곤두박질쳐서 스캔들이 일어나기 전보다 50%나 하락했다. 윈드의 상장 채권도 떨어졌고, 국제적인 신용 평가 기관인 무디스와 에스앤피S&P는 채권의 신용도를 BBB+에서 BBB-로 하향시켰으며, 부정적인 전망을 내놓았다. 한 등급 더 떨어지면 채권은 정크 상태로 떨어지게 된다. 이렇게 신용 등급이 강등되면 더 높은 이자를 지불해야 할 뿐 아니라 채권 소유자들이 조기 상환 옵션을 행사할 수 있다. 20억 달러의 채무를 다시 빌리는 것은 사실상 불가능할 것이다. 은행, 채권 소유자, 신용 평가 기관의 압박이 심해졌다. 이들 모두 회사를 평가하기 위해 '실제' 수익과 현금의 흐름을 파악하기를 원했다.

최초로 윈드를 고발한 직원은 갑자기 커진 일로 어쩔 줄을 몰랐다. 기자들이 그의 집을 방문했으나 그는 입을 열기를 주저했다. 윈드는 그가 바가가 책임자로 있는 남미 지역의 평범한 회계사였는데, 업무 수행 능력이 좋지 않아 해고됐다고 주장했다. 한편, 부당 해고와 관련해 내부 고발자가 제기한 소송에서 윈드의 문제점이 밝혀졌다. 내부 고발자는 윈드 인터내셔널에 존재하는 압박 문화가 문제며, 특정 지출 항목을 조작하라는 지시에 우려를 표했으나 침묵하기를 강요받았다고 밝혔다. 그가 이의를 제기해 이 문제가 본사로 넘어갔으나 흐지부지돼 해결되지 않았다고 주장했다. 윈드가 몰랐던 사실은 이 내부 고발자가 미 사법 기관의 형사 소송에서 증인이 되기로 동의했다는 것이다.

내부 고발자는 바가를 알았지만, 그에게 충성을 바치는 그룹에 속하지는 않았다. 그는 바가와 그의 최측근이 두려웠다고 법정에서 진술했으며 내부 고발자의 익명 제보가 사라지는 추세라고 언급했다.

바가의 혐의도 드러나기 시작했다. 부패한 공무원들과 사적으로 만난 사진들이 발견돼 외신을 타고 세계를 돌았다. 알고 보니 코니페라가 바가에게 기회를 제공했으며, 바가는 기꺼이 기회를 잡고 스스로 일을 진행한 것이었다.

감사 위원회는 현재 진행 중인 내부 감사에 대해 여덟 번의 브리핑을 받았다. 감사 위원회는 끊임없이 이어지는 폭로에도 상황을 수습할 방법을 찾지 못해 혼란스러웠다. 내부 감사 담당자는 진상 조사 작업에 손을 댈 수 없었고 존은 해결할 방법을 찾지 못했다. 일이 벌어진 것을 알고 있지만, 해결을 위해서 구체적으로 논의된 방안은 없었다.

이사회는 폭발하기 일보 직전이었다. 이사회는 화합을 위한 자리에서 긴장감 넘치는 고통스러운 모임으로 변했다. 존과 이사회 의장(그리고 다른 이사회 멤버들)의 관계는 경직됐다. 비상임 이사들은 자신의 평판과 위치만을 걱정해 그들의 도움을 기대하기 어려웠다. 존은 모든 결정에서 이사회의 승인을 받는 데 어려움을 겪었다. 이사회는 더 자세한 정보와 정당한 이유를 요구했다. 비즈니스를 하는 것이 어려워지거나 거의 불가능해졌다.

결국 존은 바가를 한 달 전에 해고했다. 바가는 회사를 고소할 것이라 위협했고, 윈드는 바가를 회사에서 내보내는 대가가 천문학적일 것이라 예상했다. 어쨌든, 바가가 저지른 일은 회사에 위협이 될 것이다. 오늘 아침, 존은 바가가 JFK 공항에서 체포돼 다양한 죄목으로 기소됐다는 전화를 받았다. 이 시점에서 바가가 윈드의 전 임원이었다는 사실은 전혀 도움이 되지 않는다. 바가가 결정적인 증인이 될 수 있기 때문이다. 그가 재판에서 증언할 내용은 바가가 윈드를 위해 한 일이 전부일 것이다. 회사의 명성은 바가의 명예만큼이나 엉망이 될 것이다.

전화가 울렸다.

오늘 오후, 존은 이사회 의장이 비행기를 타고 그를 보러 온다는 사실을 알았다. 존은 의장이 무슨 말을 할지 알고 있었고, 사직서는 이미 준비됐다.

존은 사무실 벽에 걸린 명판을 봤다. 명판에는 기업의 가치관인 혁신, 탁월함, 리더십, 팀워크, 사회에 환원, 기업 윤리가 새겨져 있었다. 존은 그에 따라 살았다. 아니 그렇다고 생각했다. 의심하지 않고 그 가치들을 믿었다. 그런데 어떻게 회사가 이렇게 많은 문제를 가질 수 있었을까? 많은 사람들이 알고 있는 문제를 존만 모를 수 있었을까?

존이 어떻게 모를 수 있었단 말인가?

회사에 문제가 없다면
당신이 문제다

우리가 맞닥뜨린 중요한 문제들은 우리가 문제를
만들어냈을 때와 같은 수준에서 해결되지 않는다.

- 알베르트 아인슈타인

윈드는 무엇이 잘못됐는가

윈드 인터내셔널의 이야기는 이해하기 쉽도록 극적이고 단순화시킨
면이 있다. 하지만 실제 사건을 재조합한 이야기라는 것을 다시 밝힌
다. 앞서 언급한 이슈들은 크고 작은 기업에서 나오는 문제며, 경영진
들은 존처럼 행동하기도 한다. 문제는 썩은 사과가 아니다. 썩은 사과
로 인해 다른 멀쩡한 사과들이 망가지는 것이 문제다.

　윈드 인터내셔널과 존의 사례에서 회사 내부에 존재하는 시스템
적 문제와 CEO가 범하는 수많은 실수를 발견하는 것은 어렵지 않다.

다시 사건을 정리해 보자. 윈드 인터내셔널은 인사, 전략, 구조, 문화, 통제에 대한 잘못된 리더십으로 위기에 빠졌다. 이것들은 존이 자처한 위기가 아니었다. 몇몇 이슈는 다른 사람에게서 나왔다. 예를 들어 바가가 독립적으로 경영하도록 방치한 것이 원인일 수도 있다. 문제의 요점은 다음과 같다.

과격한 성장 전략을 따라가지 못하는 취약한 기반

불간섭 경영 방식

주주와 자본 시장은 회사가 성장하기를 바란다. 기업은 그 요구를 만족시키려 한다. 윈드 인터내셔널의 전략은 가능한 많은 지역 회사를 인수하는 것이었다. 자회사를 통제하기 힘들어진 윈드는 불간섭 경영방식이 사업 전략이라 포장하며 자회사에서 손을 뗐다. 이러한 전략은 결국 윈드를 분산된 조직으로 만들었다. 더 많은 기업을 인수하느라 존은 자회사에서 무슨 일이 일어나는지 들을 수 없었다. 불간섭 경영 방식은 정해진 목표를 달성해야 하는 각 지역 담당자들의 경쟁으로 변질됐다. 존은 주주의 기대를 충족시키기 위해 경영 문화를 무시하고 문제를 (모르거나 알면서도) 묵인했다. 또한 성장과 회사의 명성을 유지하기 위해 부실한 기반에 강한 압력을 가하며 이익을 증가시켰다.

불안정한 시장에서의 불필요한 위험 감수

지역의 담당자에게 많은 책임과 자율 감독권을 위임하면서까지 불안정한 시장에서 기업을 운영해야 했을까? 존이 문제를 해결하기 위해 바가에게 연락을 취하긴 했지만 이런 고위급 임원과의 접촉은 적절한 견제와 균형에 적합하지 않다.

윈드 인터내셔널이 코니페라를 이용해 부패한 공무원들과 접촉했다고 보도됐을 때, CEO가 이에 대해 묻기는 했지만 그건 적합한 질문은 아니었다. CEO는 업무 진행 과정과 회사의 평판과 관련된 위험에 대해서만 물었다. 사실 그가 오래전에 물었어야 하는 질문은 왜 에이전트까지 이용해서 이런 곳에 영업을 해야 하냐는 것이었다. 그들은 부패한 지역에서 이익을 빠르고 쉽게 낼 수 있다고 믿었다. 그러나 단기간에 이익을 창출하는 전략은 결국 장기적으로 보면 엄청난 피해를 가져온다는 사실이 증명됐다.

별일 아니라고 치부했던 문제에 나타난 조짐도 있었다. 에이전트와의 업무가 끝나면 에이전트가 있던 지역을 포함한 인근 지역에서 다른 에이전트와 사업 관계를 맺었는지 질문했어야 했다. 다른 에이전트들의 계약은 유지한 채, 한 에이전트와의 계약만 종료하는 것은 문제가 다 해결됐다는 잘못된 안도감을 줄 수 있다. 사실은 이것은 빙산의 일각만 살짝 건드린 것일지도 모른다.

비현실적인 목표와 강한 압박을 가하는 환경

윈드 인터내셔널의 CEO는 매 분기마다 매출 목표를 올렸다. CEO는 높은 목표를 잡는 것이 자연스러운 일이며 회사가 열심히 일하는 건전한 방식이라 생각했다. 하지만 목표에 끝이 있을까? 모든 사람과 조직에는 업무 방식을 근본적으로 변화시키거나 파괴하지 않고서는 도달할 수 없는 한계가 있다. 만약 성장, 매출, 이익이 목표일 경우 윈드의 사건이 보여 주듯 (일과 삶의 균형이라는 기업의 가치에도 불구하고) 과도한 압박만 남는다. 윈드 인터내셔널 직원들은 비현실적인 목표에 못 이겨 어쩔 수 없이 결과를 조작할 수밖에 없었다. 직원들은 위법 행위를 저지르면서 이것이 불법임을 인식하지 못하고 살아남기 위해서 당연히 그렇게 해야 한다고 느꼈다.

지속적으로 성과 목표를 높이면 더 큰 압박을 받을 수밖에 없고 공포와 압박으로 가득한 기업 문화가 성장을 위한 혁신이라고 착각하게 된다. 이는 에이전트와 거래하는 제삼자마저도 모두 목표를 달성하도록 압력을 가하는 업무 관행으로 이어진다. 여기까지 왔으면, 그다음은 장부를 조작하는 일이다. 매출에 대한 압박은 수용할 수 있는 업무 관행의 선을 조금씩 밀어 올려, 업무를 하는 데 어떤 제약도 없는 방식을 추구하게 만든다.

비즈니스 모델을 설정하고 관리하는 것이 불가능한 구조

과도하게 복잡한 조직 구조

급속한 성장과 관련해 윈드 인터내셔널의 복잡한 구조도 이슈가 됐다. 회사의 포트폴리오를 통해 본사에서 멀리 떨어진 지역에 위치한 회사를 경영하는 것을 포함해 상당량의 작업을 제삼자에게 위탁한 사실이 밝혀졌다. 이런 상황에서 본사가 이 모든 책임을 맡고 기업을 경영할 수 있겠는가? 어떻게 CEO가 이 거대한 기업의 작은 부분까지 그가 원하는 윤리적인 방식으로 진행된다고 확신할 수 있는가? 답은 간단하다. 그는 확신할 수 없다.

CEO는 내부 고발자 문제를 처리하기 위해 필요한 내부 감사 인력을 충원하지 않았다. 게다가 CEO는 문제가 지역 사회에서만 이슈가 됐고 헤드라인을 장식하지 않았으니 중요하지 않다고 생각했다. 존이 모든 문제를 하나하나 관여할 수 없다. 그가 모든 지사를 감독하기 힘드니 본사와 지역 간의 거리를 고려할 때 중앙 통제와 감시 기능이 적절하게 활성화될 필요가 있었다.

앞의 사례에서 CFO의 역할이 자세하게 나와 있지 않았다. CFO의 주된 역할은 기업의 성장과 이익 창출이 올바른 방향으로 가는 방법을 명확하게 이해하는 것이다. 그러나, 이 사례에서 윈드의 CFO는 시가 총액과 시장을 다루는 데 초점을 맞추고 있었다.

하기 꺼려지는 일을 위탁하는 비즈니스 모델

우선, 코니페라가 공급업체 목록에 오르지 말았어야 했다. 모든 기업은 제삼자 비즈니스 파트너를 둔다. 그게 잘못은 아니다. 그러나 위법 행위를 수사하는 법의학 전문가와 사법 당국은 외부 에이전트를 이용해 비리를 저지르는 일이 쉬운 것을 안다. 불안정한 시장에 영업을 하려는 기업은 더럽고 힘든 일을 대신 해줄 제삼자를 찾는다. 윈드가 이런 식으로 영업을 계속해서는 안 됐다. 존은 제삼자에게 비리를 위탁한 것에 아무 문제가 없다고 합리화했다. 여기서 자세히 몰랐다는 말은 변명이 될 수 없다.

바가는 잘나가는 직원이었고 상류층과 어울렸다. 그는 본인이 재량껏 업무를 수행할 수 있었고 난감한 질문을 받지도 않았다. 바가는 존이 만족할 만한 답을 줬다. 그 답은 후속 조치가 필요 없고 대화도 필요하지 않은 방식으로 주어졌다. 무관용 정책과 계약 종료는 문제가 해결되지 않아도 해결된 것 같은 잘못된 위안을 가져왔다. 그로 인해 핵심적인 질문을 하지 않으니 문제의 원인을 파악할 수 없었으며 아무런 조치도 취하지 않아 문제는 그대로 남아 있었다.

미미한 중앙 관리 감독과 제어 기능

기업의 '인수를 통한 성장' 전략은 인수된 기업이 전과 같이 영업하는 것을 허용하는데, 거기엔 잘못된 경영 관행도 포함됐다. 이런 방식엔 나름의 이유가 있다. 자회사가 그 지역 시장을 잘 알고 있으니 그들이 하는 방식을 따르자는 것이다. 그러나 이런 방식은 올바른 경영 구조도 중앙 통제도 없는 자회사와 모회사 간에 거리를 만든다. 이는 팔다리가 독립적으로 생각하고 움직이는 괴물과 다르지 않다. 게다가 모회사는 자회사에서 일어나는 일을 알지 못하니 운 좋게 비리를 발견한다고 해도 무슨 조치를 취해야 하는지 모를 수밖에 없다.

조직은 적절한 시스템과 절차, 기업이 소유하거나 관리하는 모든 법적인 조직체를 통제하면서 성장해야 한다. 비즈니스 모델이 변화함에 따라 내부 통제 및 감독이 강화돼야 하고 그에 적응해야 한다. 그러기 위해서 IT·인사·재무·법률·조달 및 내부 감사 부문에 투자를 해야 한다. 이에 반대되는 것이 위험한 상황을 보지 않고 문제를 감지하거나 해결할 수 없는 메커니즘으로 회사를 경영하는 것이다. 즉 나쁜 소식이 들리지 않게 하는 접근 방식이다. 이 방식은 지루한 업무를 처리하고 싶지 않은 임원들에게 매력적이지만, 근본적으로 건전하지 않은 위험한 방식이다.

기업의 슈퍼스타가 지배하는 바람직하지 않은 기업 문화

기업의 '슈퍼스타'

모든 기업엔 윈드 인터내셔널의 조지프 바가와 같이, 이 책에서 '슈퍼스타'라고 부르는 잘나가는 직원이 최소 한 명은 존재한다. 과한 영업 목표와 결합력이 부족한 조직 구조 때문이다. 슈퍼스타는 창의적이고 똑똑하며 추진력이 강해서 회사에 도움이 되지만 반대로 회사를 위험에 빠트리기도 한다. 이들은 자신이 속한 기업(그리고 투자자들과 지역 언론 매체)에서 성공적인 업무 수행 능력으로 찬양받고 자신의 영역을 경영할 수 있는 재량을 부여받는다. 그들은 잘 보여야 하는 사람들 앞에선 카리스마 있게 행동하고, 일반 직원들한테는 포악하게 행동한다. 많은 권력을 쥐고 있는 임원들이 회사 비리의 중심에 서는 이유다. 그들이 정한 규칙은 자기 자신에게는 적용되지 않는다. 그들은 자신의 영향력이 기업 문화를 바꿀 수 있다고 생각한다.

비즈니스를 위해서 슈퍼스타가 필요하긴 하다. 그들은 대체로 세상을 변화시킨다. 하지만 그들은 적절한 견제가 없으면 대개 나쁜 쪽으로 빠진다. 존은 바가에게 그의 관할 지역에서 일어난 위법 행위를 자체적으로 조사할 권한을 줬다. 이것이 결정적인 실수였다. 권력이 견제되지 않고 방치될 때, 관행이 허용되는 선은 불분명해진다. 막는 사람이 없으니 그들은 선을 자유롭게 넘나들며 자기 합리화를 한다. 이는 위법 행위가 만연한 환경을 만들 수밖에 없다. 기업의 조직 문화는 CEO가 용인하는 최악의 행동(혹은 직원들에게 용인되는 행동)이 기준이 된다는 말이 있다.

내부 고발 무시

윈드 인터내셔널에서 비리가 행해진 것을 알고 있어도 그들의 동료나 상사는 이를 모른 척했다. 이런 분위기 때문에 내부 고발을 삼가게 되고, 직원들이 윤리적인 문제에 대한 자문을 구하기 어려워졌으며 이슈를 공개적으로 논의하는 것이 사실상 금지됐다.

직원들은 압박과 비리를 고발한 사람이 해고되는 것을 알고 있었다. 실적이 부진하다는 이유로 내부 고발자를 해고하는 것은 경영진들이 볼 때 합당하게 보인다. 하지만 직원들은 이 행위가 압박 문화를 심화시키고 경영진들이 소통할 생각이 없다고 확신하게 되면서 기업이 업무 관행을 바꿀 의지가 없다는 인식을 갖게 된다.

우리는 윈드가 내부 고발자를 어떻게 생각하는지 알 수 있다. 영향력 있는 직원들은 내부 고발자를 '정신 나간 사람'이라고 부르며 해고시키고 앙심을 품은 사람으로 대한다. 존은 이 의견에 동의하고 싶었고, 내부 감사 담당자조차도 내부 고발자의 불만에 냉소적이었다. 그 결과, 내부 고발자들의 불만을 조사하는 데 적은 인력이 투입됐다.

내부 고발자에게 찍힌 낙인에 근거가 있다고 가정해 보자. 그들이 아웃사이더이며, 팀원들과 협동하지 못하고, 거칠거나 엇나가는 성격이더라도, 그들이 틀린 것은 아니다. 윈드 인터내셔널은 내용에 집중하기보다는 내용을 전달하는 사람에 집중해 판단하는 실수를 저질렀다. 윈드가 비리에 반대하는 사람들의 목소리에 일찍 귀를 기울였다면, 위기를 맞지 않았을 것이다.

리더의 소홀한 권력 견제

문제를 해결하기 위한 부적절한 대처

바가가 관할하는 지역에서 제삼자의 윤리 의식에 관한 스캔들은 처음이 아니었다. 바가의 관할 구역에서 일어난 사건을 바가가 조사했으니 위법 행위의 재발을 막을 수 없었다. 그럼에도 바가는 CEO에게 다시 한번 문제를 해결해 보겠다고 말할 수 있었다. 회사는 이 문제를 완벽하게 조사할 내부 감사와 법무팀을 갖추고 있었지만, 인력이 충분하지 않았고 그들을 적절하게 활용하지도 못했다. 윈드의 경영진은 각 지역 담당자에게 과도한 권한을 위임하고, 슈퍼스타를 지나치게 신뢰했으며, 회사 내 적절한 지배 구조를 구축하지 못했다. 정신병자에게 정신 병원을 맡기는 격이다.

윤리적인 의사 결정이 아닌 절차를 중시하는 경향

윈드가 업무 수행 절차와 과정을 지나치게 믿은 것은 사실이다. 기업의 경영진들은 이런 사항을 자주 언급하며, 비리가 발견됐을 때 해결책으로 더 많은 절차를 만든다(예를 들어, 1만 달러가 넘는 지출을 고위급 임원에게 결재받아야 하는 상황이다). 절차를 만드는 것이 잘못된 것은 아니다. 기업은 공식화된 절차가 필요하다. 하지만 존은 이런 절차만으로 비리를 근절시킬 수 없었다. 존은 윤리적으로 의사 결정이 가능한 문화를 적극적으로 구축할 필요가 있었다. 본인의 업무를 심사숙고하는 직원을 격려하고, 그들이 왜 이런 결정을 내렸는지 질문하고 그들의 행동을 생각할 수 있는 환경이 필요했다. 직원들이 어쩔 수 없이 (과도하고 부담스러운 매출 목표 때문에) 비윤리적인 행동을 해야 하는 상황이 왔을 때, 직원들에게 단순히 새로운 방법을 사용할 것을 권유하는 것으로 문제를 해결할 수 없다.

위법 행위에 대한 무관용 정책

CEO와 내부 감사 담당자는 사내 위법 행위에 대해 무관용 정책을 시행하고 있다고 자랑스럽게 얘기했다. 이론적으로 이 정책은 가치 있는 것처럼 보이지만, 처벌에 대한 공포 분위기를 조성하는 데 일조할 뿐이다. 사람들은 논란의 중심이 되는 것을 두려워해 다른 사람의 비리를 지적하는 것을 주저하게 된다. 투명한 대화를 통해 윤리적으로 의사 결정하는 문화를 형성하는 대신, 권위적이고 경직된 '무관용'이라는 단어를 사용함으로써 비리를 고발하려는 사람은 모습을 감추고 위법 행위는 보이지 않는 곳에서 성행하게 됐다.

그리고 '무관용' 정책은 편파적으로 (예를 들어, 일반 직원은 해고되고 실적이 좋은 관리자들은 약한 징계를 받는 것처럼) 적용되는 경우가 많아 정책 자체의 의미가 사라진다. 존이 바가를 해고하는 데 오랜 시간이 걸렸으며 자신에게 별다른 선택지가 없을 때에야 사직서를 제출했다. 은행의 말단 은행원은 소액의 현금을 훔쳐도 감옥에 가지만, 공격적인 영업 전략과 비리에 연루된 고위 경영진들은 대부분 처벌을 받지 않는다.

현실에 둔감하고 약한 리더십

말과 행동이 다른 리더십

존의 의도가 좋았던 것은 분명하다. 존은 자신이 경영하는 회사에 자부심을 가졌고, 경영 이념도 늘 가슴에 품고 있었다. 그렇지만 그의 행동과 의사 결정은 신념을 따라가지 못했다. 일과 생활의 균형을 강조하면서도 매출 목표를 조작해야 달성할 수 있을 만큼 높이 잡았다. 청렴을 강조하지만 청렴하지 못한 관리자에게 많은 권한을 위임했다. 앞서 언급한 바와 같이, 존은 위법 행위에 무관용 정책을 실시했지만 정작 비리를 고발하려는 사람은 신경 쓰지 않았다.

현실과 단절된 리더

존은 직원들과 교류가 없어 현장에서 무슨 일이 일어나는지 몰랐다. 물론 세계적인 기업의 CEO가 모든 직원을 알기는 어렵다. 하지만 존이 직원들과 소통하려 노력하지 않은 사실은 확실하다. 지사를 방문하지 않고 각 부서 담당자의 이야기를 들었다. 직원 만족도 조사 결과를 검토하긴 했지만 뜻밖의 결과에 대해 크게 개의치 않았다. 분기별로 제작하는 'CEO의 소식'은 좋은 의도에서 시작했지만, 직원들이 의견을 제시하거나 질문을 할 수 없는 일방통행형 의사소통이었다. 존은 자신이 직원들과 함께한다고 생각했지만, 실상은 홀로 동떨어져 있었다.

의도적인 외면과 형편없는 의사소통

'의도적인 외면'이라는 개념이 책에 빈번하게 언급되니 이 개념을 정의하고 가도 좋을 듯하다.

존은 나쁜 소식을 거의 듣지 못했다. 골치 아픈 내부 고발자에 대한 보고는 그에게 올라오지 않았다. 홍보 담당자는 언론이 보도하는 소식을 존에게 전하기보다는 존의 심기를 편하게 만들고 싶었다. 경영진들은 언론의 날카로운 기사가 큰 문제로 번지지 않을 것이라 안심시켰다. 존은 필요한 모든 정보를 받지 못했지만, 의도적으로 외면하기도 했다. "일을 빨리 해결하고 문제에서 벗어나자." 문제를 향한 그의 태도가 이를 증명한다. 이건 '옳은 일을 하자'는 말과 같은 의미가 아니다. 그는 결과에만 집중하고 결과를 도출하는 과정은 신경 쓰지 않았다. 또한 존은 직원들이 하는 일을 자세히 모르는 것이 직원의 위법 행위에 대한 책임에서 면제가 된다고 믿었다. 다시 말하지만 모르는 것은 변명이 되지 않는다.

그는 자신의 상사인 이사회 의장에게 소식을 전할 때도 그의 부하직원들과 마찬가지로 조심스러운 방식을 택했다. 의장에게 지나치게 간략해서 보고한 탓에, 그가 보고한 내용이 쓸모없을 정도였다. 존이 의장에게 전하는 말의 요지는 '걱정하지 말고, 내가 하는 업무에 관여하지 말라'는 것이었다. 여기서 상황을 더 악화시킨 것은 의장이 이런 부적절한 보고에도 불만을 갖지 않았다는 점이다.

윈드 인터내셔널의 의사소통은 꽉 막혀 버렸다. 위법 행위가 일어난 것을 많은 사람들이 알고 있지만 무시하고, 외면했으며, 홀대받고 과소평가됐다. 경영진들은 물론 모든 임원이 아무것도 모른다는 듯 행동하면 다 괜찮아질 것이라 생각했다.

시스템 문제로 인한 실패

윈드와 두 주인공인 존과 바가의 이야기를 통해 이 책에서 근본적으로 이야기하려는 문제를 들여다봤다. 구조적·전략적·문화적 붕괴가 중심이 된 시스템 문제로 인한 실패가 비리와 위법 행위의 원인이다.

CEO는 조직을 위해 성장 전략을 선택하고, 주식 시장과 주주에게 이를 알린다. 회사는 기업 내에 있는 인적, 경제적 자본을 조직하고 관리해 문화, 구조, 안전성을 확립하는 임무를 지녔다. 그다음으로 직원을 관리하고 회사의 가치를 확립하는 CEO를 선출하고 관리하는 것은 이사회의 역할이다.

이사회는 특정 지역의 전략과 기업 구조에 대해 CEO가 내린 중요한 결정에 관여하지 못했다. 그리고 CEO는 그가 의도하지는 않았지만, 현실에 둔감해졌고 신경 쓰지도 못했다.

판단력은 시간이 지날수록 흐려진다. 이사회 의장, CEO, 바가 같은 리더도 인간일 뿐이다. 그들도 사회를 형성하고 통제하는 심리적이고 사회적인 요소에 영향을 받지만, 이런 요소를 인식하는 사람은 거의 없다. 이것은 그들의 잘못된 행동에 대한 변명이 아니라 인간과 조직의 사각지대를 인식하고 이해시키기 위한 것이다.

어쨌든 시스템은 실패했다.

다음 장에서, 회사에서 비리나 위법 행위가 근절되지 못하는 이유를 더 잘 이해하기 위해 (이런 이유로 **윤리적 완전성에 힘 실어 주기**를 통해 조직을 관리하는 방법을 배워야 한다) 행동을 통제하는 요소들을 간단히 살펴보고자 한다.

3장

인간은 자신이 속한
환경을 따른다

회사는 이유 없이 망하지 않는다

선과 악은 영화처럼 명확하지 않다

우리의 삶은 부와 빈곤, 지리와 기후, 역사적인 시기,
문화적·정치적·종교적인 지배 같은 큰 시스템이나 매일 부딪히는 특수한
상황에 의해 형성된다. 이런 힘이 우리의 육체와 성격과 상호작용한다.

- 필립 짐바르도, 《루시퍼 이펙트》

할리우드에서 윈드 인터내셔널의 이야기를 블록버스터 영화로 만든
다면, 조지프 바가는 전형적인 악당일 것이다. 매력적인 인물로 등장
하지만 이야기가 진행되면서 잔혹한 범죄를 주도한 것이 밝혀지는 인
물 말이다. 영화는 정의를 구현하려는 기자와 법의 보호를 받는 용감
한 내부 고발자가 바가에 대항하는 내용으로 전개될 것이고, 결말은
바가의 몰락일 것이다. 한편 CEO는 비극적인 인물로, 순진한 인물이
바가와 같은 악당에 이용당하는 것으로 묘사될 것이다.

결국 이 이야기는 현실을 바탕으로 했지만, 단편적인 모습을 보여
준다. 블록버스터 영화는 선과 악을 분명하게 구분한다.

하지만 현실은 그리 단순하지 않다. 바가가 주변 인물을 타락시키는 비윤리적인 모습을 보이지만, 이런 행동을 할 수밖에 없는 요소가 존재한다. 바가가 비윤리적으로 행동하게 만드는 세력이 있다. 바가는 이른바 '썩은 사과'다. 그리고 회사에서 일이 잘못될 때, 고위 임원들은 이 문제가 '소수의 썩은 사과'나 '회사에 해를 끼치는 직원'의 소행이라고 믿고 싶어 한다. 사람들은 '썩은 사과'와 거리를 두고 그들과 자신은 다른 사람이라고 확신한다. 하지만 이런 사고방식은 근본적인 문제를 이해하지 못하고 비리 고발로 회사가 문제에 처할 때 적절한 해결책을 내놓지 못하게 한다.

멀쩡한 사과는 쉽게 상하고 썩은 사과는 여전히 굳건하다. 심리학, 사회학, 금융 시장과 자본주의에 내재된 압박과 힘이 서로 복잡하게 작용하기 때문이다. 이런 힘은 다음과 같이 작용한다.

- 멀쩡한 사과가 상한다.
- 썩은 사과는 자신의 행동을 합리화하고 자신은 잘못이 없다고 믿는다.
- 부적절한 행위에 대한 보상은 기업 내에서 가장 영향력이 큰 썩은 사과가 분위기를 주도할 수 있는 환경을 조성하는 데 도움을 준다.

이 책은 세계나 인간의 본성을 바꾸려는 것이 아니다. 그런 시도는 부질없다. 이 책의 목표는 **윤리적 완전성에 힘 실어 주기**의 일곱 단계를 통해 리더들이 스캔들이 일어나는 근본적인 원인을 이해하고 위법 행위에 대처하려는 것이다. 리더들은 위기를 예방하는 것이 어려운 일임을 인식하기 위해, 회사에 불리하게 작용하는 요소가 있다는 것을 알 필요가 있다.

심리학과 사회학 연구에 따르면, 선하고 평범한 사람도 상황에 따라 나쁜 일을 할 수 있다. 이런 상황을 만드는 요소는 크게 세 가지로 나뉜다.

- **압박**: 목표를 달성하고 리더(와 광범위한 사회 집단)의 기대를 충족하기 위한 과도한 압박이 비윤리적인 행동을 하도록 유도한다.
- **권력**: 견제되지 않는 막강한 권력을 가진 사람들은 권력에 취하기 쉽고, 비윤리적인 행동이 직업적·사회적 욕망을 충족시킬 때 비윤리적 행동을 합리화하려 한다.
- **관점**: 맥락과 상황은 의사 결정에 강한 영향력을 미친다. 인간은 상황에 따라 유연하게 행동할 수 있으며, 비윤리적인 행동이 정상적으로 받아들여지는 환경에 자연스럽게 적응한다.

이 요소는 피부색, 인종, 종교적 신념, 교육, 성장 배경, IQ에 관계없이 존재한다. 또한 시기도 관계없다. 로마 시대에도 그랬고 지금도 그렇다.

다음 몇 장은 과거 수십 년간의 연구와 최신 학술 연구에서 얻은 결과를 서술할 것이다. 이 경험을 엮은 책이 얀 빌헬름 반 프로이엔 Jan-Willem van Prooijen과 폴 반 랭Paul van Lange의 《부정행위와 부패, 은폐 Cheating, Corruption and Concealment》다. 그들은 모두 암스테르담대학교의 교수로 재직하고 있다. (저자도 겸임 교수로 재직 중이다.)

압박

악마는 15볼트에서 찾아온다

1960년대 초, 많은 논란을 부른 실험이 있다. 이 실험에서 예일대학교의 심리학자인 스탠리 밀그램은 권위에 복종하는 충격적인 힘을 발견했다. 실험 참가자들은 '징벌에 의한 학습 효과'를 알아보는 실험이라고 생각했다. 실험자들은 피실험자에게 '학습자'가 틀린 답을 하면 더 높은 수준의 충격을 가하도록 지시했다. 피실험자의 행동에 실제 배우인 학습자들은 괴로워하며 그만두라고 빌었다.

전기 충격기에는 15V(미약한 충격)부터 375V(위험: 강한 충격), 나아가서 450V(xxx)라고 표시된 스위치가 일렬로 놓여 있었다. 이 실험을 지휘하는 실험자들은 학습자들이 전기 충격을 받아 생기는 모든 일을 책임지겠다고 약속하면서 피실험자에게 하던 일을 계속할 것을 요구했다. 피실험자의 대부분은 학습자가 기절한 후에도 충격을 450V까지 높였다(Milgram 1963, 1965).

밀그램의 실험을 통해 많은 사람들이 타인에게 심각한 부상과 고통을 준다는 것을 알면서도 다른 사람의 말에 복종할 수 있다는 사실이 밝혀졌다.

권력자가 지시를 내리면, 아무리 대상자가 성인이라도 극한의 상황까지 몰고 갈 수 있는 것이 연구의 핵심이며, 가장 설명이 필요한 부분이다.

사람들은 그저 자신이 맡은 일을 하면서 악의 없이 끔찍한 결과를 불러올 수 있다. 게다가 자신이 하는 일이 끔찍한 결과를 가져오는 것이 명백하고 도덕적으로 문제가 있는 일인 것을 알더라도, 권력에 저항할 수 있는 사람은 거의 없다(Milgram 1963, 1965).

기업의 경우에도 이런 상황은 큰 차이 없이 적용된다. 밀그램이 가정한 끔찍한 상황은 아니더라도 비즈니스 세계에서 일어나는 일의 원리는 비슷하다. (존경하고 따르는 사람이나) 상사가 지시하면, 그것이 도덕적으로 옳지 않더라도 지시를 거절하기 힘들고, 결국 굴복하게 된다. 권력에 복종하는 것이 인간의 본성이다. 따라서 도덕적 잣대가 불분명한 기업(이나 부서)에서 일하는 사람들은 상사의 명령에 저항하는 것이 거의 불가능하다.

모두 핵심 인력이 되길 원한다

아이들은 또래의 압력에 굴복하지 말라고 배운다. 그러나 현실에서는 모두가 자유로울 수 없다.

사람들은 회사를 포함한 어느 집단에서든 잘 적응하고 싶어 하며, 핵심 인력이 되고 싶어 한다. 상사에 대한 강력한 충성심이 그런 욕구에 해당된다. 2016년 스콧 윌터무스Scott Wiltermuth와 메드하 라지Medha Raj가 집필한 논문 〈나를 위한 게 아닌 것: 정직하지 못한 것을 정당화하기 위해 잠재적 수혜자의 이익을 사용하지 말 것Not for my sake: preventing others from using potential beneficiaries' benefits as justifications for dishonesty〉에서 사람은 집단이나 조직에 강하게 결속돼 있고, 그들의 행동이 조직에 막대한 이익을 가져온다고 믿을 때, 사회적 가치, 법규, 도덕적인 행동 양식을 침해할 수 있다고 설명한다. 이는 자신의 행동이 조직에는 이익이 되지만, 반사회적인 행동으로 간주될 수 있음을 지적한다(Wiltermuth and Raj, 2016).

클라이브 루이스가 이를 1944년 런던의 킹스컬리지대학교에서 '핵심 인력The Inner Ring'라는 강연으로 설명한 바 있는데, 이 개념을 그보다 더 잘 표현한 사람은 없을 것이다(Lewis, 1944).

'핵심 인력'은 '악당 근성scoundrelism'이라 불리는 것이 개인에게 어떻게 스며드는지 묘사하고 있다. 다음 문장은 우리가 카리스마 있는 사람, 즉 이 책에서 '슈퍼스타'라고 부르는 사람에게 끌리는 이유를 설명하고 있다.

그리고 내가 예언하고자 하는 것이 이것이다. 10명 중 9명은 악당 근성을 가질 때가 올 것이다. 이런 상황은 눈에 띄게 다가오지 않는다. 누구나 알 수 있는 나쁜 사람이나 모든 사람이 알도록 위협을 가하거나 뇌물을 주는 사람은 거의 없다. 커피를 마시며 사소한 대화를 할 때, 당신이 최근에 알게 됐거나 더 알고 싶은 사람의 입에서 힌트가 나올 것이다. 그 순간 당신은 흐름을 따라가지 못하는 것처럼 보이기 싫을 것이다. 그 힌트는 낭만적이고 무식한 사람은 절대 알아챌 수 없는 무언가에 관한 것이다. 동종 업계에 종사하지 않는 사람들도 쉽게 호들갑을 떨 것이다. 그러나 당신의 새로운 친구는 그 무언가가 '우리가 항상 하는 것'이라 말한다. '우리'라는 단어 아래 당신의 새로운 친구와의 좋은 관계를 위해 당신은 얼굴 붉힐 일을 만들지 않을 것이다.

당신은 그에게 끌릴 것이다. 이익과 직업적 안정성뿐만 아니라 당신의 입술이 컵 근처에 있던 순간, 당신은 다시 차가운 바깥 세계로 밀려나는 것을 원치 않기 때문이다. 당신의 앞에 앉은 친절하고 유쾌한 사람이 차갑고 경멸적인 태도로 당신을 보는 것은 상상만으로도 끔찍할 것이다. 그런 그의 태도는 당신이 '핵심 인력'에 드는 것을 거절당했다는 뜻이다. 그리고 당신이 핵심 인력에 들어간다면, 다음 주엔 규칙에서 멀어질 것이고 다음 해에는 규칙에서 완전히 벗어나겠지만, 이 모든 일은 우호적인 분위기에서 일어난다. 이 일의 끝은 스캔들이나 징역이 될 수도 있고 백만장자가 돼 동창회에 기부를 하는 것일 수도 있다. 그러나 당신은 악당이 된다.

이것이 첫 번째 이유다. 모든 열정 중에 '핵심 인력'이 되려는 열정은 평범한 사람이 나쁜 일을 하도록 만드는 교묘한 감정이다.

권력

액튼 경(卿)이 옳았다

19세기 역사학자 액튼 경은 '권력은 부패하는 경향이 있으며, 절대적인 권력은 반드시 부패한다'는 말을 남겼다. 블레이더S. L. Blader와 야프 A. J. Yap는 〈권력, 부조리, 그리고 정의Power, Dishonesty, and Justice〉라는 논문에서 다음과 같이 지적했다.

권력과 부조리가 불가피하게 얽혀 있다는 개념은 액튼 경이 가장 잘 파악하고 있을 것이며 그의 말이 가장 많이 인용될 것이다. (…) 그의 말은 학문적인 연구를 요약하고 있다(Blader and Yap, 2016).

대부분의 사람들은 학력, 지위, 명성 때문에 사회에서 권력을 가진 엘리트들에게 많은 것을 기대하는 경향이 있다. 하지만 윤리적인 행동에 대한 연구는 이런 가정이 맞지 않음을 보여 준다. 폴 피프, 다니엘 스탠카토Daniel Stancato, 호버그E. J. Horberg는 〈부와 위법 행위: 사회적 계급에 따른 윤리적인 사고와 행동Wealth and wrongdoing: social class differences in ethical reasoning and behaviour〉이라는 논문에서 이를 언급했다.

하층 계급에 비해 상층 계급이 쉽게 비윤리적인 행동으로 이익을 챙긴다. 상류 사회 계급은 비윤리적인 행동에 익숙하다(Piff, Stancato et al. 2016).

여기서 중요한 점은 조직의 가장 높은 자리에 있는 리더들이 다른 사람들보다 더 비윤리적인 행동을 쉽게 하는 것이 놀랄 일이 아니라는 것이다. 앞으로 보겠지만 더 골치 아픈 것은 그들은 예상하는 것보다 쉽게 자신의 행동을 정당화할 수 있다는 사실이다.

할리우드 거물 하비 와인스틴을 시작으로 드러난 수많은 성추문 스캔들을 보면 확실히 알 수 있다.

창조적인 사람은 가장 정직하지 않은 사람이다
그래서 우리는 그들을 사랑한다

사회는 혁신, 창조성, 기업가 정신에 가치를 두고, 이 특징들은 기업의 성공 요소로 인식된다. 린 빈센트와 에반 폴만Evan Polman은 〈창조적인 것이 사람을 나쁜 일에서 자유롭게 할 때: 창조성과 도덕적 자격을 연결하기When being creative frees us to be bad: linking creativity with moral licensing〉라는 논문에서 사회가 창조성에 두는 가치가 '창조적인 사람에게 지위와 자격을 제공하며 그 결과 창조적인 사람은 정직하지 않게 행동해도 된다는 자격을 준다'고 밝혔다(Vincent and Polman, 2016).

하버드 경영대학의 프란체스카 기노Francesca Gino와 듀크대학교의 댄 일라이Dan Ariely는 2012년 연구를 통해 창조성과 부정직함의 연계성을 발견했다. 창조성은 지능보다 부정직함을 더 잘 나타나는 예측변수고, 창조적인 사람은 직장에서 더 많은 위법 행위를 저지른다.

"이것은 악순환의 반복일지도 모른다." 2012년 기노가 캐롤라인 윈터Caroline Winter가 〈블룸버그Bloomberg〉에 기고한 '창조적인 사람이 더 정직하지 못한가?Are Creative People More Dishonest'라는 기사에서 한 말이다. 그는 "창조성이 선을 넘도록 부추기면 정직하지 못한 행동이 그들을 더 창조적으로 만든다. 그러면 속이는 것이 쉬워지고 악순환이 반복된다"라고 덧붙였다(Winter, 2012).

조직의 문제는 직원 중 가장 창조적이자 부정직한 사람의 노력이 상사와 동료들에게 인정받고 보상받는 것에 있으며, 의도적이든 아니든 간에 이들이 조직을 위한 도덕적 잣대를 세운다는 것이다.

관점

우리는 도덕적으로 유연하다

도덕 심리학이나 행동 윤리학 연구에 따르면, 사람들은 자신의 행동이 도덕적이지 못해도 자신이 도덕적으로 훌륭한 사람이라 생각하는 모순된 모습을 보인다고 한다.

심리학자 실리아 무어Celia Moore는 논문 〈우리 자신의 영웅: 비윤리적 행동에서 스스로를 속이는 것Always the hero to ourselves: the role of self-deception in unethical behaviour〉에서 다음과 같이 적었다.

우리는 스스로를 도덕적인 사람이라 믿지만, 가끔 얻기 힘든 것을 얻기 위해 속이고, 거짓말하고, 훔치거나 다른 비도덕적인 방법을 사용한다. 현실을 잘못 인식하는 능력 때문에, 사람은 자신의 가장 좋은 면만 믿는다. 그러는 동안 비윤리적 행동으로 하여금 보상(자신의 긍정적인 이미지)을 주게 하고, 그 보상을 받게 만든다(Moore, 2016).

무어는 연구를 통해, 정직하지 못한 행동을 해도 자신이 도덕적으로 행동했다고 믿도록 스스로를 속이는 데 사용하는 세 가지 방법이 있다고 밝혔다.

1. **자의적인 관심**: 자신의 도덕적인 입장을 지지하기 위해 정보를 선별적으로 수용하거나 무시한다.
2. **자의적인 해석**: 자신의 부적절한 행동을 정당화하기 위해 행동을 다시 정의한다.
3. **자의적인 기억**: 자신의 도덕적인 입장을 지지하기 위해 과거에 주어진 정보를 선택적으로 잊거나 기억하거나 조작한다.

간단히 말해서, 사람은 자신이 원하는 견해를 유지하기 위해 절묘하게 합리화하는 것이 가능하다는 것이다. 타인의 의견이나 자신의 행동을 보며 자신의 도덕적인 입장이 의심스럽다고 느낄 때, 자신이 도덕적이라고 생각하도록 일을 다시 검토한다. 이는 행동의 변화일 수도 있지만, 계획, 기억, 과거의 사건에 대한 해석이 변화한 것일 수도 있다. 심리학자 다니엘 뱃슨은 〈도덕적인 동기 부여: 자세히 살펴보기Moral motivation: A Closer Look〉에서 '사람은 도덕적인 위선에 동기부여를 받지만 도덕적으로 청렴한 행동에서 동기 부여를 받는 경우는 드물다'고 밝혔다(Batson, 2016).

사람들은 자신을 위해 도덕적인 자격을 조작하려는 경향이 있다. 도덕적인 자격이란 자신이 도덕적이라는 사실을 보여 주는 증거다. 이 때문에 사람들은 지금까지 선행을 베풀었으니 한두 번은 악행을 저질러도 된다고 생각한다. 하버드대학교 프란체스카 기노 교수는 '도덕적 유연함'의 개념을 '부적절한 행위가 적절한지에 대해 다양한 핑계를 대면서 자신의 부적절한 행동을 정당화하는 능력'이라 설명한다(Gino, 2016).

선과 악의 선은 쉽게 넘나들 수 있다

1971년, 스탠퍼드대학교의 심리학자인 필립 짐바르도는 또 다른 연구를 진행했다. 실험은 가짜 교도소에서 진행됐으며 실험에 참가한 학생의 반은 교도관 역할을, 반은 죄수의 역할을 맡았다. '죄수'는 교도소에 도착하자마자 굴욕감과 수치심을 느끼도록 알몸 수색을 당했다. '교도관'은 제복과 호각, 경찰봉을 받고 감옥의 질서 유지를 위한 행동을 허락받았다. 교도관들은 죄수를 때리지 말라는 지시 외에 다른 지시를 듣지 못했다. 실험은 2주 동안 진행하기로 예정됐으나, 실험 참가자들의 정신적 트라우마 때문에 6일 만에 중단됐다. 교도관들은 가학적이고 폭력적인 성향을 띠었고 죄수들은 수동적인 태도와 우울증 증세를 보였다.

2004년 미군이 아부 그라이브 교도소에서 이라크 전쟁 포로를 고문하고 학대하는 충격적인 영상이 유출됐다. 짐바르도 교수는 이 사건과 자신의 실험을 연결시키고 이 끔찍한 사건에 대해 연구했다.

스탠퍼드대학교에서 진행된 실험에서 교도관을 맡은 학생들이 원래 악한 존재였을까? 아부 그라이브 교도관에 있던 미군들은 처음부터 악했을까? 짐바르도 교수는 아니라고 단언할 수 있었다.《루시퍼 이펙트》에서 짐바르도 교수는 본래부터 끔찍한 사람이라 끔찍한 일을 저지르는 것이 아니라 상황과 권력이 그들을 몰아넣는다고 설명했다.

> 선과 악을 가르는 경계는 모호하다. (…) 누구나 선을 넘어갈 수 있다. (…) 사람은 사랑을 할 수도 있고 악행을 범할 능력도 있다. (…) 상황이 그렇게 만든다(Zimbardo, 2007).

밀그램의 실험과 비슷하게 스탠퍼드 교도소 실험과 아부 그라이브 사건은 화이트칼라 범죄에 비해 극단적인 것은 사실이다. 하지만 이런 사건은 화이트칼라 범죄와 유사한 점이 있으며, 조직에 시사하는 바가 분명하다. 만약 불건전한 환경이 기업을 지배하면 선한 사람들까지 영향을 피하는 것이 불가능해지고 결국 그들은 주위 어디서나 일어나는 불건전한 행동에 참여하게 된다.

시스템 내에서의 문제

이미 보았듯 멀쩡한 사과는 복잡한 사회적·조직적·심리적인 요인으로 인해 썩는다. 이 요소들은 개인과 집단에 내재된 인간 본성의 약점을 나타낸다.

　게다가 피할 수 없는 현대의 세계화된 자본주의의 압력도 염두에 둬야 한다. 자본 시장은 기업에 내재된 어려움을 가중시키는 재정적인 압박을 가한다. 기업은 자본주의 안에서 이익, 성장, 투자에 대한 높은 수익을 실현해야 한다. 자본주의의 요구와 기대는 끝이 없다. 성장하지 못하는 기업은 망했다고 생각하고, 주가가 폭락하는 데 얼마 걸리지 않는다. 이런 기업은 인수 합병의 대상이 된다. 고위 경영진부터 일반 직원까지 압박을 받는 사람들은 끊임없는 시장의 요구에 부응하기 위해 해서는 안 되는 행동을 하게 된다. 그들은 직장에서 해고되지 않기 위해 혹은 다른 변명을 대며 자신의 행동을 합리화한다.

　이 책을 읽는 리더들에게 절망감을 느끼게 하려고 하는 말이 아니다. 하지만 생각을 집중하는 데 도움은 될 것이다. 이제 나쁜 행동은 공연히 나오는 것이 아니라 인센티브 시스템과 인간의 속성 때문에 불가피한 것임을 알게 됐다. 결과적으로 경영진들은 그들의 역할을 바꿀 필요가 있다. 적절한 인력, 정책 및 절차, 견제와 균형, 비즈니스 모델, 기업 문화와 전략에 맞게 접근해야 한다. 기업은 위법 행위를 근절시킬 수 없다. 그래서 위법 행위를 대면하는 것을 두려워하지 않는 기업을 만들어야 한다. 위법 행위로 회사가 하락세에 접어들 때 손해를 가능한 한 빠르고 효과적으로 줄일 수 있도록 대응할 준비가 된 기업 문화를 형성하는 것이 중요하다.

인간은 실수를 한다. 조직은 실수를 인정하고 시정할 용기와 노력이 필요하다. 여기서 게이트키퍼(CFO, 법률 자문 위원, 인사 담당 책임자, 내부 감사, 법률 준수, 회계, 조달)의 역할이 중요하다. 게이트키퍼는 경고 신호를 알아차리고 기업이 문제를 해결할 수 있게 도와야 한다. 리더는 실수가 즉각 보고되고 신속하게 대처할 수 있는 환경을 만들고 같은 실수가 반복될 가능성을 최소화하는 대책을 수립해야 한다.

앞서 언급한 바와 같이, 썩은 사과는 늘 존재하고 바구니에는 틈이 생기기 마련이다. 리더가 환경을 바꾸는 것에는 한계가 있다. 하지만 리더의 관리하에 사과를 튼튼하게 보호할 수 있는 바구니가 있다. **윤리적 완전성에 힘 실어 주기**의 일곱 단계는 리더가 바구니에서 발생하는 문제를 해결하도록 도와주고 멀쩡한 사과가 상하는 것을 방지하고 썩은 사과가 바구니 안으로 들어오지 못하도록 설계됐다.

늦었다고 생각해도 바로잡아야 한다

어려움 속에도 기회는 있다.

- 알베르트 아인슈타인

책의 도입부에서 독일에 본사를 둔 세계적인 제조업체에 대해 언급한 바가 있다. 이는 위기를 변화의 발판으로 삼아 성장한 회사의 성공담이다. 또한 우여곡절을 담은 10년의 이야기기도 하다.

앞에서 언급하지 않은 이야기가 하나 있다.

이 회사와 일을 한지 몇 년이 지났을 때, 아시아 시장의 윤리와 규정 준수 프로그램을 검토한 적이 있다. 거기서 뇌물 수수 혐의로 4년 전 이 회사에서 해고당한 전 직원이 현재 이 회사의 가장 큰 사업 파트너 기업 중 한 곳에서 일하고 있다는 사실을 발견했다. 그는 파트너 기업을 통해 여전히 이 회사의 상품을 신흥 시장의 위험 부담이 큰 고객에게 판매하고 있었다. 더 '흥미로운' 사실은 그가 다니는 새로운 회사가 전 회사와 같은 빌딩이며 더 높은 층에 있다는 것이었다.

기업이 윤리적인 문제로 해고된 전 직원과 지속적으로 관계를 이어온 것은 준법에 사각지대가 있다는 말이다. 회사가 재건 절차를 밟았음에도 그들은 여전히 비리를 위탁하고 있었다. 이는 굉장히 충격적인 사실이었다.

이 사례는 중요한 교훈을 남겼다. 우리 회사는 눈앞에 닥친 위기만 다루고 있었다. 손에 잡히는 문제만 해결했고 반부패 프로그램을 제정하면서 재건 작업을 진행했다. 새로운 사례가 드러나자 우리가 진행한 재건과 교정 과정이 충분하지 않은 것이 밝혀졌다. 더 깊게 들어갈 필요가 있던 것이다. 준법 프로그램이 실제로 적용되는지를 알 수 있도록 인사 문제에 관여하면서 비즈니스 모델 자체에 손댈 필요가 있었다. 회사는 근본적인 변화를 필요로 했다.

그 후로 3년간 우리 회사는 세계적인 제조 회사와 함께했다. 그들의 기업 문화를 완전히 바꾸고 기업 전략에 초점을 맞출 수 있도록 도왔다. 이 과정은 단기간에 이뤄지지 않았고 수많은 걸림돌이 있었다. 하지만 기업의 리더들이 대대적이고 근본적으로 변화할 준비가 됐다면, 새로운 문화로 탈바꿈할 수 있다. 다행스럽게도 시간이 흐르며 경영진들은 이런 방식으로 접근하는 것에 동의했다. 경영진들은 과거에 기업의 성공을 경험했으므로 다시 그 방법으로 돌아가고 싶어 했다. 그들은 회사 구조에 변화가 필요한 것을 알고 있었지만 회사 전체를 바꾸는 것은 위험하다고 생각했을지도 모른다. 그러나 결국 CEO와 CFO는 이사회의 지원을 받아 새로운 전략과 기업 문화를 확실하게 세웠다.

한 발자국 나아가면 두 발자국 후퇴하는 것처럼 고객과 힘든 시기를 보내고 있을 때 **윤리적 완전성에 힘 실어 주기**의 첫 번째 단계가 탄생했다.

의도적인 외면과 해결책

기업의 스캔들은 도시 한복판에 발생한 싱크홀과 같다. 엄청난 손해를 입히고 많은 사람을 놀라게 하며 전혀 예상하지 못한 곳에서 튀어나온다. 하지만 싱크홀과 기업의 스캔들 모두 갑작스럽거나 우연히 발생하지 않는다. 표면 아래에 존재하는 환경에 의해 필연적으로 발생한다. 기반은 무너졌고 재난은 언제든지 일어날 수 있다. 문제가 깊어질수록 해결책도 깊어져야 한다. 표면을 고치는 것만으로 문제가 다시 일어나는 것을 막을 수는 없다.

싱크홀이 생길 것을 아는 사람은 분명히 있다. 누군가는 사고가 일어날 것을 알고 있다는 뜻이다.

경영진들이 자주 저지르는 실수가 있다. 바로 문제를 의도적으로 외면하는 것이며 이 실수는 위험한 상황과 연결된다.

앞서 해고한 직원을 비즈니스 파트너로 둔갑시킨 사례처럼, 비리를 외면하는 것은 위법 행위를 위탁하는 결과를 가져올 수 있다. 기업은 '베일'에 가려질 것이라 생각하면서 비즈니스 파트너의 비윤리적인 행동을 못 본 척하게 된다. 부정부패가 에이전트, 컨설턴트, 공급

또는 배급업자에게서 일어나면, 기업은 안전할 것이라 생각한다. (공무원에게 뇌물을 주는 것과 같은) 부정행위를 방지하는 국제법은 제삼자를 통해 비리를 저지르는 것도 적용된다. 길고 복잡하게 분산된 공급망이 있고 부정행위가 여러 단계를 걸쳐서 일어나도 기업은 책임에서 벗어날 수 없다. 결국 스캔들이 일어나면 기업의 평판은 떨어질 수밖에 없다.

책임을 피하고, 비리를 위탁하는 것도 의도적으로 외면하는 방법 중 하나다. 경영진은 비리와 위법 행위를 보고 싶어 하지 않는다. 그러나 그들을 제외한 모든 사람이 공공연하게 아는 비리는 넘쳐난다. 마거릿 헤퍼넌은 의도적으로 비리를 외면하는 것과 그것을 극복하려는 사람들을 연구했고 2013년 3월 테드 강의에서 자신의 연구에 대해 강의했다. 연구의 목적은 회사에서 발생한 사건 중 이슈가 되지 않았으면 하는 문제가 있는지에 대해 통계를 내는 것이었다. 답변율은 거의 비슷했다. 미국과 유럽에서 행해진 다양한 조사에서 85%라는 충격적인 비율이 나왔다(Heffernan, 2013).

"85%는 엄청난 침묵이며 많은 사람이 외면하고 있음을 뜻한다." 헤퍼넌이 말했다. 직원의 85%가 비리를 고발하는 것을 두려워하는데 어떻게 조직 문화가 청렴하다고 평가할 수 있겠는가?

헤퍼넌은 용기를 내 비리를 수면 위로 끌어 올린 소수의 내부 고발자들에 대해 이야기를 이어 나갔다.

내부 고발자에 대한 잘못된 인식이 심어져 있다고 헤퍼넌은 설명했다. 그들은 미치지도 않았고 충성심이 없지도 않다. "그들은 자신의 회사에 헌신하고 있다. 그들이 목소리를 높이고 비리를 주시하는 이유는 회사를 매우 사랑하고 회사가 계속 잘되기를 바라기 때문이다."

위기에 처한 기업과 일하며 알게 된 사실이 있다. 내부 고발자들이 목소리를 내는 이유는 다양하지만, 대부분은 의도적으로 비리를 외면하는 사람에게 힌트를 제시한다. 내부 고발자가 전하는 메시지를 절대 무시하거나 억압해서는 안 된다.

간단히 말해서, 내부 고발자와 비리를 고발하려는 문화를 강력하게 만드는 것이 **윤리적 완전성에 힘 실어 주기**의 중요한 측면이다.

리더는 내부 고발자가 적이 아니라는 사실을 기억해야 한다. 회사에 부정부패 혐의가 없는 이유가 회사가 청렴하기 때문이라 생각하는 이사회와 경영진이 많다. 위법 행위에 대한 혐의가 적은 것이 심각한 문제의 증거일 가능성이 높다. 비리 혐의는 의사소통이 원활하고 기업의 문화가 건전하다는 것을 보여 주는 중요한 증거다. 내부 고발에도 보복의 위험 없이 안전성을 보장받아야 하고, 리더는 그 소리를 듣고 행동에 옮길 수 있을 만큼 현명해야 한다. 과거의 성공에 도취돼 비리를 밝히는 것을 게을리해서는 안 된다. 이와 다른 방식으로 문제를 해결하는 것은 기업의 평판을 떨어트리는 일이며 형사 사건으로 이어질 가능성이 높다.

리더십, 윤리적인 청렴함과 벽에 걸린 '고충'

대부분의 평판이 좋은 기업은 어떤 방식으로든 직원이 따르기를 기대하는 가치관과 행동 강령을 공개적으로 설정한다.

한 캐나다 기업을 방문한 적이 있다. 기업의 CEO는 50년 만에 처음으로 (없는 것보다는 늦는 것이 낫다) 회사의 가치관을 제정하려 했다. 그러던 중, CEO는 모든 직원이 그 가치를 지키며 사는 것이 얼마나 중요한지 직원과 이야기를 나눈 적이 있다. CEO는 직원에게 "이 가치가 단순히 벽에 붙은 명판Plaque이 되는 것을 원하지 않는다"라고 말했다.

직원은 살짝 놀랐다. 직원은 CEO가 벽에 붙은 것을 '고충Plague'이라 생각하는 줄 알았던 것이다.

잘못된 의사소통에서 나온 오해는 유머러스한 일화로 마무리되며 새롭게 작성된 회사의 가치관에 대해 회의하는 시발점이 됐다. 직원들은 이 가치관을 어떻게 생각할까? 이 가치관을 지키며 살 것인가, 아니면 그냥 벽에 걸어둔 장식이라 생각하고 지나칠 것인가, 그것도 아니면 그보다 못한 것이 될까?

기업은 가치를 기업 문화에 접목시키기를 원했고 직원의 성과를 심사하는 방식에 이 가치를 포함하기로 했다. 한 임원이 말하듯, 지금까지 평가하기 어려운 가치는 윤리적인 청렴함에 관한 것이었다. "직원들은 팀워크나 업무 성과를 개선해야 한다는 말은 쉽게 받아들일 것이다. 그러나 그의 청렴함은 완벽하지 않다고 말해 보라." 그가 말했다.

윤리적인 청렴함을 평가하기 어려운 이유는 아무도 보지 않을 때 평가해야 하기 때문이다. 행동 강령은 윤리적 청렴함의 핵심 가치로 언급된다. 문제는 모든 직원이 얼마나 지속적으로 높은 수준을 달성할 수 있는가 생각해야 하는 것이다. 비윤리적인 일이 일어났을 때 얼마나 자주 (그리고 크게) 그들이 목소리를 낼 수 있겠는가? 그리고 경영진들의 윤리적인 의사 결정을 어떻게 보상할 수 있는가?

궁극적으로 행동 강령의 성공과 실패는 그걸 담은 단어가 아닌 CEO나 기업에 윤리적인 청렴함이 당착되도록 하는 경영진들의 행동에 달려 있다. 개혁을 추구하는 기업의 성패 여부는 CEO의 연설이나 서류가 아닌 의사 결정이나 행동에서 알 수 있다. CEO는 비춰지는 행동이나 의사 결정상의 투명성, 실수를 인정한 후 바로 시정하고자 하는 용기를 통해 기업을 위한 윤리적인 기준을 설정할 수 있다.

CEO는 제삼자인 비즈니스 파트너를 포함한 모든 이해관계자에게 조직의 윤리적인 청렴함의 기준과 자신이 기대하는 바를 지속적으로 알려야 한다. 그리고 이를 지키지 못했을 시 내려지는 징계 조치는 누구도 예외 없이 적용돼야 한다.

윤리적 완전성에 힘 실어 주기 절차는 즉각적인 교정은 물론, 의사 결정 과정에서 윤리적 완전성을 제도하고 건전한 윤리적 사고를 하도록 우선순위를 변경한다. 말이 아닌 행동이 기업의 윤리적 나침반을 올바른 방향으로 향하게 만든다.

윤리적 완전성에 힘 실어 주기: 일곱 단계

기업의 스캔들은 기업을 암흑으로 몰아넣는다. 언론이 기업의 어수선한 모습을 막장 드라마처럼 보도하면, 이는 기업의 평판과 이익에 치명타를 가한다. 대응이 신속하지 못하거나 미적지근할수록 더 나쁜 상황을 초래한다. 기업은 상황을 수습하거나 궁극적으로 결과를 예측하기 힘들어진다. 기업은 비리에 대한 중대한 혐의점이 발견될 때 행동을 취해야 한다. 다시 말하자면, **윤리적 완전성에 힘 실어 주기**는 문제를 해결하기 위해 취해야 할 조치를 나열한 것이다.

윤리적 완전성에 힘 실어 주기는 리더십 길잡이고 연구와 실제 사례를 바탕으로 한 행동 지침서다. 이는 기존의 위기관리 과정에서 그치지 않는다. 실제 글로벌 기업이 성공적으로 회생하기 위해 시도했던 구조적이고 문화적인 변화를 포함한다. 의사 결정을 위해 문화, 전략, 구조를 투명하게 관리하며 규제 당국과 대중의 신뢰를 형성하기 위한 기대와 행동도 포함한다.

총 일곱 단계의 모든 절차를 밟는 것은 (이 프로그램이 중요하기는 하지만) 윤리와 준법 프로그램을 이행하는 수준을 넘어선다. 전문가, 투자자, 그리고 다른 이해관계자들이 압박을 가할 때 절차를 성공적으로 이행하기 위해서 용기와 미래에 대한 비전, 충분한 시간 그리고 기업에 대한 헌신이 필요하다. 가장 쉬운 것은 변화 과정이 기업을 이끄는 것이다. 경영진들은 그들의 행동이나 판단에 책임을 지고 유사한 가치를 공유하는 제삼자를 비즈니스 파트너로 선택해야 한다. 또한 변화 과정은 감독을 강화하고 문제를 투명하고 신속하게 처리하는 것을 포함한다.

다음은 일곱 단계를 요약한 것이다. 각각은 다음 장에서 구체적인 사례와 실천을 위한 방법이 추가돼 서술될 것이다.

1단계   위기 이해하기

가장 처음에 해야 할 일은 상황의 심각성을 파악하는 것이다. 우선, 사건의 원인이 썩은 사과라는 잘못된 생각과 사건이 모두 별개의 것이라는 생각을 버려야 한다. 위법 행위의 혐의는 기업에게 더 큰 피해를 끼치는 촉진제가 되면서 시스템을 무너뜨릴 가능성이 크다. 전체적인 맥락을 이해하면서 드러나지 않은 사실을 직시하는 것이 중요하다. 여기에는 과거에 제기된 비리 의혹을 검토하는 것도 포함된다. 사법 당국이 개입했다는 것은 과거에 진행한 대처가 부적절했다는 뜻이다. 억측과 지적은 이 단계에서 비생산적이다. 즉 현실을 직시하고 사실을 이해하는 것이 중요하다.

2단계　인과 관계 조사하기

회사가 위법 행위를 근절할 의지가 있다는 것을 나타내기 위해 이사회는 독단적인 내부 조사를 시작으로 대응팀을 꾸릴 필요가 있다. 전문가들이 사실을 수집하고 이를 문서화해서 대응할 수 있도록 보고서를 작성해야 한다. 규제 및 사법 당국의 협조와 이해관계자들의 명확하고 책임감 있는 소통이 필요하다.

3단계　로드맵 정의하기

내부 조사가 진행되면서, 이사회가 적극적으로 대응해야 할 사실과 문제점이 밝혀질 것이다. 이 상황에서 인사 평가, 업무 진행 상황, 추가 위법 행위 방지를 위한 해결책이 있는지 검토해야 한다. 조직 구조를 강화하고 다시 이해관계자들의 신뢰와 호의를 받기 위한 조직 구조 개혁과 무너진 구조를 회복하기 위한 계획이 필요하다.

4단계 합의 도모하기

독단적인 조사와 추가 위법 행위를 방지할 조치를 도입한 후, 새로운 경영진은 기업의 위법 행위에 대한 민형사상 해결책을 마련해야 한다. 다음 조치로 사법 당국 및 다른 기관과 벌금 및 과징금을 합의하고 부당하게 취한 이익을 회수하며 피해를 배상하고 비리 재발을 방지할 것을 약속해야 한다.

5단계 기업 구조 강화하기

개혁 과정의 일환으로, 효과적인 윤리 및 준법 프로그램을 실행해 내부 권력을 견제하고 규범을 준수할 수 있는 환경을 만들어 이를 강화해야 한다. 이런 프로그램은 고위급 경영진이 뼈대를 잡아야 한다. 새로운 경영진이 이 과정을 담당할 가능성이 높다. 이 단계에서 기업에게 필요한 것은 문제가 생기는 것을 방지하고 감지하며 대응할 수 있는 정책과 절차다. 위법 행위의 혐의에 대처하는 법도 준비해야 한다. 비즈니스 모델과 관행은 모두 위기에 초점이 맞춰져야 한다.

6단계 기업 문화 재정립하기

재정적인 압박과 앞서 언급한 정신적·사회적 요소가 만날 경우, 상황은 더 악화된다. 리더들은 올바른 판단을 내리기 힘들고 눈앞의 이익을 좇아 단기적인 전망을 세운다. 특히 경영진들이 의도적으로 외면할 때 이런 상황이 만들어진다. 이런 상황은 조직에서 청렴함을 배제시키고 시스템을 붕괴시킨다. 이때 최고 경영진들의 리더십이 필요하다. 리더쉽은 윤리적 청렴함을 의사 결정의 바탕이 되게 만들고 내부 고발자에 힘을 실어 줘서 비리를 조기에 탐지할 수 있는 환경을 만들 수 있다. 윤리적 청렴함이 조직에 걸쳐 제도화되고, 인센티브 시스템, 기업 문화, 공급망 내의 비즈니스 관행과 비즈니스 파트너의 선택에 반영돼야만 기업은 변화할 수 있다.

7단계 성장 전략 수립하기

기업은 인수 합병을 통해 새로운 비즈니스 라인을 확장하고, 고수익이 보장되는 시장을 공략해서 빠르게 성장하고 싶어 한다. 하지만 이런 성장은 기업의 진정한 핵심 목표와 맞지 않는다. 게다가 이런 확장 계획은 진지하게 고려되지 않거나 부적절한 통합 계획으로 세워지기 일쑤다. 이런 계획은 불필요한 위험성과 혼돈을 야기하고 관리가 소홀해지게 만들어 경영진이 비윤리적으로 행동할 수 있는 계기로 이어진다.

기업의 전략을 핵심 역량에 집중시키기 위해 혁신적인 변화가 필요하다. 이에 따라 위기관리, 비즈니스 모델의 단순화, 개선된 조직 구조를 포함한 성장을 위해 윤리적 청렴함에 초점을 맞춘 비전이 변화해야 한다.

기업이 위험을 피해야 한다는 말이 아니다. 어쨌든 위험은 혁신과 기업가 정신에 있어 피할 수 없는 존재고, 기업은 경쟁적이어야 살아남는다. 그러나 적절한 위험을 감수하는 동시에 안전장치를 균형 잡힌 모습으로 설치하려면 강력하고 합리적인 판단이 필수적이다. 이렇게 해도 급격한 성장을 이룰 수 있지만 기업은 늘 비즈니스 모델에 대한 연구를 놓지 말아야 한다.

이 **윤리적 완전성에 힘 실어 주기** 일곱 단계가 가시적인 결과를 내기 위해서는 오랜 시간이 걸릴 수도 있다. 조사와 복구에 초점을 둔 초기 단계는 신속하게 이뤄져야 하며, 조직의 구조·문화·전략을 재건하는 데 초점을 둔 후속 단계는 오랜 시간을 들여야 한다.

일곱 단계가 한 단계를 끝내고 다음 단계로 넘어가는 일직선적인 흐름이라 말하고 싶지만 실제로 그렇게 간단하지 않다. 사실 일곱 단계의 과정은 다음과 같다.

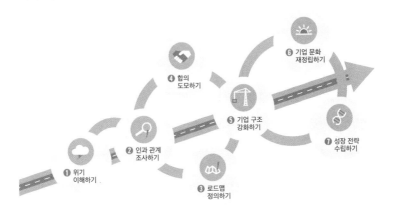

위기에서 완전히 벗어나는 과정은 일직선으로 이어지지 않으며, 어떤 단계는 동시에 일어나기도 하고 특정 단계가 반복되기도 한다. 예를 들어 기업의 어떤 팀이 형사적인 문제를 해결하는 동안 다른 팀에선 조사가 진행되고 있을 수도 있다. 기업은 지속적으로 문제점을 개선하고 환경을 바꾸기 위해 로드맵을 정기적으로 수정해야 한다. 또한 언제 발생할지도 모르는 위기와 윤리적 완전성의 사각지대를 유심히 지켜봐야 한다. 나오지 않은 조사 결과를 기다리느라 시간을 낭비할 필요는 없다. 기업은 기업대로 문화를 재형성하고 전략을 다시 세우면 된다.

일곱 단계는 서로 유사한 부분이 많으며 상호 작용하는 부분도 많다(이는 기업을 탈바꿈하기 위한 절차지, 단순한 결과를 위한 것이 아님을 기억해야 한다). 이해를 돕기 위해 실생활에 적용할 수 있는 단계를 논리적으로 기술했다.

성공을 위한 요소

일곱 단계는 기업이 위기를 극복한 후 더 높은 비즈니스 목표를 달성하도록 도와준다. 이 일곱 단계가 기업을 변화시키기 위한 레시피라고 상상한다면, 다음 여섯 가지 요소는 레시피를 적절하게 사용하기 위한 필수적인 재료다.

1. **리더십**: 이사회의 지지를 받는 CEO와 CFO는 반드시 기업 윤리와 법을 준수해야 하며 적극적이고 책임감 있게 행동해야 한다.
2. **기업 핵심 가치**: 윤리적 청렴함이 기업의 가치와 문화의 핵심인 것을 모두가 인지해야 한다.
3. **주기적인 검토**: 진행 과정과 결과가 다른 길로 새지는 않았는지 주기적으로 확인할 수 있는 로드맵을 만들어야 한다.

4. **인력**: 게이트키퍼(CFO, 법률 자문 위원, 인사 담당 책임자, 내부 감사, 규범, 위기관리, 법무, 회계 및 조달 담당)는 조직을 안전하게 만드는 역할을 하며 그에 따르는 책임을 진다. 게이트키퍼는 책임감을 가져야 한다. 이들은 단순한 창고 같은 부서가 아니다.

5. **고발할 수 있는 용기**: 이사회, CEO 및 CFO는 직원들이 회사에서 벌어지는 기밀과 비리를 공개적으로 논의할 환경을 만들어야 한다.

6. **외부 도움**: 넓은 시야를 갖고 있으며 기업을 변화시킨 경험이 있는 제삼자에게 조언과 의견을 구한다.

윤리적 완전성에 힘 실어 주기의 절차를 진행하려는 기업에, 앞서 언급된 요소 중 하나라도 부족한 것이 있다면 이 절차를 성공적으로 이끌기는 힘들 것이다.

검찰 및 규제 당국에 관한 참고 사항

일곱 단계를 구체적으로 들여다보기 전, 사법 및 규제 당국에 대한 몇 가지 사항을 짚고 넘어갈 것이다. 규제 당국의 레이더에 걸린 것을 알게 됐을 때 어떻게 대응해야 할지 알아보자.

여기서 주목해야 할 사항은 전 세계적으로 사법 및 규제 당국이 전보다 엄격해졌다는 것이다. 동시에 당국은 수사에 협조하는 대가로 어느 정도의 선처를 해주기 때문에 자진 신고와 자백이 도움이 될 때가 많다.

이런 경향은 주로 미국에서 나타난다. 지난 수십 년간 미국은 다양한 형태의 비리를 기소하고 고발하는 데 앞장섰다. 다른 나라도 미국을 뒤따라 사법 행정을 강화했다. 심지어 세계은행같이 규제를 받지 않는 기관조차도 기업 윤리에 대한 파트너 기업의 기대를 충족시키기 위해 사법 및 제재 기준을 제정했다.

이해를 위해 설명을 덧붙이자면, 40년 전 미국 기업의 만연한 외국인 공무원 뇌물 수수 사건을 해결하기 위해 해외부패방지법FCPA, US Foreign Corrupt Practices ACT이 제정됐다. 미국 법무부와 증권 거래소가 공동으로 제정한 부패방지법은 거래를 체결하거나 유지할 목적으로 회계 기준과 통제선을 높이며 외국 공무원에게 뇌물을 주는 행위가 불법임을 명백히 규정했다. 부패방지법 문제로 연루되면, 기업은 아주 난처한 상황에 처하게 되며 벌금 및 과징금으로 최대 십억 달러까지 지불할 수 있다.

해외부패방지법이 제정된 후 법무부와 증권거래소의 공무원들은 부패방지법으로 기소된 기업이 재판을 거치지 않고 벌금을 해결할 수 있는 다양한 양형 거래 제도를 발달시켰다. 관계 당국은 해결 방법과 집행 범위를 결정할 때 다양한 요소를 고려한다. 기소된 기업이 비리 혐의를 자진해서 보고했는지, 조사에 성실하게 임했는지, 미래에 발생할 수 있는 위법 행위를 예방하고 감지할 수 있도록 대비하는지가 포함된다. 합의의 기본적인 형태는 기소유예약정인데 기소된 기업이 혐의를 인정하고 벌금과 과징금을 받아들이면서 독립적인 감시 체계나 자체 모니터링을 통한 감시에 동의하는 것이다. 탈세, 무역법 위반, 돈세탁 같은 다른 형태의 불이행 합의에도 이와 유사한 합의안이 있다.

미국의 강도 높은 규제는 미국에 본사를 두지 않은 기업에도 적용된다. 기업이 미국에서 어떤 형태로든지 간에 일을 하고 있으면 미국 사법 관할권에 포함된다. 그래서 미 당국의 레이더에 걸리는 것이 의미하는 바를 과소평가한 외국이 기업이 곤경에 처하는 경우가 많다. 미 당국이 회사를 방문할 때 몇몇 유럽에 본사를 둔 기업은 방어적인 입장을 취한다. 외부 법률 고문의 도움을 받아 혐의를 부인하고 고소인에게 증거의 책임을 미루며 회사가 법을 지켰는지 고려하지 않고 무죄만 입증하기 바쁘다.

그러나 늘어나는 기소유예약정을 보면 협력이 가장 중요하다는 사실을 알 수 있다. 합의문에는 정기적으로 알아낸 사실을 검사에게 보고했는지, 증인을 확보했는지 명확하게 보여야 인정받을 수 있다.

한 사례로 미 사법 당국과의 약정에서 '전례 없는 훌륭한 회생'이라 칭찬한 문구와 네 개의 부문에서 '전례 없는 협력'을 다룬 문구가 적힌 적이 있다. 이 네 개의 부문에는 집중적인 내부 조사, 내부 고발자에게 용기를 심어 주기 위한 사면 및 관용 프로그램, 증거를 보존하고 수집하며 시험 및 분석하고, 회사가 취해야 하는 교정 능력이 포함된다.

이 사례에서 인정된 개선 노력 중에 특히 두드러진 부분은 회사가 수행한 대담하고 광범위한 임원 교체다. 그 기업은 감독 위원회 회장, CEO, 법률 자문 위원, 내부 감독 책임자, 규제 담당 책임자를 포함한 고위급 경영진을 대부분 교체했다. 회사는 조사에서 위법 행위에 연루됐다고 밝혀진 경영진 역시 해고했고 법률과 준법을 담당하는 (실제적으로 최고 준법 책임자를 지원하는 부서를 신설하며) 직위를 신설했다.

앞서 언급한 바와 같이 이 합의는 미국에서 처음 나왔지만, 영국, 프랑스 같은 국가에서도 통용되고 있으며, 제도는 꾸준히 개선되고 있다. 이와 유사한 합의 약정이 브라질과 네덜란드에서도 실행되고 있다. 지속적인 성장을 추구하는 한국과 중국에서도 실질적인 반부패 운동이 일어나고 있다.

이 책에서 언급하는 일곱 단계는 당국의 이해와 기대에 기초한다. 사법 당국과 기업이 윤리와 준법에 관한 새로운 기준에 동의하면 다른 조직의 기준 또한 높아진다는 사실을 기억할 필요가 있다.

위기의 근본을 파악하라

회사는 이유 없이 망하지 않는다

현실을 직시하고 미래를 계획하라
- 위기 이해하기

> "위기? 무슨 위기? 우리는 위기가 아니라 약간의 어려움에 처했을 뿐이다.
> 그런 어려움은 축구 연맹 안에서 해결될 것이다."
>
> - 제프 블라터, FIFA 회장(1998-2015)

위 문장은 2011년 5월, 기자 회견에서 전 FIFA 회장, 제프 블라터가 한 말이다. 그의 말에서 위기를 부정함으로써 얻는 강력한 힘을 볼 수 있다. 모두가 FIFA가 위기에 처했다고 생각했다. FIFA는 회장 선거와 관련한 뇌물 문제로 혼란스러웠다. 수사가 끝난 후 2011년 FIFA 회장 선거에서 블라터의 유일한 경쟁자인 아시아 축구 연맹의 무함마드 빈 함맘 회장이 축구계에서 영구 제명됐다. 이 사건은 월드컵 개최 국가의 유치 과정과 더불어 FIFA 지도자의 청렴도에 의문을 남겼다.

4년이 지난 2015년 5월, 관계 당국은 미국이 주도한 사기, 공갈, 돈세탁 혐의에 대한 수사의 일환으로 취리히의 한 5성급 호텔에서 숙박

하던 FIFA 관계자들을 급습했다. 그 후유증은 어마어마했다. 수십 명의 고위 관계자들이 위법 행위에 연루돼 미국에서 기소됐고 (대부분은 유죄 판결을 받았다) 다른 나라에서도 수사가 진행됐다. FIFA 후원자들의 압력은 거세지고 스위스의 부실 관리에 대한 조사가 진행되면서 결국 블라터는 회장직을 사임하게 됐다. 네 차례나 연임한 블라터는 8년간 축구계에서 퇴출당했다.

FIFA의 사례가 보여 주듯 리더들은 위기에 직면할 때까지 혹은 고위급 임원이 위법 행위로 연루되기 전까지 안일하게 생각하는 경향이 있다. 리더들은 마지막으로 혐의를 인정하기 직전에도 어떻게든 사건을 수습하려는 마음에 일부 '썩은 사과'를 비난한다. 썩은 사과가 조직의 가치와 문화를 대표하지 않는 외부인이라 주장하는데 이는 잘못된 접근 방식이다.[1]

만약 회사에 위기가 닥친다면, 상황을 올바르게 보기 위해 회사에 문제가 있다는 가능성(혹은 개연성)을 열어 둬야 한다. 대부분의 경우 기

---

1 블라터를 유혹에 현혹되고 통제에서 벗어난 리더로 묘사하는 것은 블라터의 리더십을 포착하지 못한 것이다. 그래서 이 주제에 관해서도 이야기를 해보겠다. 2009년, 나와 내 동료는 취리히에 있는 FIFA 본사를 방문했다. 우리는 남아프리카 월드컵을 앞두고 무장 단체 알샤바브의 잠재적인 공격을 우려해 FIFA의 안보 계획을 지원하고 있었다. 우리는 수행원이 복도를 따라 내려오는 것을 봤다. 그 중심에 제프 블라터가 있었다. 그는 온화하고 굳건하며 매력적인 태도로 우리와 악수를 나눴다. 그는 내 미국인 동료에겐 영어로, 스페인어가 모국어인 내겐 스페인어로 환영 인사를 건넸다. 블라터는 FIFA가 고군분투하던 시절에 FIFA를 일으켜 세워 글로벌 무대에서 활약하게 만들었다. 그의 카리스마와 사람을 다루는 기술은 대단했다. 그의 궤도로 말려 들어가는 것은 쉬웠다. 평판이 좋고 항상 앞서 나가는 리더의 힘은 주변 사람들을 마비시킨다. 심지어 본능적으로 그들의 행동이 윤리와 법에 맞지 않는 것을 알고 있어도 그들을 거부하기는 어렵다. 그들에겐 우리를 따뜻하게 만드는 불이 있지만, 지나치게 가까이 가면 우리를 태울 수도 있다.

업의 위기는 잘못된 판단과 부적절한 준법, 감시 구조, 약한 기업 문화, 잘못된 기업 전략 등이 복잡하게 얽혀 만들어진다.

위기가 닥치면 리더들이 보이는 본능적인 반응은 불신과 부인이다. 당연한 말이다. 이게 적절한 반응은 아니지만 처음부터 공개적으로 유죄를 인정하는 것도 좋은 방법은 아니다. 중요한 사실을 밝히는 과정이 필요하다. 밝혀진 혐의가 사실일지도 모르고, 더 안 좋은 소식이 남아 있을지도 모른다는 가정하에 숨겨진 사실을 밝히려는 것이 가장 좋은 방법이다. 이렇게 되면 기업의 경영진들이 상황을 제대로 평가하는 것이 가능해지고 모든 가능성을 고려하며 일반 대중에게 사실을 숨기지 않고 비리를 잡기 위해 최선을 다하고 있다는 인상을 줄 수 있게 된다.

위기를 직면하다

2008년 금융 위기 이후, 위기를 겪는 기업은 흔해졌으나 해결은 더 어려워졌다. 사법 당국, 뉴스 매체, 대중들의 가차 없는 감시는 몇 년간 지속될 수 있다. 한 스캔들이 잦아들어도, 다음날 신문 헤드라인은 더 심각한 혐의를 보도하고, 오랜 상처를 재조명하며, 지금까지 노력한 교정의 완전성과 효과에 의문을 제기할 수 있다. 리더가 있기에 좋은 환경은 아니다.

위기는 위법 행위의 혐의가 내부 고발자나 폭로성 기사를 통해 대중에게 알려지거나, 사법 당국이 기업을 급습하거나 수사 발표를 통해 알려지며 시작된다. 그 자체로도 손해는 엄청나지만, 조직의 리더가 위법 행위를 알고 묵인하려 했다는 사실이 밝혀질 때 상황은 훨씬 악화된다. 해당 기업의 주가나 가치는 미래에 대한 불확실성과 기업의 존속을 위협하는 범죄 때문에 급격하게 하락한다.

혐의에 대처할 준비가 된 기업은 통제력을 잃을 가능성이 낮다. 기업은 내부 조사를 실시하고 사법 당국과 협조하며 조직을 위험에서 벗어나 안전지대로 대피시키기 위한 조치를 취할 수 있다. 이런 기업들은 이미 알든 모르든 간에 **윤리적 완전성에 힘 실어 주기** 과정의 5~7단계를 시행하고 있다. 이 단계는 다음 위기가 닥치지 않도록 미리 예방 주사를 놓는 단계다. 1~4단계는 위기에 처했을 때 위기에서 벗어나기 위한 단계다.

나는 지난 20년간 위기에 대응할 준비가 되지 않은 많은 글로벌 기업과 함께했다. 이 중 일부 기업만이 망설임 없이 잘못된 업무 관행을 철폐했다. 다른 기업은 그 자리에서 한 발자국도 움직이지 못하고 혐의를 부인했으며, 몇 년이 지나서야 문제를 심각하게 다뤄야 한다는 것을 깨달았다. 좀 더 노련하고 독립적인 리더들은 위기 초기에 행동하며, 기업 내에 심각하고 근본적이며 더 광범위한 문제가 있을 지도 모른다고 생각한다. 위기의 원인은 건전한 기업 문화에 존재하는 소수의 썩은 사과인 것일까? 그럴 수도 있으나 그럴 가능성은 희박하다. 철저히 조사되고 시정돼야 할 필요가 있는 큰 문제들이 남아 있을 가능성이 훨씬 크다.

만약 당신의 회사에서 위기가 발생한다면, 이 단계에서 가장 먼저 해야 할 일은 신뢰할 수 있도록 철저하게 조사에 임해 사건의 진상을 규명하는 것이다. 성급하게 판단하거나 임시방편으로 모면하려 하는 것은 장기적인 면에서 생산적이지 못하다. 제대로 조사하려면 당신의 관점은 왜곡됐으며, 리더십 또한 적절하게 발휘하지 못했다는 사실을 인식해야 한다.

조사를 철저하게 진행하기 위해 독립적인 외부 전문가가 필요하다. 2단계에서 이 문제를 더 자세히 다룰 것이다.

'퍼펙트 스톰'의 환상

2015년, 캐나다 회계사 협회에서 연설할 기회가 있었다. 이 회의의 기조 연설자는 앤드루 패스토우로, 그는 텍사스 소재 에너지 회사인 엔론의 전 CFO였다. 엔론은 2001년 역사상 가장 큰 회계 사기 스캔들로 파산했다. 패스토우의 연설 제목은 '잘못된 통찰력: 미끄러운 길에서 넘어지지 않기 위한 교훈'이었다.

그의 범죄 전과 때문에 캐나다 입국이 허용되지 않아, 화상 프로그램을 통해 중계됐다. 패스토우는 자신의 전 회사 주주들과 직원들에게 끼친 피해를 인정하며 반성하는 모습을 보였다. 연설 중에 패스토우는 자신을 올해의 CFO로 선출되게 하기도 하고, 연방 감옥에 들어가게 하기도 한 회계 관행에 대해 설명했다. 패스토우는 일반적으로 인정되는 회계 기준GAAP, Generally Accepted Accounging Principle을 따르지만, 오해의 소지가 있고 남용될 수 있는 다양한 회계 관행을 조명하기 위해 목소리를 높였다.

대부분의 독자가 기억하듯, 엔론은 스캔들로 인해 빠르고 충격적인 파산을 맞이했다. 파산은 2001년 미국 경제지 〈포춘〉의 기자 베서니 맥린이 "엔론의 주식은 과대평가 됐다Is Enron Overprice?"라는 기사를 기고하며 시작됐다. 이를 계기로 투자자들과 기업에 관련 있는 사람들이 엔론을 주시했다. 그해 연말, 엔론은 챕터 11 파산파산법원의 감독하에 구조 조정 절차를 진행해 회생을 모색하는 제도을 선언했다. 혁신과 창조성으로 칭송받던 기업이 10개월 만에 무너졌다. 엔론 스캔들은 세계에서 가장 큰 회계 법인 중 하나인 아서 앤더슨도 무너뜨렸다. 이때는 대중의 분노를 대규모로 분출시키는 소셜 미디어도 사실상 존재하지 않을 때였다.

패스토우의 전 상사인 엔론의 CEO 제프리 스킬링은 스캔들로 14년의 징역형을 선고받았는데, 그는 엔론의 붕괴를 '퍼펙트 스톰perfect storm'으로 묘사했다. 이 문구는 상업용 어선인 앤드리아 게일Andrea Gail과 16명의 선원이 1991년 10월 북대서양에서 실종된 이야기가 책과 영화로 만들어졌을 때 생긴 용어다. 선원들은 세 가지 종류의 날씨가 합쳐진 드물고 이례적인 북동풍을 만났다. 스킬링이 이 문구를 사용한 것이 다른 경영진들의 마음을 사로잡았고, 그 후 '퍼펙트 스톰'은 유례없이 발생한 사건과 상황이 예상치 않게 흘러갈 때 쓰는 경제 용어로 자리 잡았다.

경영진들은 자신이 '퍼펙트 스톰'의 희생자라고 말하는 것이 편할 수는 있어도 이는 책임 회피에 불과하다. 인간이 통제할 수 없는 기상 현상에는 이 용어가 적절하겠지만, 위기에 처한 기업인에게는 위법 행위에 대한 책임을 회피하는 편리한 방법(이며 혐의가 드러났을 때 상황을 보면

하기 위한 방법)에 지나지 않는다. 이 용어는 잘못된 의도를 전달한다. 이는 기업 내에 존재해 위기를 가져오는 구조적이고 인간적인 문제점을 인식하지 못하게 한다. 또한 기업 내 위법 행위의 초기 징후가 없었던 것처럼 보이게 만든다. 대부분의 기업의 경우 거의 있을 수 없는 일이다. 위기에서 벗어나려는 기업은 '퍼펙트 스톰'이라는 메타포와 무력감에 저항해야 한다.

복잡한 시스템이 실패하는 이유

'퍼펙트 스톰'이라는 근거 없는 믿음보다는 기업의 실패에 대해 생각해 볼 수 있는 '정상 사고normal accident'가 훨씬 더 나은 개념일 것이다. '정상 사고'는 사회학자 찰스 페로의《무엇이 재앙을 만드는가: 대형 사고와 공존하는 현대인들에게 던지는 새로운 물음》에서 나왔으며 1979년 발생한 스리마일 아일랜드Three Mile Island 원자력 사고에서 채택한 용어다.

　페로에 의하면, 사소하거나 별로 관련이 없어 보이는 사건이 축적되고 예상치 못하게 상호 작용하면서 치명적인 결과를 초래하는 시스템 장애를 일으킨다고 한다. 그래서 복잡한 시스템은 사고를 피할 수 없다. 페로는 시스템을 정상적인 사고에 취약하게 만드는 세 가지 조건을 언급했다.

　1. 시스템이 복잡하다. 이 말은 시스템이 다양한 방식으로 상호 작

용하는 개별적인 부문으로 구성됐다는 의미다. 복잡한 시스템은 한눈에 볼 수 없고 이해하기 힘들다. 또한 익숙하지 않고 계획적이지 않으며 예기치 않은 일련의 사건에 취약하다.

2. 시스템이 '빈틈없이 결속'됐다. 즉 시간에 민감하고 엄격하게 순서가 지정된 프로세스에 따라 달라진다. 성공적인 결과를 위해서 정확도와 타이밍이 매우 중요하다.

3. 한 부문의 실패가 시스템 내의 다른 부문과 맞물리는 것은 시스템에 치명적이다. 이런 예기치 않은 일련의 실패는 여러 부문의 연속적인 실수를 야기할 수 있다.

기술, 세계화 및 규제는 21세기에 급격하게 발전했다. 기업들은 아웃소싱 기능, 생산 시설, 보안, 공급 및 유통망, 외부 비즈니스 파트너, 금융 구조같이 빠르게 변화하는 성공적인 상호 작용에 의존하는 복잡한 비즈니스 환경을 만들고 있다. 기업과 자본 시장은 밀접하게 얽혀있다. 한편, 기업의 한 부분에서 발생한 문제는 본사에서 문제를 인식하기도 전에 인터넷을 통해 전 세계로 퍼져 나간다.

현재의 조직 시스템은 매우 복잡하기 때문에 효과적인 중앙 감독 체제를 이룰 수 없다. 그럼에도 CEO와 이사회는 기업을 통제해야 한다. 이런 복잡한 상황을 무시하거나 받아들여서도 안 된다. 조직 시스템은 시스템 내 한 부분이 고장 나면 다른 부분도 못 쓸 가능성이 높다. 페로에 따르면, 실패로 인해 에러가 자주 발생함에 따라 실패를 복구할 능력치를 벗어나게 되고 재난은 끊임없이 발생한다. 기업이 파산할 가능성이 수개월 혹은 수년간 조직에 드리우는 주가 폭락과 기업 평판 훼손을 통해 즉각적으로 드러난다.

기업의 리더들은 '퍼펙트 스톰' 뒤에 숨어서 기업에서 발생한 정상 사고를 극복하기를 거부한다. 위기를 촉발하는 사건은 몇 년 전에 이미 경영진의 귀에 들어왔던 상대적으로 작은 이슈거나, 그 당시엔 별로 중요하지 않다고 무시해 적절한 대처를 하지 못한 이슈들이다. 이슈는 작지만 슈퍼스타의 행동, 고_高성장 지역, 고_高위험 시장의 밝혀지지 않은 수상한 관행 등의 핵심을 건드린다. 결국 이슈는 악화돼 구조적인 실패와 과거의 잘못된 판단의 결과인 시스템 붕괴를 낳는다.

사법 및 규제 당국이 개입하는 이슈가 조직의 리더에게 어떤 사전 경고 없이 나타나는 경우는 거의 드물다. 내부 고발자가 위법 행위의 혐의를 경영진, 내부 감사, 준법 담당, 또는 법률 담당자에게 고발한다는 사실을 알지만 대부분의 경우 무시되거나 묵살된다. 이런 이유로 내부 고발자는 이 문제를 사법 및 규제 당국이나 언론에 제보한다. 이런 제보는 조사 혹은 내부 수사를 유발하며 때로는 규제 당국이 기업에게 문제를 즉각적이고 신속하게 대응할 기회를 주기도 한다. 이 단계에서 기업이 저항을 한다면, 기업은 사법 당국의 의견을 따라 형사 고발에 이르게 된다.

언론의 경우, CEO와 CFO가 의도적으로 비리에 연루됐고 이사회가 자체 조사를 진행하고 파멸에 이르는 시간까지 모두 극단적이었다. 경제지에 게재된 기사가 기업을 파산시킨 사례는 드물다. 그러나 경영진들은 항상 최악의 시나리오를 생각해야 하고, 일어날 수밖에 없는 정상 사고에 효과적으로 대응할 방법을 찾아 최악의 경우를 피할 수 있는 방법을 끊임없이 생각해야 한다. 해결해야 할 문제는 '만약에'뿐만 아니라 '언제'도 해당된다.

위기를 악화시키는 행동

유럽에 본사를 둔 한 회사의 의뢰를 진행한 적이 있다. 의뢰인은 미 당국의 혐의 조사에 적절하게 대처하지 못했다. 직원들은 대서양 건너에서 진행되는 조사의 목적이 미국이 유럽 기업의 지적 재산을 훔치려는 것이라고 생각했다. 직원들은 미국이 자신의 회사 제품에 질투를 느끼고 있으며 조사를 하는 진짜 이유가 업무 기밀을 훔쳐가기 위한 것이라 믿었다. 이는 잘못된 생각이었으나, 회사는 미 당국의 조사에 협조하지 않았다. 회사가 실제로 범죄를 저질렀는지, 사실이라면 위법 행위가 재발하지 않게 어떤 노력을 할 것인지에 대한 물음에 답하지 않은 것이다.

압박 끝에, 결국 기업은 외부 자문인에게 조사를 받는 것에 동의했다. 그러나 기업은 여전히 비협조적이었다. 최소한의 정보만 미 규제 당국에게 제공할 것이며 자료는 완전히 삭제돼야 한다는 입장이었다. 조사를 위해 많은 정보가 필요했지만, 정작 미 당국에게 넘어간 정보는 거의 없었다. 결국 규제 당국은 이 문제를 사법 당국에 인도했다. 기업은 그제야 상황의 심각성을 인식하고 적극적으로 협조해야 한다는 사실을 받아들였다.

기업은 자신이 '퍼펙트 스톰'에 빠졌다고 느낄 수 있지만, 실제로는 자초한 위기다. 비리로 고발당했을 때 기업이 위기를 과소평가하고 방어적인 자세를 취해 상황을 더 악화시킨 것을 기억하자. 방어적인 자세는 자연스럽게 나올 수밖에 없지만 문제 해결에 도움이 되지는 않는다. 다음은 위법 행위에 대한 혐의를 받았을 때 하지 말아야 하는 사례를 나열한 것이다.

고발자를 찾는다

비리 혐의가 제기됐을 때 많은 리더들이 처음으로 하는 질문은 단연 이것일 것이다. "고발자가 누구인가?" 이는 초점을 내용이 아닌 고발자에 맞추고 있으며 종종 의혹의 심각성을 과소평가하거나 무시하는 결과를 가져온다. 만약 내부 고발자가 처음으로 비리 의혹을 제기한 경우, 직원의 개인적인 불만이라 무시하기 십상이다. 언론에서 처음으로 제기했다면, 특종에 목숨 건 외부인의 선정적인 이야기로 치부된다. 만약 규제 당국이 제기했다면, 업무 할당량을 채우기 위한 공무원의 지나친 간섭으로 의미를 축소한다.

혐의의 출처를 아는 것이 유용할 수는 있지만, 궁극적으로 출처 때문에 의혹을 기각해서 좋은 것은 하나도 없다. 고발자가 누구든 상관없다. 혐의는 아무 근거 없이 제기되지 않기 때문이다. 무언가는 이미 진행되고 있으며 이제는 그 무언가를 발견하기 위해 힘을 쏟아야 한다.

위기를 과소평가한다

혐의의 출처를 추궁한 후, 리더들은 직원들에게 문제를 떠넘기고 싶어 한다. 때로는 감사 위원회 위원장이 CEO에게 하는 말이기도 하다.

그러면 CEO는 후속 조치를 구체적으로 지시하지 않고 말도 없이 이 문제를 법률 자문 위원에게 넘긴다. 이렇게 손을 떼려는 것은 경영진들이 이 문제를 중요하게 생각하지 않으며 자연스럽게 사라지길 바란다는 뜻이다. 이런 식이면 적절한 조사가 진행되지 않고 올바른 평가를 내릴 수 없다.

조직의 리더는 (경영진이든 아니든) 어떠한 가정도 하지 않고 사실을 수집해야 한다. 직원에게 모든 가능성을 열어 두도록 당부하고, 리더가 직접 조사 과정에 관여하면서 모든 가능성이 열려 있다는 사실을 확실히 해야 한다. 올바른 지침은 다음과 같다. "무슨 일이 일어나든지 간에 모든 사실을 리더가 알 수 있게 하라."

벙커에 숨는다

다시 말하지만, 위기는 주요 경영진이 체포되고 형사 수사가 발표되거나 언론에 골치 아픈 기사가 게재되면서 시작된다. 고위 경영진들은 회의실에 머리를 맞대고 앉아 다음 대책을 논의한다. 대화를 이끌어 가는 사람은 누구며, 누가 이 상황을 통괄해야 하는지 생각해 보자. 법률 자문 위원, 홍보 담당 책임자 아니면 위법 행위 혐의를 받은 업무 부서? 기업은 문제의 핵심을 파고드는 대신, 방어에 초점을 맞추고 상황을 과소평가하거나 변명하며 더 깊은 구멍을 파고 들어갈지도 모른다. 이를 '벙커 모드'라고 지칭하겠다. 기업은 사실에 접근하는 대신, 혐의를 부인하고 방어하는 데 모든 역량을 집중시킨다.

이 시기는 철저하고 신뢰할 수 있는 조사를 수행할 수 있도록 기업의 모든 역량을 집중해야 한다. 물론 법률 자문 위원과 홍보 담당자는 회의에 참석해야 하고 재무, 회계, 관리, 인력, 내부 감사, 윤리 및 준법, 조달, 즉 게이트키퍼의 역할을 하는 부서도 반드시 참석해야 한다. 게이트키퍼는 사건을 객관적으로 보며 단순히 조사만 하는 것이 아니라 해결하려고 노력한다는 사실을 확신시켜줄 것이다. 각 기능을 맡은 부서와 협업하면 사건의 진상을 빠르게 파악할 수 있는 기회를 얻을 것이다.

증거를 찾는다

이 또한 벙커에 숨는 것과 비슷한 의미를 지닌다.

조사를 받는 기업의 대부분은 기업이 조치를 취하기 전에 사법 및 규제 당국이 진상 조사를 하고 위법 행위를 입증해야 한다고 생각한다. 물론 '무죄 추정의 원칙'은 사법 제도의 근본적인 법리다. 하지만 기업이 비리 혐의를 받고 있을 때, 경영진들은 적극적으로 진상 조사와 문제를 바로잡아야 한다. 이것이 경영진의 핵심적인 책임이다.

어떤 시정 조치를 취하기 전에 사법 당국이 기업의 사건을 입증하기를 기다리지 마라. 이는 리더십과 기업의 책임을 포기하는 것이며, 장기적으로 회사에 도움이 되지 않는다. 간단히 말해, 기업 관리와 법적으로 방어하는 것은 궁극적으로 같은 사실에 의존하더라도 둘은 별개의 과정이다.

평소와 같이 기업을 경영한다

기업이 최악의 위기를 맞는 와중에도 경영진들은 일상적인 업무에 지장을 준다고 인식되는 행동을 피하기 위해 노력한다. 이는 비리에 대한 혐의와 내부 조사가 부차적이라는 뜻이며 상황을 부정하는 의도를 비치는 것이다. 직원들은 업무 환경이 바뀌었고 이제는 새로운 우선순위가 있다는 것을 이해해야 한다.

직원들은 CEO와 이사회가 혐의에 진지하게 대응하고 있으며 내부 조사(와 궁극적인 해결 방안)를 최우선으로 생각한다는 사실을 알아야 한다. 이런 의도가 효과적으로 전달되면 직원들과 비즈니스 파트너는 경영진을 신뢰할 것이다. 여전히 직원에게 피해를 입힐 수 있는 시스템 문제가 있어도 직원들은 문제가 해결될 수 있다는 생각에 고취될 것이다.

회사 내부에 걸림돌이 있을 수도 있다. 시스템 규정 문제를 갖고 있는 기업은 비인간적인 문화와 침묵하는 환경을 조성할 뿐만 아니라 직원을 구분 짓는다. 이런 일은 신뢰할 수 있는 사실을 발견하지 못하게 하는 기업 문화 때문에 발생한다(기업 문화를 바꾸는 문제는 6단계에서 다룰 예정이다). 이 때문에 외부 조사가 필수적이다. 조사관들은 독립적으로 조사를 실시할 수 있고 업무의 우선순위, 개인적인 충성심, 조사 절차를 방해할 수 있는 조직 내의 라이벌 구도에서 오는 불필요한 영향을 받지 않고 조사에 착수할 수 있다. 기업의 경영진은 모든 이해관계자에게 '평소와 같은 경영'이 아닌 이 문제가 해결될 때까지 특수 상황을 유지할 것이라는 메시지를 분명하게 전해야 한다.

'썩은 사과'에 대한 근거 없는 믿음에 빠진다

경영진들은 기업에서 벌어진 비리가 소수의 '썩은 사과' 때문이라고 믿고 싶어 한다. 이 잘못된 믿음은 경영진들이 위법 행위에 대한 직접적인 책임을 피할 수 있는 수단이 된다. '썩은 사과' 이론은 (큰 비용이 들지 않고) 문제를 해결하는 데 비교적 위험이 적은 해결책을 제시한다. 썩은 부분을 잘라 내면 나머지를 바꿀 필요가 없다고 생각하는 것이다. 하지만 문제는 간단하지 않다. 특히 규제 당국의 레이더에 걸린 대규모 비리에서 이 방법은 통하지 않는다.

윈드 인터내셔널의 사례를 예로 들면, 윈드 인터내셔널은 제삼자인 에이전트를 통해 관할 지역의 정부 공무원에게 뇌물을 주는 것이 비즈니스 모델의 일부였다. 그 작업을 수행하기 위해 기업이 돈을 전달할 대상을 정하는 것부터, 전달하는 데 필요한 모든 부서가 동원됐다. 그들은 계약서를 작성하고 셸 컴퍼니를 세워야 했다. 예금 계좌를 개설하고 다양한 기관에서 승인을 받고 비리를 대가로 해야 할 일을 규정하며 청구서를 제출했다. 아마 더 많은 서명과 승인이 필요했을 것이고 처음부터 끝까지 수십 명의 직원이 거래에 동원됐을 것이다. 그중 몇 명은 주요 경영진이다.

소수의 썩은 사과로 시작하지만 바구니 안에 있는 사과 전체를 망치는 데는 오랜 시간이 걸리지 않는다.

지역 담당자가 문제를 해결하도록 둔다

윈드 인터내셔널의 사례에 '슈퍼스타'가 등장한다. 이들은 기업의 관심에서 멀어진 부분을 독단적으로 관리하고 성공을 자축한다.

지사에서 윤리적인 문제가 일어나면, 그들이 문제를 책임지는 경우가 대부분이다. 문제가 규제 당국과 뉴스 미디어의 레이더에 잡히면 CEO의 신뢰를 받고 있는 슈퍼스타들은 대수롭지 않게 하던 일을 계속하며 CEO에게 알아서 잘 처리할 것이라 약속한다.

안타깝게도 문제가 일어났을 때 혐의에 대한 관리를 지역 담당자에게 맡기는 것은 흔한 일이다. 하지만 나는 이런 대처가 상황을 더 악화시킨다고 확신한다. 지역 담당자는 사실을 밝히려고 노력하지 않을 것이고 심지어 증거를 폐기하거나 위조해 상황을 억압할 것이다. 그러는 동안 내부 고발자, 부하 직원, 내부 감사인, 준법 관련 전문인은 위협과 보복을 감내해야 한다. 경영진이 비리를 밝히는 것에 소극적으로 대응하고 지원하지 않는다면 보복의 위협이 만연한 환경에서 비리를 고발할 사람은 거의 없을 것이다. 그리고 여전히 리더는 아무것도 모른다.

경영진은 담당자가 지나친 간섭이라 강력하게 반발하더라도, 그에게 경영권을 넘겨서는 안 된다. 비리 혐의를 받은 담당자가 관리하는 곳은 인수된 자회사가 합병이 거의 안 된 상태로 남아 있을 확률이 높고, 이런 경우 자회사는 독립적으로 경영을 할 것이다. 비리에 대한 혐의가 밝혀지면 지체하지 말고 즉시 이 지역 경영권을 회수해서 본사에서 관리해야 한다.

앞서 언급한 '위기가 발생했을 때 하지 말아야 할 일'은 위험을 과소평가하거나 잘못 판단하는 많은 사람들이 쉽게 범하는 오류의 예시다. 게다가 기업은 대중과 사법 및 규제 당국이 기업의 비리에 대해 관용을 베풀지 않는다고 생각한다. 이는 현실을 제대로 인식하지 못하는, 시대에 뒤떨어진 사고방식이다. 경영진들은 회사의 규모, 자금, 소송이나 홍보를 이용해 혐의에 대응할 수 있다고 위안 삼는다. 이를 감안

하더라도 회사가 문제를 회피하거나 책임을 전가해 비난을 다른 쪽으로 돌려 문제를 수습하는 것은 근시안적인 방법이다. 물론 대처가 늦어질수록 문제를 수습하는 데 드는 비용이 커진다.

무엇이 중요한지 파악하기

여기까지 읽었으면 이렇게 생각할 것이다. 회사는 진지하게 혐의에 대처하고, 철저하고 독단적인 조사를 시작하는 것이 바람직하다. 그러면 된다. 하지만 현실은 이 상황이 철저한 조사를 해야 할 만큼 심각한지 아닌지 알기조차 어렵다.

어쨌든 내부 고발자의 고발은 넘쳐나고 진행 중인 소송도 쌓여 있다. 소송과는 별개로 회사에는 직원이나 규제 당국, 언론 매체, 비즈니스 파트너, 그리고 고객이 제시하는 비리 혐의도 항상 있다. 사실 이런 비리 혐의가 있다는 것은 사내 문화가 투명하다는 증거다. 즉 소통이 원활하고 직원들이 목소리를 높일 수 있는 환경이라는 뜻이다.

대기업은 탄탄한 경영만큼 수백 명의 내부 및 외부 전문가가 소속된 법무, 준법 및 재무 부서가 있으며 절차를 밟는 과정이 훌륭하고 보고할 수 있는 구조가 잘 구축돼 있다. 그럼에도 모든 사항을 챙겨 보고 그와 관련된 위험을 측정하는 일은 어렵다. 경영진들이 어떻게 '일상적인 비즈니스'와 관련한 분쟁과 중요하고 근본적인 문제를 불러일으킬 분쟁을 구분해야 할까?

여기서 회계의 중요성이 드러난다.

회계사가 기업의 재무제표를 작성할 때 정보는 매우 중요하게 간주된다. 누락, 왜곡, 혹은 모호한 기재는 해당 재무제표의 주요 사용자인 경영진이 기업에 관해 내리는 결정에 큰 영향을 미칠 수 있기 때문이다. 비리 혐의를 다룰 때 경영진들은 혐의에 포함된 정보가 중요하다고 간주하면서 (관련된 금액에 상관없이) 다음 사항을 고려해야 한다.

- 사건이 화이트칼라 범죄(조직적인 사기, 부패, 돈세탁, 독점 금지, 탈세)와 관련이 있다.
- 안전을 위협한다.
- 경영진이 비리에 연루되거나 은닉하려고 사주해 경영진의 청렴함에 의문이 제기된다.

기업은 이사회에 보고하기 위한 우선순위를 정하고 대응책을 마련하기 위해 일의 중요도를 따진다. 대부분의 경우, 경영진들은 중요도를 수치로 계산하는 방식을 사용한다. 한 회계장은 사안이 순이익 3억 5천만 달러를 넘지 않으면 받아들이지 않는다고 말했다. 그는 재정적으로 작은 금액으로 보이는 문제가 재무제표를 통해 나타나는 기업의 정보뿐 아니라 경영진의 청렴함을 손상시킨다는 사실을 알지 못했다. 결국 자신의 행동과 판단의 문제인데, 어떻게 재정적인 정보와 관련해서 문제 없다는 경영진의 진술을 신뢰할 수 있겠는가?

CEO와 이사회는 중요한 정보와 중요하지 않은 정보를 구분해야 하지만 많은 정보가 제공되기 때문에 구분하기 어렵다. 흔히 이사회는 높은 자리에 있으니 회사의 이슈를 다 알고 있다고 생각한다. 그러나 이는 잘못된 생각이다.

위기를 겪었어도, 다음번 위기를 제때 막을 수 있는 것은 아니다. 한 기업의 이사회 의장을 만난 적이 있다. 그는 윤리적인 문제의 중요성을 깊이 인식해 이사회에서 문제를 해결하려 노력하고 옳은 일을 하려는 굳은 신념을 가진 사람이었다. 그는 회사가 위기에서 벗어날 수 있도록 도움을 주는 완벽한 적임자였다.

몇 년 후, 비슷한 이슈로 고통받는 다른 기업의 의뢰인을 만났다. 이 기업의 이사회 의장은 앞서 언급한 기업의 이사회 의장과 동일 인물이었다. 그는 비슷한 경험을 했음에도, 문제에 대처하는 데 실패했다. 이 기업의 경영진들이 그에게 중요한 정보를 제공하지 않거나 그가 들은 정보를 확인하는 데 부적절한 메커니즘이 있었을 확률이 크다. 또한 회사의 시스템적인 어려움을 파악하는 데 실패하거나 이슈를 전체적으로 보지 못하고 개별적으로 검토했을 가능성도 있다. 그는 이 익숙한 문제를 미리 감지해야 했지만, 그러지 못했다.

청렴함을 중요시하고 과거의 위기와 관련된 중요한 경험을 갖고 있는 인물조차도, 위기에 닥쳤을 때 나아갈 방향을 잡지 못했다. 이러니 다른 회사의 리더는 중요한 것과 아닌 것을 더 구분하기 어려운 것이다. 결국 이런 상황에서 리더가 관심을 두고 시간을 투자해 양적인 중요성보다는 질적인 문제로 눈을 돌려야 한다. 이 말은, 즉 다음과 같은 질문을 내포한다. 비리 혐의(더 안 좋게는 혐의의 패턴)가 리더들의 청렴도와 판단에 의문을 제기하는가? 비리 의혹 때문에 이해관계자들이 기업에 대해 품은 신뢰도가 흔들리는가? 혐의가 불법적인 업무 관행이 있을 수도 있다는 우려를 갖게 하는가? 혐의가 기업이 윤리적으로 타협하거나 불필요한 위험이 발생하도록 강요하는 기업 전략상의 허점을 지적하는가? 이 문제에 대답을 하기 위해서는 판단과 통찰력이 필요하다. 윤리적인 행동과 비윤리적인 행동의 경계는 재정적 한계로 설명할 수 없기 때문이다.

위기를 낭비하지 마라

"위기를 절대 낭비하지 마라." 2008년 금융 위기의 여파로 당시 백악관 비서실장이었던 람 이매뉴얼이 CEO들이 모인 회의에서 한 말이다. 이매뉴얼이 옳다. 회사가 위기에 처해 있으면, 그 상황을 개혁, 학습, 적응의 기회로 삼는 것이 회사에 도움이 될 것이다.

조직 문화를 유지하려고 싸우는 대신 기꺼이 바꾸려고 하는 의지가 필요하다. 이 의지가 위기를 힘겹고 긴 소송으로 만들지, 변화를 위한 촉진제로 만들지 결정할 수 있다. 긍정적인 변화는 위기를 이해하기 위한 강력한 진상 규명과 대응하고자 하는 바를 명확하게 나타내는 태도에서 시작한다.

리더는 앞으로 다가올지도 모르는, 새롭고 복잡한 상황에서 모든 시나리오를 고려한 대안과 행동을 생각해야 한다. 대중은 리더가 책임을 지는 것, 즉 기업을 대표해서 반성하고 문제를 해결하는 모습을 원한다. 물론 최악의 시나리오도 생각해야 한다. 시스템으로 인한 실패는 많은 관계자들에게 손해를 입히고 재앙을 가지고 올 수 있는 최악의 시나리오다. 1단계는 시스템 실패의 가능성을 고려하고 위기를 책임지며 완전하고 독립적인 진상 규명을 요구하는 단계다. 이 단계에서 완전하고 독단적으로 사실을 밝히는 작업이 필요하다. 사태의 깊이와 범위를 이해하지 않고는 구체적인 개혁을 약속할 수 없다. 이 시점에서 리더들이 할 수 있는 것은 이게 전부다. 위기를 성공적으로 관리하기 위해 사실을 수집하는 과정과 CEO가 잘못을 바로잡으려는 노력, 회사를 회복시키기 위해 행동으로 보여 주는 것이 필요하다.

하나부터 열까지 꼼꼼하게
- 인과 관계 조사하기

편견에서 벗어나 공정하게 업무를 수행하려거든 당신의 본성과
도덕성을 따르라. 그러고 나서 생기는 부수적인 일은 어쩔 수 없다.

- 루이스 프리,《프로드Fraud》(2014)

2009년 6월 29일, 뉴욕의 저명한 금융가이자 자선가인 버니 메이도프는 수천 명의 투자자에게서 수십억 달러를 유용한 대규모 폰지Ponzi 사기죄로 150년 형을 선고받았다. 메이도프는 11건의 연방 범죄 혐의와 고객의 돈 650억 달러를 사취한 혐의로 형사 기소됐다. 이는 역사상 가장 큰 투자 사기 범죄였다.[2]

메이도프 사건은 여러모로 예외적인 경우에 속한다. 사기 사건의 규모, 끼친 손해, 파산하기 전까지 그가 유명한 인물이었다는 사실도

---

2   https://www.justice.gov/usao-sdny/file/762821/download

그렇지만, 이 사건에서 가장 특이한 점은 사기 사건의 전모가 밝혀질 때까지 오랜 시간 이를 아무도 몰랐다는 사실이다. 메이도프의 이름은 1992년 투자자가 미 증권 거래 위원회에 메이도프를 고소하면서 처음 등장했다. 당시 메이도프는 돈을 반환했고 사건은 종결됐다.

미 증권 거래 위원회는 총 여섯 차례 조사를 실시했고, 모든 사건은 이런저런 이유로 기소까지 이르지는 않았다. 메이도프가 천문학적인 소득을 얻은 사실을 밝히기 위해 당국과 금융업계와 함께 10년간 고군분투한 회계사 해리 마코폴로스는 2010년 《그 누구도 듣지 않았다: 진정한 금융 스릴러No one would listen: A True Financial Thriller》라는 책을 발간했다.

메이도프의 사건은 숙련된 조사관들도 문제의 핵심을 놓칠 수 있다는 사실을 보여 준다. 메이도프는 만약 조사관이 적절한 질문을 했다면 더 일찍 체포됐을 것이라 말했다. "조사관들은 내 주식 거래 기록조차 보지 않았다. 그들이 증권에 관한 기록을 관리하는 증권 거래소의 기록만 봤어도 범죄 사실을 즉시 알아차렸을 것이다. 폰지 사건을 조사할 때 가장 먼저 해야 하는 일이다."

관계 당국은 메이도프의 폰지 사기 사건을 15년 전에 막을 수 있었다. 그동안 얼마나 많은 피해자가 나왔으며 얼마나 많은 돈을 메이도프가 가로챘을지 상상조차 하기 싫다.

위법 행위 혐의를 다루는 조직의 리더는 메이도프 사건을 교훈 삼아야 한다. 그저 겉으로만 이슈를 들여다보는 거짓된 행동으로는 사건을 마무리 지을 수 없다. 그리고 관련 혐의가 계속해서 드러나는 와중에 사안이 과거에 적절히 검토됐을 것이라는 가정도 믿을 수도 없다. 법을 어긴 사람도 그에 맞는 처벌을 받아야 재발을 막을 수 있다. 모든 시스템적인 약점을 보완하는 동시에 위법 행위의 영향력과 특성이 밝혀질 수 있도록 신속하면서도 적극적으로 조사가 진행돼야 한다. 그렇지 않으면 문제는 계속해서 악화돼 조직과 이해관계자에게 참혹한 결과를 가져올 수도 있다.

지난 10년간, 나는 전 FBI 국장인 루이스 프리와 사적으로 일하는 특권을 누리면서, 전적으로 믿을 만하고 독립적인 조사를 시행하는 방법에 대해 배웠다.

사기, 부패와 다양한 형태의 화이트칼라 범죄를 조사하러 세계적인 기업을 방문하는 것이 쉬운 일은 아니다. 경찰이 주인공인 TV 드라마 시리즈를 보는 것만큼 자극적이지도 않다. 게다가 기업의 비리를 조사하는 과정은 복잡하고 어려우며 끝까지 진행하지 못할 때도 있다. 조사를 하기 위해 필요한 것은 불편한 질문을 하고 모든 문제를 빠짐없이 짚어야 하는 전문 지식 및 청렴함과 용기다. 넓고 깊게 파고 들어가는 철저한 조사는 **윤리적 완전성에 힘 실어 주기** 과정에도 없어서는 안 될 부분이다. 우선 비리가 발생할 수밖에 없던 상황에 대한 사실 관계를 수집하지 않으면 교정 조치를 할 수 없다.

이 장에선 이에 대처하는 법을 다룰 것이다.

책임자가 누구인가

내부 조사를 효과적으로 진행하기 위한 첫 번째 단계는 비리 혐의를 받은 기업이 관계 당국과 대중에게 성실하게 조사에 임하는 모습을 보여 주는 것이다. 혐의가 제시된 방법은 다양할 것이다. 언론 보도 혹은 내부 고발자의 고소, 기업을 압수 수색해서 알아냈든, 조직은 적절한 대응을 해야 한다. 현재 진행되고 있는 위법 행위를 중단시키기 위해 적절한 행동을 취해야 한다. 사건을 둘러싼 사실을 수집하고 이해하며 위법 행위 재발을 방지하기 위해 교정 조치를 계획하고 이해관계자들의 신뢰를 회복하는 것이 중요하다.

교정 단계에 돌입하는 것은 다음 장에서 더 자세히 설명할 것이다. **윤리적 완전성에 힘 실어 주기** 3단계를 보면 된다. 하지만 현실에서는 2단계와 3단계는 거의 동시에 일어난다. 조사하며 발견한 새로운 사실을 토대로 위법 행위에 가담한 직원의 업무를 정지시키고 추가적으로 내부를 통제해야 하는 등의 교정 조치를 해야 한다. 이렇게 되면 향후 밝혀질 수 있는 새로운 사실에 좀 더 능숙하게 대처하는 게 가능해진다. 조사에서 발견한 사실에 적절한 조치를 취하지 않고 조사가 완전히 종료되기만을 기다리는 일은 무의미하다.

이와 마찬가지로 기업은 내부 조사 절차를 마치기 전에 관계 당국이 조사를 끝내기를 기다려서도 안 된다. 외부 조사가 몇 년이 걸릴지 모르는데 (그들은 당신의 사건만을 진행하는 것이 아니다) 조사가 끝나기만을 기다리느라 기업 내에 자리 잡은 문제를 파악하고 대처하는 노력을 미룰 수는 없다. 기업이 모범이 되는 경영 체제를 갖고 있다는 말은 기업의 리더가 기업의 평판을 보호하기 위해 문제에 즉시 대응하고 경영진이 청렴함을 가장 중요한 가치로 생각한다는 것을 보여 줘야 한다는 의미다. 동시에 사법 및 규제 당국과의 협조는 문제를 해결하기 위한 요소임을 인지하고 조사가 이어지는 동안 정보를 꾸준히 공유해야한다.

여기서 내부 조사를 시작하기 전 확인해야 하는 두 가지 중요한 문제에 봉착한다. 첫째, 누가 조사를 시행하는가? 둘째, 조사를 하는 사람은 누구에게 내용을 보고하는가? 즉 이 과정의 책임자를 명확히 해야 한다.

첫 번째 질문은 논란도 많고 민감한 사안이지만 답은 간단하다. 조사는 해당 기업이 속한 산업, 비즈니스 모델, 영업 범위를 잘 알고 있는 독립적인 제삼자가 수행해야 한다. 이 조사관은 사법 및 규제 당국의 신뢰를 받는 사람이어야 한다.

두 번째 질문에 대한 답은 좀 더 다양하다. 간단히 말해, 고위 경영진이 중대한 혐의를 받은 경우에 이사회가 관련 조사를 지시할 필요가 있을 것이다. CEO가 이 혐의와 거리가 먼 경우 CEO가 조사할 수도 있지만 이 방법은 위험하다.

앞서 언급한 위험성을 가진 기업을 예로 들어 보겠다. 새로 온 CEO는 기업의 가장 큰 영업부 담당자가 연루된 부패 혐의를 직접 조사한 적이 있다. 담당자는 CEO에게 직접 보고를 할 수 있는, 한마디로 CEO의 신뢰를 받고 있는 슈퍼스타였다. 그는 전임자에게 책임을 전가했고, 결정적인 혐의를 잡지 못하자 진실 뒤로 숨었다. 메이도프와 다른 사람들이 사용한 자기 방어 전략과 같은 경우다. 그는 카리스마 넘치고 언변이 능숙했으며 새로운 CEO의 시선을 돌리도록 만들수 있었다. 그렇게 그는 위법 행위에 연루됐다는 사실을 감출 수 있었다. CEO는 조사에 더 이상 참여하지 않았지만 상황이 악화되면서 당국과 언론의 타깃이 됐다. CEO는 신뢰를 잃었고 회사의 평판은 하락해 일은 한층 더 복잡해졌다.

이사회가 CEO의 지원을 받아 책임을 맡는 것이 이상적이다. 독립적인 조사뿐만 아니라 관계 당국과 대중에게 어필하는 데에도 그쪽이 낫다. CEO나 다른 고위 경영진이 혐의에 연루됐으면 그들을 조사 과정에서 제외시키는 것이 당연한 일이다.

이사회는 독립적인 조사를 위해 팀을 꾸리고 감시하는 것에 균형을 맞춰야 한다. 조사관은 사실을 파악하기 위해 사건을 깊게 파고들어야 하지만, 이미 위기와 불확실한 미래의 가운데 있는 조직에서 불필요한 분란이 생길 수밖에 없다. 분란을 줄이기 위해서는 많고 다양한 정보 중 쓸데없는 가짜 정보를 구별할 수 있는 경험과 판단력이 필요하다. 조사관은 그들이 회사에 존재하는 것만으로도 직원들이 두려움을 느낄 수도 있고 업무에 집중을 못 할 수도 있다는 생각을 늘 지니고 조사를 신중하고 신속하게 진행해야 한다.

일반적으로 조사팀은 경험이 많은 변호사가 이끌게 된다. 변호사는 의뢰인에게 특권을 주거나 협조한 직원에게 법적인 사전 경고를 줄 수도 있으며 법적 절차를 따라야 한다는 사실을 확실하게 알려 줘야 하기 때문이다. 국가 간 조사가 필요한 상황에서 정보의 이동(예를 들어, 사생활에 관한 법과 이동 금지 규정), 직원의 협조 및 다른 행위에도 법이 적용될 수 있다. 그래서 해당 법적 관할권에 있는 경험이 많고 발이 넓은 법률 전문인을 섭외해야 한다.

기업은 기업의 사정을 꿰뚫어 보고 있으며 문제를 파악한 외부 전문가나 독립적이고 전문적이며 이해의 충돌을 막을 수 있는 전문가를 고용하는 것이 좋다(후자가 더 좋은 선택이긴 하다).

범죄 전문 회계사와 기술 전문가가 장부와 기록을 확인하고 이메일을 검토하며 은행 계좌를 추적한다. 이에 그치지 않고 제삼자와의 연관 관계를 따지고 비리에 대한 증거를 수집하며 변호사를 돕는다. 조사팀은 이사회에 보고해야 하며 필요한 경우 주요 이해관계자인 조직의 법률 자문 위원, 감사 담당 책임자, 준법 담당 책임자, 외부 감사인, 검사 그리고 당사자들과 긴밀하게 협력하는 것이 올바른 과정이다.

조사를 위한 의사소통

독립적으로 내부 조사를 진행하기로 결정했다면, 조사의 목적, 진행 상황, 그리고 결과에 대한 중요한 정보를 잘 전달할 수 있는 소통이 필수다. 소통이 부족하면 잘못된 정보가 퍼질 수 있기 때문에 내부, 외부 이해관계자들에게 무슨 일이 일어나고 있으며 일어난 원인이 무엇인지 정확하게 전달해야 한다.

당연히 소통은 사실에 기반을 두고 정직하게 해야 한다. 기업은 결과를 투명하게 공개하고 소통의 흐름을 원활하게 만드는 것이 중요하다. 그러면서도 공개적인 조사에서 대중에게 공개할 수 있는 범위에 제한이 있다는 사실도 유념하는 것이 좋다.

조사 결과를 발표할 때는 직원들에게 제공하는 내용과 주주, 언론 매체, 그리고 기타 외부에 전달하는 내용이 일치해야 한다. 혐의에 대한 일반적인 특성을 기술하고 조사 담당자와 그들의 자격을 안내하고 이사회나 상임 위원회가 이 절차를 감독하는 사실을 명백하게 밝히는 것이 중요하다. 기업은 조사로 밝혀진 사실과 차후 교정 계획을 포함해서 주기적으로 진행 상황을 이해관계자에게 보고해서 그들의 확신을 얻어야 한다. 또한 이 기회를 이용해 기업은 모든 혐의를 엄중하게 다룰 것이며 직원이나 비즈니스 파트너의 불법적인 행동을 결코 용납하지 않을 것이라는 사실을 명백하게 보여 주는 것이 중요하다. 이 원칙을 지키면서 일상적인 업무 활동 속에서도 조사는 우선시되며 직원들의 전폭적인 협조가 필요하다는 것을 주지시켜야 한다.

사법 및 규제 당국의 조사에 협조하면 그들과 더 깊은 소통을 할 수 있을 것이다. 주의 깊은 태도로 그들과 협조하면서 정보를 교환할 수 있는 시스템이 필요하다. 어느 정도 협상이 필요하지만, 조사관의 노력을 존중하고 작업을 방해해서는 안 된다. 방해하게 되면 회사의 전망은 돌이킬 수 없이 위태로워질 것이다. 또한 장기적인 관점에서 봤을 때 기업이 회복하는 데 필요한 정보를 얻지 못하는 결과를 초래할 수도 있다. 규제 당국이 서로 협조하고 각 관할 지역과의 정보 교류가 원활해지면, 기업 내 조사단이 정치적 국경과 지역 경영을 넘나드는 위법 행위를 한 곳으로 묶는 데 더 유리한 위치를 차지하게 된다. 확실히 기업 내에서 자체적으로 조사하고 보고하는 것이 비용적인 면에서 효율적이며, 당국은 기업을 기소해야 할 상황이 오면 협조적인 기업에게 호의적인 태도를 보인다. 이런 협조 문제는 4단계에서 더 자세히 살펴볼 것이다.

사실에 접근하기 - 기업 CSI

기업에 대한 조사는 사체 부검을 제외하면 대차 대조표, 송장, 이메일, 취조, 감사 보고서를 분석한다는 점에서 TV의 범죄 수사물과 다를 바가 없다. 증인을 구속하고 인터뷰를 진행해 찾아야 할 증거가 있다. 막다른 골목을 만날 것이고 기대치 않은 반전이 있을 것이며 상대에게 죄를 뒤집어씌우는 사람도 존재할 것이다. 오랜 시간이 흐르고 많은 노력을 들인 뒤에야 퍼즐의 조각이 좀 더 분명한 그림을 나타낼 것이다.

조사 초기 단계는 조사팀이 관련 증거를 보존할 수 있도록 신속하게 움직이는 것이 중요하다. 이들은 회사의 IT 및 법률팀과 긴밀하게 협력해 데이터 시스템을 분석하고 증거가 인멸되는 것을 막아야 한다. 소송이나 규제 당국의 조사가 예정돼 있으면 사건에 관련된 증거를 보존해야 하는 의무가 기록된 서류를 발행할 필요도 있다.

기업 장부와 이메일을 주고받은 기록은 의심스러운 거래의 속성과 규모를 파악하는 데 도움을 준다. 이런 의심스러운 거래에서 여러 국가의 여러 은행을 통해 자금이 이동하는 것을 발견할 수 있다. 이런 복잡한 범죄 계획은 철저한 문서 검토를 포함한 광범위한 조사를 통해서만 추적이 가능하고 재구성될 수 있다.

궁극적으로 조사를 통해 혐의의 본질과 인과 관계의 전모를 파악해야 한다. 또한 조사를 통해 구체적인 질문에 답을 할 수 있어야 한다. 주동자는 누구인가? 고위 경영진들이 비리에 얼마나 연관돼 있는가? 경영진들이 이 사실을 묵인했고 위법 행위에 동참했는가? 어떤 범행 계획이 사용됐는가? 동기는 무엇인가? 어떤 이득을 취했는가? 추가로 발견된 다른 혐의가 있는가? 어떤 형태의 감사, 검토를 진행했고 범죄자는 얼마나 오래 위법 행위를 저질렀는가? 사건의 전체를 파악하는 과정은 두 가지 종류가 있으며 이는 개별적이면서 서로 긴밀하게 연결돼 있다. 바로, 증거를 발견하고 분석하는 법의학적인 절차와 비리에 개입한 사람들이 사용한 수단, 사건, 관점을 이해하는 개별 면담이다. 그래서 강력하고 경험이 많은 리더의 주도하에 각 조사팀이 긴밀하게 협조하는 것이 중요하다.

내부 고발자가 자유롭게 활동할 수 있는 환경 만들기

조사 과정에서 신경 써야 할 다른 중요한 요소는 내부 고발자가 자유롭게 활동할 수 있는 환경을 만드는 것이다. 내부 고발자는 보통 부당하게 오명을 쓰지만, 윤리적인 위기에 처한 기업에게 도움이 되는 존재다. 조사는 사막에서 바늘을 찾는 것처럼 어려워 보인다. 그러나 현실은 기업 내에서 직원들이 이야기하는 것을 꺼리지만 누구나 알고 있는 비밀을 다루는 것이다. 조사를 원활히 진행하기 위해 기업은 용기를 내 목소리를 높이는 사람에게 힘을 실어줄 필요가 있다.

안타깝게도 내부 고발자들이 기업을 위하는 마음으로 비리를 고발해도, 경영진들은 그들의 동기를 의심하고 고발을 무시한다. 한번은 세계적인 대형 금융 기관의 사단 법인 CFO가 된 전 동료를 마주친 적이 있다. 그는 내부 고발자에 대해 할 말이 많았다. 그가 말하길, 자신이 해고한 직원은 모두 내부 고발자가 됐다며 직원들의 이야기를 더 이상 듣지 않겠다고 했다는 것이다. 그는 내부 고발자가 해고당한 것을 복수하고 싶어 하는 불만이 가득한 전 직원이라 생각했다.

내부 고발자들이 성격이 거칠고 동료나 상사에게 인기가 없다는 것이 사실일지도 모르지만, 고발 내용이 아닌 고발자에 초점을 맞춰 내용을 무시하는 기업은 위험에 처할 가능성이 높다. 조사 과정에서 내부 고발자는 빠질 수 없는 존재다. 내부 고발자만이 경영진과 조사팀에게 밝혀지지 않은 사실을 말할 수 있기 때문이다.

내부 고발자의 노력과 용기로 많은 사건이 세상에 드러났다. 2002년 미국 주간지 〈타임〉에서 선정한 '올해의 인물'을 상기해 보자. 신시아 쿠퍼, 쉐론 왓킨스Sherron Watkins, 콜린 롤리는 각각 월드컴, 엔론, FBI의 위법 행위를 폭로했다. 2017년 〈타임〉이 성폭행과 학대에 맞서 목소리를 높인 여성을 기리기 위해 '침묵을 깬 사람들The Silence Breakers'을 '올해의 인물'로 선정한 것과 비슷한 예다.

가끔은 기업의 공공연한 비밀을 공개하고 만연한 비리에 선을 긋기 위해서는 극단적인 조치를 취해야 한다. 이런 경우 잘못된 관행을 바로잡고자 하는 사람에게 힘을 실어줄 수 있도록 내부 조사를 진행하는 기업은 사면과 관용을 베푸는 것이 필요할 때도 있다. 이런 정책은 위법 행위를 저지른 사람들이 조사팀에 적극적으로 협조할 때 유용하다. 또한, 징계 조치를 받을 수 있는 정보를 공개하는 직원을 보호함으로써 위법 행위 폭로에 대한 보상을 부여한다.

더 중요한 것은 사면과 관용을 베푸는 것이 기업 내에 '비리 고발' 문화를 활성화시킬 수 있다는 사실이다(6단계에서 자세히 다룰 것이다). 사면과 관용 정책은 사실을 밝히는 데 도움을 주며 문제의 전후 맥락을 파악하는 데도 용이하다. 이런 정책하에 직원이 제공한 정보는 직원들이 압박받는 환경에서 위법 행위를 묵인할 수밖에 없던 상황을 이해시켜 준다. 해고되거나 승진을 못 하는 것이 두려워 목소리를 높이는 것을 주저하는 직원도 있을 것이다. 혹은 그들이 잘못 알고 있는 무언가, 회사 내에 있는 동료를 보호하기 위한 무언가, 기업에 대항하는 반역자로 낙인찍히는 것이 두려운 무언가 때문에 위법 행위에 동참한 것에 죄의식을 느끼며 침묵을 지켜왔을 수도 있다.

조사 종료하기

모든 증거를 다 수집한 후, 조사 결과를 이사회에 보고할 시간이다. 구두로 진행하거나 문서로 제출할 수도 있다. 보고의 형식은 이사회가 선호하는 방향이나 현재 진행하거나 향후 있을 소송을 고려해 결정하면 된다.

조사 보고서를 마무리할 때, 또 다른 중요한 고려 사항이 있다. 필요한 경우 사법 당국 및 다른 이해관계자와 결과를 공유해야 한다는 것이다. 소송은 다양한 방식으로 진행되기 때문에 변호사의 비밀 유지 특권을 포기할지 말지를 변호인단과 논의해야 한다.

이사회 중에는 매주 사태에 대한 보고를 듣는 데 지친 사람도 있을 것이다. 그들은 조사에 깊게 들어가지 않고 한 부분을 마무리 짓거나 다른 경영진에게 미루고 싶어 할지도 모른다. 조사 초기에 밝혀진 행동이 개인에게서 일어났고 수위가 낮으며 통제 가능하다고 판명되면, 앞선 행동이 적절할 수도 있다. 그렇지만 이런 행동은 중대한 혐의를 대처해야 할 때 받을 수 있는 위험 부담이 크다. 지금이 **윤리적 완전성에 힘 실어 주기** 절차가 굳건하게 유지될 수 있도록 모든 사실을 확실히 밝히기 위한 인내력, 리더십, 판단력을 보여줄 차례다.

회사 복구도 한걸음부터
- 로드맵 정의하기

모든 가치 있는 일은 어렵다.
오르는 것은 언제나 어렵지만 내려오는 것은 쉽고 대개 미끄러진다.

- 마하트마 간디

내 고객 기업 중에 뇌물 수수 사건 조사의 여파로 후유증을 겪은 기업이 있었다. 그 사건은 고위급 임원이 수백만 달러의 뇌물을 제삼자를 통해 공무원에게 공여한 것이었다. 이사회의 요청으로 사건을 조사한 결과, 기업의 반부패 프로그램은 형편없었다. 신흥 시장에 있는 에이전트에 대한 자격 조회나 감독이 거의 없었다. 암울한 소식이 연일 신문 1면을 장식하고 고객층은 무너졌으며 주가가 폭락했다. 그제야 기업은 이사회가 진행한 조사를 바탕으로 교정 프로그램을 실시했다. 실패를 예상하지 못했던 그들은 이제야 회사가 기로에 섰다는 사실을 알게 됐다. 이사회 의장은 어떤 식으로든 외부 전문가의 도움을 받아 해결하려 했으나 그들의 도움이 충분하지 않아 결국 우리에게 도움을 요청했다.

3주간의 조정 기간 동안 우리 팀은 현장을 조사했고 주요 인사를 인터뷰했으며 조사 파일을 좀 더 깊숙하게 뒤졌다. 혐의의 심각성을 감안할 때, 현재의 외부 전문가가 기획한 교정 조치는 너무 제한적이고 일부분에 치우쳐져 있었다. 이는 무너지는 기초를 다시 세우는 것이 아니라 절차상의 작은 공백을 메우는 것에 지나지 않았다. 더 심각한 문제는 회사가 현재의 위기를 이겨 내고 더 단단해지기 위한 계획이 없다는 것이었다. 우리 회사는 이사회와 신임 CEO에게 추가 조치를 평가한 내용과 교정 조치에 필요한 제안서를 제출했다.

기업은 계속해서 나아갔다. 경영진을 대폭 개편하고 기업 본사에 준법 기능을 구축하며 교정을 위해 5,6개월의 시간을 보냈다. CEO는 새로 임명된 최고준법책임자CCO, Chief Compliance Office에게 회사가 어느 정도의 개혁과 회복을 이뤘는지 물었고 질문에 대답할 자신이 없던 CCO는 우리 회사에 자문을 구했다. 화이트보드에 세 개의 원을 겹쳐 그린 후, 빨간 원은 '위기', 파란 원은 '과도기', 초록 원은 '위기 이전의 상태로 회복'이라고 이름을 붙였다. CCO는 이 기업을 어느 원에 넣을 것이냐 물었다.

이 질문은 잘못됐다. '위기 이전의 상태로 회복'이라는 개념은 기업이 위기를 겪기 전과 같이 아무 일도 없었다는 듯이 운영한다고 가정하는 것이다. 위기를 극복한 후에는 기업의 비즈니스 모델, 문화, 업무 관행에 본질적인 변화가 필요하다. 시대 변화에 따라 새롭게 떠오르는 기준이 필요하다. 특히 제삼자인 에이전트의 행동에 '묻지도 따지지도 않는' 옛날 방식의 비즈니스는 더더욱 불가능하다.

이 점을 지적한 후, CCO에게 모든 주요 혐의가 조사되기 전까지 기업 내에서 재범의 가능성이 있을 것이라 충고했다(기업 내에 처리되지 않은 혐의가 100건이 넘었고, 그중 일부는 앞서 언급한 바 있는 동일한 인물이 관여하고 있어서 재범 가능성이 있었다). 거기다, 지금 행하는 것에 추가적으로 교정 조치를 취하고 강력한 준법 프로그램을 만들어야 하며 규제 당국과 합의할 필요가 있다고 덧붙였다. 그래서 우리 회사는 이 기업의 위치가 그들이 생각하는 것보다 훨씬 더 위험한 단계에 있다고 생각했다.

그들은 우리 회사의 대답에 만족하진 않았지만 할 일이 많이 남았다는 사실을 인식하기 시작했고 그제야 문제를 바로잡는 과정이 오래 걸린다는 것을 이해했다.

이는 매우 중요한 대화였다. 조사, 교정 조치, 프로그램 개발, 소통, 소송, 합의 등 많은 일을 진행하면서 회장, CEO, CCO와 우리 회사는 이 작업을 하나의 전략적인 '로드맵'을 따라 조정해야 한다는 것에 동의했다. 또한 로드맵은 리더의 비전과 기대를 반영해야 하고 이사회의 적극적인 관리와 감독하에 있을 필요가 있다.

이 시점까지 위기에 대한 기업의 대응은 소통이 제대로 이뤄지지 않아 뿔뿔이 흩어져 있었다. 법무부는 일부 조사를 비밀리에 진행하고, 다른 조사는 내부 감사로 넘겼다. 인사부는 징계 조치와 윤리 교육에 대한 결정권만 가지고 있었다. 초기의 준법 기능은 제대로 통합되지 않아 여러 프로그램이 섞여 있었다. 실제로 이 기업의 '준법 프로그램compliance program'은 경쟁하고 있는 여러 부서에 걸쳐 있었으며, 효율적인 소통과 전략적인 통일성이 결여된 불완전한 절차에 불과했다.

더 심각한 문제는 법무부가 곧 진행될 주주 집단 소송을 우선으로 생각해, 기업에 해가 될 수 있는 자료의 조사를 금지시켰다는 점이다. 그에 따라 사실 수집과 교정 조치를 금지시켰다. 하나의 일관성 있는 계획과 원활한 소통을 바탕으로 한 팀워크 없이는 실질적이고 진정한 회복을 진행할 수 없다.

위기를 넘어 앞으로 나아가기 위해, 기업은 두 가지 주요 목표를 달성해야 했다.

첫째, 기업은 조사 과정에서 파악한 문제점을 보완해서 위법 행위를 근절시키고 그에 가담한 직원에게 책임을 물어야 한다. 이런 개선책은 정부 당국과의 합의를 얻는 과정에서 신용을 얻기 위해 반드시 해야 할 행동이며, 이후의 교정을 위한 필수적인 조치다. 흔히 기업은 교정 단계를 마지막이라 생각한다. 하지만 이는 **윤리적 완전성에 힘실어 주기** 4~7단계 과정에 필요한 예습일 뿐이다.

둘째, 기업은 준법 프로그램을 만들고 전략과 문화의 근본적인 변화를 통해 기업을 변화시킬 수 있는 장기적인 로드맵을 그려야 한다. 궁극적으로, 효과적인 로드맵은 예상되는 (법적인) 합의 날짜보다 길게 잡아야 하며, 위기를 겪은 후 변화한 기업의 장기적인 비전을 담아야 한다. 교정 조치는 주로 위기를 초래한 시스템이 실패한 원인에 대해 생각하는 것이지만, 로드맵은 해결해야 하는 근본적인 원인도 반영한다. 다시 말하자면, 로드맵은 위법 행위에 연루된 직원에 구체적으로 대응하면서 위법 행위가 발생한 환경과 구조, 리더십에 대응할 수 있게 구축돼야 한다.

폭넓은 로드맵은 합의(혹은 양형 거래)할 수 있는 전략을 다뤄야 한다.

즉 개방형 단속 조치, 규제 절차, 소송, 기업 자체의 교정 활동을 활용해 처벌을 완화하고 소송 절차를 종결하며 다른 이해관계자와의 문제를 해결하는 데 사용해야 한다. (합의는 다음 장에서 더 자세하게 다룬다.)

3단계, 복구와 교정을 위한 로드맵을 정의하는 단계에서 기업은 대대적으로 내부 점검에 돌입하게 된다. 고위 경영진을 포함해 인사 이동과 징계 조치가 있을 것이다. 위기를 겪는 와중에 새로 취임하는 CEO는 자신에게 직접 보고하는 직원을 주의 깊게 봐야 한다. 과거의 행동에 집중하며 일관되게 모범적이고 윤리적인 판단을 한 직원만 '재고용'한다는 관점이 중요하다. 직원들은 익숙하게 행했던 행동과 근본적으로 다를지도 모르는 방식으로 업무를 수행하는 법을 배울 것이다. 어렵겠지만, 이 과정은 회사 문화에 윤리적 완전성을 심는 것이다. 로드맵을 잘 따라간다면, 직원들과 이해관계자들은 혼란이 아닌 새로운 기업 문화가 구축되는 것을 경험하게 될 것이다.

구축하는 동시에 파괴하기

교정 프로젝트와 로드맵은 정해져 있지 않다. 즉각적인 교정 조치를 시작하면서 장기적인 회복을 위한 로드맵을 그려 나가야 한다. 이런 과정에서 **윤리적 완전성에 힘 실어 주기** 절차를 따라 균형을 잡으며 진행되는 것을 볼 수 있을 것이다. 모든 위기는 각각의 특징이 있기 때문에 효과적인 로드맵을 위해서 각 부분을 유동적으로 그려야 한다. 기업은 복잡한 상황을 뚫고 나가야 하며, 이 과정에서 절차가 객관적일 수 있게 외부의 도움을 받는 것도 좋은 방법이다. 또한 각 상황에서 수행해야 할 작업을 구체적으로 결정해야 한다.

이렇기 때문에 효과적인 로드맵을 위해 기업이 **윤리적 완전성에 힘 실어 주기** 1단계와 2단계에서 대처해야 하는 방안과 로드맵이 궁극적으로 기업을 변화시키도록 만드는 절차의 계획안을 문서로 작성해야 한다. 로드맵은 단순히 내부에서만 사용되는 것이 아니다. 이는 리더가 직원, 은행, 주주, 규제 기관, 비즈니스 파트너, 그리고 고객에게 적극적으로 '팔아야' 하는 것이다. 로드맵은 더 이상 비리가 일어나지 않는다는 확신과 기업의 미래를 확실하게 보여 주는 수단이다.

기업에게 필요한 구체적인 교정 조치는 상황마다 다르지만, 3단계에서 취한 조치는 기본적인 두 가지 과제를 수행한다. 첫째, 기업은 감독 역할에 실패한 당사자를 포함해서 모든 책임자에게 책임을 묻고 둘째, 교정 조치는 위법 행위가 발견된 지역에 안전선과 통제 조치를 취하는 것이다. (후자의 예로, 관련된 제삼자를 주시하고, 의심스러운 사업 관계를 종료하거나, 위법 행위와 관련된 자회사를 감시하는 것을 들 수 있다.)

이 책은 당신이 겪는 사례에 정확하게 맞는 교정 조치를 언급하지는 않는다. 하지만 비슷한 과정을 겪은 기업이 취한 중요하고 혁신적인 사례를 제시할 것이다. 교정 조치는 잘못된 부분을 무너트림과 동시에 그 자리에 새롭고 효과적인 요소를 구축하는 것임을 알아야 한다.

우리 회사는 독일에 본사를 둔 세계적인 엔지니어링 기업의 교정 조치에 참여했다. 이는 대대적인 작업이었으며 기업은 교정 조치를 시행하고 2008년 미 당국과 합의했다. 추정되는 비리 규모는 선례가 없을 정도였다. 13억 달러 이상의 뇌물이 내부 감시를 피해 움직였고 당연히 장부와 기록은 조작됐다. 법무부와 증권 거래 위원회의 조사와 기업의 적극적인 교정 조치 덕분에 벌금은 판결문에 명시된 금액보다 적었다. 법무부는 선고 비망록에 '위법 행위를 발견하고 이를 대응하는 과정에서 이례적인 전면 시정 조치'를 진행했다며 평가했다.

증권 거래 위원회와 법무부가 높게 평가한 기업의 노력은 다음과 같다.

- 감사회 의장, CEO, 법률 자문 위원, 내부 감사 책임자, CCO를 포함한 기업의 고위 경영진 교체
- 비리에 연루된 고위 경영진 징계 조치
- 법률과 준법을 담당하는 부서 신설
- 준법 프로그램에 중요성 부과
- 기업 내부 감사 기능 재정비
- 새로운 반부패 정책, 기업 실사 도구, 혐의 고발 창구, 종합적인 '반부패 프로그램'의 세부 절차 및 지침 재정비
- 위법 행위에 대한 징계 조치를 내리기 위한 징계 위원회 설치
- 모든 계약 검토 시 보류 중인 신규 비즈니스 컨설팅 계약(및 기존 계약에 따른 지급)에 유예 기간 부과
- 제삼의 모든 에이전트에 대한 전수 조사 실시
- 비즈니스 컨설턴트에 대한 승인 절차 개선
- 기업 은행 계좌 및 제삼자에 대한 지급 감소 및 중앙 집중화

이 예외적인 조치들은, 세계적인 대기업에 심각한 위법 행위가 만

연하다는 것이 밝혀졌을 때 필요한 교정의 강도와 범위를 제시하고 있다. 어떤 조치를 취하든 간에, 이런 조치는 궁극적으로 기업의 윤리적 변화를 이끄는 로드맵의 처음 단계에 구성되며, 지속 가능성, 경계 강화 및 지속적인 개선이라는 특징을 가진다. 로드맵은 작업이 일정대로 진행되고 새로 확인된 위험과 조사 결과를 포착해야 하기 때문에 진행 상황을 정기적으로 모니터링 할수 있는 소통이 활발한 팀이 작성해야 한다. 교정의 상황 및 절차는 정기적으로 이사회(혹은 이사회가 두 개로 구성됐으면 감사회Supervisory Board)에 보고돼야 한다.

조사를 통해 새로운 정보가 끊임없이 나오면서 기업 리더들은 혼란스럽고 예측 불가능한 환경에서 경영을 한다고 생각할 수도 있다. 그래서 가끔 당혹감을 느끼기도 한다. 일부 교정 조치는 영구적인 준법 구조를 시행하기 전에 임시방편으로 문제를 멈추게 한다. 윤리 및 준법 프로그램을 재구성할 때 5단계의 기반을 직접 마련하는 기업도 있다. 올바르게 진행된 경우, 교정 및 복구에 대한 포괄적인 계획은 추가적인 시스템 개선과 다음 단계의 기반이 된다.

변화를 위한 시도인가, 과거의 잔해인가

모든 교정 조치가 똑같이 어려운 것은 아니다. 위기에서 벗어난 기업은 대개 공정 과정과 통제 방법을 수정하는 데 많은 노력을 들인다. 그러나 위법 행위를 근절시키고 이전과 다른 방식으로 사업을 수행한다는 의지를 보여 주는 근본적인 변화는 망설인다. 다른 말로, 거래가 승인되는 과정을 새롭게 바꿀 수는 있는데 새로운 방식이 필요한 것을 알게 해준 임원을 해고하는 것은 어렵다는 것이다.

미 공무원이 주도하는 사법 당국은 직원에게 기업의 위법 행위에 대한 책임을 묻는 것에 집중했다. 이런 방식은 인사에 관한 교정 조치를 취하지 않기 때문에 법적 합의와 진행 중인 소송을 종료시키는 데 심각한 걸림돌이 될 수 있다. '협력 차관cooperation credit'을 인정받는 것은 당국에게 제공하는 위법 행위에 동참한 직원의 정보에 달려 있다. 검찰은 그들의 비리를 개별로 재판할 것인지 결정할 수 있다.

직원의 행동에 책임을 묻는 것도 중요하지만 기업이 위기를 넘어설 수 있는 적절한 팀을 구성하는 것도 중요하다. 이는 이 장 앞부분에서 언급한 새로 선임된 CEO의 예시에서 볼 수 있다. 기업은 뇌물 스캔들로 어려움을 겪었다. 혐의가 한 국가나 업무의 한 부분에 한정된 것은 아니지만 언론은 기업의 슈퍼스타에게 집중했다. 그는 체포되기 전, 특히 중동과 아프리카 지역에서 수십억 달러의 수익을 올리는 거래를 확보하면서 독단적으로 행동할 수 있었다.

혼란한 와중에 이 기업은 특이한 선택을 했다. 기업은 불명예를 안고 투옥된 임원의 후임자로 그의 옆에서 오랜 기간 보좌를 한 직원을 선택했다. 윤리적인 관점에서는 당황스러운 결정이지만 아주 황당하지는 않았다. 후임자는 그가 관리하는 국제시장에서 탄탄한 실적과 강한 유대감을 가지고 있었다. 고위 경영진에게 후임자를 선정한 이유를 물으니, 기업의 인사부가 충분히 사전 검토해 결정하게 됐다고 답했다. 그가 도덕적으로 순수하고 윤리적으로 완벽하다는 이유였다. 사실 후임자는 윤리와 준법을 주제로 아프리카 지역 순회강연을 하기도 했다. 하지만 후임자에 대한 의심을 지울 수 없어 기업에게 언질을 줬다. 비리를 저지른 사람과 긴밀하게 일했던 사람은 누구나 자신만의 비밀을 갖고 있는 법이다.

인사이동 후 1년 6개월여 만에 비밀이 밝혀졌다. 후임자가 승진을 하기 전에 일어났던 비리와 반경쟁적인 행위에 연루됐을지도 모른다는 정보가 널리 퍼졌다. 그는 이 의혹에 대해 불명예스럽게 물러난 전 상사의 지시에 어쩔 수 없이 계획에 참여하게 됐다고 주장했다. 그는 단지 지시를 받은 것뿐이었다고 하면서 회사와의 계약에 성공했다.

하지만 그의 변명은 규제 당국과 대중에게 통하지 않았다. 언론은 그가 새로운 스캔들에 연루된 것을 비난했다. 얼마 지나지 않아 기업은 그를 해임했다. 혼란한 상황에서 해당 업무의 결을 잇기 위해 업무를 잘 아는 사람을 승진시키는 것은 좋은 생각처럼 보인다. 이는 직원과 이해관계자에게 유능한 사람이 부서를 관리하며 고위 경영진을 전부 해임할 필요가 없다는 사실을 부각시키려 의도한 것이었다.

하지만 돌이켜 보니 이는 완전히 잘못된 결정이었다. 문제 있는 에이전트에 지급을 동결하고 파트너와의 계약에 감사 권한을 의무적으로 포함시키고, 제삼자에 대한 실사의 강도를 높인 것은 적절한 선택이었지만, 윤리적으로 문제가 있는 직원을 승진시킨 잘못된 판단 때문에 효과를 제대로 볼 수 없었다. 이런 행동은 가장 어려운 시기에 기업이 장기적인 지속 가능성이나 청렴함보다는 단기적인 이익과 영업에 관심을 둔다는 뜻이었다. 기업은 긍정적인 변화를 가져올 인물을 임명하는 대신 위법 행위의 영향이 더 깊게 박혀 있도록 만들었다.

리더십과 책임 갱신하기

기업이 변화하는 계기는 외부(사법 및 규제 당국, 언론 매체)에서 오지만, 기업 내의 실질적인 변화는 기업의 고위 경영진이 주도해야 한다. 혁신적인 리더십은 고위 경영진과 이사회 공동의 책임이다.

위기 상황에서 이 두 계층의 리더십 간 상호 작용은 매우 복잡하고 어려울 수 있다. (실제로, 위기가 아니더라도 어렵다.) 2단계에서는 이사회가 조사를 이끌고 사실을 수집하고 위법 행위를 근절시켜야 하는 의무가 있다. 3단계에서 그들은 원래의 업무로 돌아간다.

그런데 그들은 누구에게 주도권을 넘겨야 하는가?

앞에서 살펴봤듯, 조사와 개선 조치가 제대로 이뤄진 후에는 고위 경영진들이 내린 결정과 판단, 행동을 되짚어 봐야 한다. 본사에서 근무하는 CEO나 다른 경영진이 비리에 대한 직접적인 정보를 얻지 못했더라도 그들이 혐의에 대해 알았어야 했을까? 그들 중 누구라도 이를 알고서도 묵인하거나 의도적으로 외면한 사람이 있는가? 그들이 뇌물을 주거나 위법 행위를 저질러야만 하는 환경을 조성하지는 않았는가? 그들이 내부 고발자에게 징계를 내렸는가? 이런 간접적인 방식으로 연루된 경영진은 장기적으로 기업을 이끌기에 적합하지 않다. 그래서 고위 경영진도 해임할 필요가 있다. 캘리포니아주 회계사는 위기를 겪는 은행에게 보낸 서신에 은행의 새로운 업무를 제한한다는 내용을 언급하며 '진실되지 못한 사람은 큰일에서 신뢰받을 수 없다'는 알베르트 아인슈타인의 말을 인용했다.

한 단계 더 올라가, 이사회 중 일부가 사건에 연루되거나 중요한 경고에 대응하지 못한 것일 수도 있다. 이사회의 그 누구라도 그의 관리하에서 벌어진 사건에 적절한 대응을 하지 못했다면 이사회를 재구성할 필요가 있다.

고위 경영진 중 한 사람이라도 비리에 연루된 사람이 있는 한, 청렴한 문화를 실행해서 당국과 고객, 기업의 신뢰를 얻기는 힘들다. 물론 이 단계에서 기업이 회생하지 못할지도 모른다는 공포가 존재한다. 충분히 이해한다. 기업 내의 고위직 인사를 잃게 되면 그가 가진 업계 지식과 경영 능력을 누가 대체할 수 있겠는가? 특히 이사회와 관련된 문제 중 가장 어려운 사실은 그들을 해임해야 하는 사람이 이사회의 절친한 동료라는 것이다. 하지만 이사회와의 의리 때문에 부패한 경영진을 기업 내에 그냥 두는 것은 기업의 변화를 막아 재범 가능성을 높이는 행위다.

단도직입적으로 말해, 기업이 변화에 성공하기 위해선 강력한 징계 조치가 지속적으로 행해질 필요가 있다. 고위 경영진에 새로운 인물이 있을 때 이사회 감독이라는 본연의 역할을 수행할 수 있다. 또한 경영진이 훌륭하게 구성돼야 **윤리적 완전성에 힘 실어 주기**가 다음 단계로 나아갈 수 있다.

이상적인 경영진은 새로운 계열과 기존의 직원 중 내부 사정을 잘 아는 사람의 조합이다. 예를 들어 CEO 혹은 감사, 준법 책임자는 변화를 이룩한 경험이 있고 독립적인 견해를 가진 외부 인사가 맡는 것이 최선일 것이다. 이와 같은 주요 직책의 인사들은 기업에서 영향력 있는 사람과 기업 문화를 맹신하지 않는 것이 중요하다. 다른 직책은 기업의 구체적인 업무와 제품을 잘 아는 내부 직원에서 구하는 것이 바람직하다. 그렇지만 모든 인사는 앞에서 언급한 후임자와 비슷한 사례를 피하기 위해 철저한 심사를 거쳐 선출해야 한다.

임원이 교체되는 시기에 가장 어려운 점은 CEO와 같은 고위 경영진의 영입이 쉽지 않다는 것이다. 그렇다고 부패한 리더를 해고하는 데 머뭇거려서는 안 된다. 새로운 사람을 뽑는 일을 긴급 대책반을 구성해 신속하게 선출해야 한다. 교정 조치가 제대로 이뤄지기 위해서는 독립적인 자문인의 도움을 받아서 균형을 잘 맞출 수 있는 리더가 필요하다.

황금 낙하산의 저주

고위 경영진을 해임할 때 생기는 이슈인 '황금 낙하산직원이 회사를 떠나야 될 경우 지급하기로 계약서에 명시하는 고액의 퇴직금'은 2008년 금융 위기 이후에 크게 비난을 받았다. 경영진이 비리에 연루돼 불명예스럽게 퇴사하더라도 막대한 규모의 퇴직금을 챙기는 것은 여전히 자연스러운 일이다. 인사 담당자는 별다른 죄책감 없이 보너스가 계약에 명시됐다며 합리화한다. 퇴직금 지급이 거부되면, 퇴사한 직원이 변호사를 선임해 어떻게든 돈을 받아 낸다는 것이다.

이런 논리에 반대 의사를 표명할 때 계약상 의무를 준수해야 한다는 말을 자주 듣는다. 하지만 이런 논리는 반부패 및 돈세탁 방지법 등 다른 법적 의무를 어긴 회사의 불명예스러운 주장일 수 있다. 가장 적절한 대응은 계속 진행해 법원까지 가는 것이다. 불명예스럽게 퇴직한 임원들에게 막대한 퇴직금을 안기는 것이 다른 이해관계자와 남아 있는 직원, 대중에게 좋게 보일 리는 없다. 만약 이 문제를 법원으로 넘긴다면, 퇴직하는 직원이 회사에게 끼친 모든 손해를 폭로할 수 있는 기회가 된다. 그럼에도 법원이 퇴직하는 직원의 손을 든다면, 법원의 판결을 따르라. 그래도 당신의 기업은 청렴함을 우선적으로 생각하는 것을 보였고, 더 강력하고 책임감 있는 기업을 위한 토대를 마련하게 된다.

2016년 7월, 나는 캐나다 대표 일간지인 〈글로브앤드메일〉에 리더십과 책임 사이의 갈등에 대해 기고한 적이 있다. 뉴펀들랜드주와 래브라도주 정부 산하의 공영 에너지 회사인 날코르Nalcor는 머스크랫 폭포 수력 발전소를 오랫동안 부실 경영한 혐의로 스캔들에 휘말렸다. 부실 경영의 규모가 커서 회사는 창립한 후 9년 동안 주주(도의 납세자)에게 배당금도 지급하지 못했다. 그런데 〈글로브앤드메일〉에 글을 기고했을 때 기이한 일이 일어났다. 기업은 CEO의 사임을 발표했다. 불과 1시간 전, 이사회는 그를 만나 그의 퇴직 수당 조항을 상기시키며 아무런 이유 없이 그를 해고시켰다. CEO의 퇴직금은 어마어마했다. 470만 달러 상당의 퇴직 연금 외에 140만 달러의 퇴직금, 연간 9만 5천 달러 상당의 공공 연금을 포함한 넉넉한 액수였다. 기업은 공기업이었기 때문에 이 모든 돈은 납세자가 낸 것이었다.

CEO가 퇴직한 후, 나는 일간지에 문제 있는 CEO에게 상당한 액수의 퇴직금을 주고 퇴직시킨 날코르 이사회의 업무 처리 방식에 대해 문제를 제기했다. 이사회는 계속되는 공격에 수동적인 태도를 취했다. 뉴펀들랜드와 래브라도 주민에게 책임을 져야 하는 사실을 망각한 것이 분명했다. 사회적으로 논란이 일고 있는 가운데 이사회 의장은 윤리적 판단과 책임에는 반대되지만 법적 의견과 절차적 명확성에 초점을 둔 방어적인 입장을 발표했다. 기술적으로 정확하고 변호사의 승인을 받은 해결책이 언제나 옳은 것은 아니다. 이사회의 행동을 통해 이 사실을 알 수 있었고 나는 이것을 칼럼에서 지적했다.

기자 팜 프램턴Pam Framton이 〈세인트 존 텔레그램St John Telegram〉에 이 의견에 동의하는 글을 썼다. "사람들이 도덕성을 가지고 있을 것이라 생각하겠지만, 언제나 그런 것은 아니다. 날코르의 새로운 이사회가 책임에 대해 좀 더 분명한 이해를 갖기를 바란다."[3]

위법 행위를 저지른 CEO나 고위 경영진을 해고하는 것은 언제나 어렵다. 때로는 법정 다툼과 협상이 수반되기도 한다. 해고해야 하는 사람이 가까운 사이일 때, 이사회는 그를 해고할 때 계약서상에 명시된 상당한 액수의 퇴직금을 줄 수 있다는 사실에 위안을 느낀다. 이 상황이 다른 이해관계자에게 어떤 의미인지는 개의치 않는다. 이 상황이 어떤 의미일지 기업은 숙고할 필요가 있다. 가끔은 법적 절차를 밟는 것과 윤리적으로 옳은 일을 하는 것에서 오는 괴리감을 느낄 것이다. 그러나 기업을 위기에서 구출하고 큰 변화를 이룩하고자 하는 이사회가 할 수 있는 선택은 정해져 있다.

게이트키퍼는 더 이상 지하 창고가 아니다

기업을 변화시키기 위해 로드맵을 그리고 따르는 것은 팀워크에 달려

---

3 https://www.pressreader.com/canada/the-telegram-st-johns/20160716/281775628500956

있다. CEO와 이사회가 같이 정한 공동의 비전하에 기업의 역할에 대한 협력과 소통이 필요하다. 이 노력이 효과를 제대로 발휘하려면, 게이트키퍼(CFO, 법률 자문 위원, 내부 감사, 법률, 리스크, 회계, 조달)에게 힘을 실어 기업의 회생이 가능한 단계까지 끌어올려야 한다.

게이트키퍼의 역할은 과소평가돼, 실질적인 영업 이익을 신장시키는 데 직접적인 도움을 주지 못하는 부서로 인식된다. 이런 인식 때문에 기업은 게이트키퍼 기능의 축소를 정당화하며 게이트키퍼의 역할인 견제와 균형을 제대로 인식하지 못하는 실수를 저지른다. 최근 자동차 산업은 여러 가지 사기와 비리 문제로 위기에 처했다. 자동차 산업에 종사하는 게이트키퍼들과 기업을 회생시키기 위해 복잡한 교정 계획을 함께 세운 적이 있다. 이들은 자신의 업무가 기업의 엔지니어, 디자이너, 영업 사원에 비해 중요하지 않고 생각했다. 연구개발부 R&D와 영업부 또한 게이트키퍼가 기업의 일상 업무를 방해한다고 생각해서, 게이트키퍼가 반드시 필요한 교정 업무가 제대로 수행되지 못했다. 실제로는 기업이 위기를 겪고 회생을 할 시기에, 게이트키퍼는 기업의 평판과 브랜드를 다시 일으키고 보호하는 데 핵심적인 역할을 한다. 게이트키퍼는 윤리적인 변화를 가져오기 위해 반드시 필요한 존재다. 그들은 윤리적인 기업 문화를 향한 변화와 위법 행위를 방지하기 위한 안전장치를 마련하는 데 도움을 준다.

3단계가 진행되는 동안 게이트키퍼가 이전보다 훨씬 더 강도 높은 일을 하는 것이 중요하다. 기업에 따라서 이는 중대한 변화일 수도 있다. 게이트키퍼의 중요성을 인식하지 못하는 문제는 어디에나 존재한다. 특히 이는 위법 행위가 지속적으로 발생하는 기업에게 특히 두드러지는 문제다. 글로벌 대기업의 경우, 게이트키퍼 기능이 지역적·수직적·문화적으로 통합돼 있지 않기 때문에 이는 관리와 소통의 부재로 이어진다. 이런 분열된 모습은 위기 상황에서 더욱 위험하다.

기업이 위기를 겪을 때 CEO와 이사회가 도움을 받을 수 있는 교정 위원회가 필요하다. 교정 위원회는 로드맵과 함께 교정 조치를 취할 때 필요한 전문가적인 의견과 업무적인 지원을 제공할 것이다. 게이트키퍼의 역할을 하는 부서의 의견이 교정 위원회에 강하게 반영돼야 한다. 기업이 **윤리적 완전성에 힘 실어 주기** 절차를 이행하며 교정 위원회가 상임 준법 위원회로 통합되는 방안도 생각해볼 수 있다. 교정 위원회는 기존의 게이트키퍼 부서를 준법 위원회 아래 두면서 지속적인 준법 구조가 유지되고 상호 협조할 수 있게 도움을 준다. 교정 위원회는 CEO와 이사회에 업무 개선과 차질에 관한 정보를 전달하는 중간 매체의 역할도 하게 된다.

성급하게 생각하지 말고 기다리기

위기에 대응하는 초기 1~3단계는 모두 기업의 이해관계자가 경험하는 가장 어렵고 불안정한 시기다. 리더가 장기적인 비전을 수립하는 과정에 있다 하더라도, 주주, 고객, 비즈니스 파트너가 기업이 세 단계에서 겪는 엄청난 변화를 받아들이는 과정이 어려울 수도 있다.

CCO 중 한 사람은 '마치 덜 익은 바나나를 팔고 있는 것 같다'고 말했다. 이 말은 기업이 이미 교정 과정에 엄청난 시간과 자원을 투자

했지만 이해관계자에게 변화된 새로운 모습을 전부 공개할 수 없음을 뜻한다. 이해관계자들의 인내심이 사라지고 기업의 평판, 문화에 대한 가시적인 이익을 보길 원하면서 CCO는 고민하게 된다. 가시적인 이익은 먼 미래에서 볼 수 있다. 모든 사람이 위기를 빨리 극복하고 그냥 지나가길 바랄 때도 CCO는 아직 할 일이 많다는 것을 안다. 어쨌든 가장 좋은 시기에도 덜 익은 바나나를 익히는 데 시간이 필요하다.

존 코터는 변화 관리change management에 대해 쓴 연구서인 《기업이 원하는 변화의 리더》에서 변화 시기를 거치는 기업에게 가치 있는 모델을 제시한다. 코터의 절차는 6단계에서 자세히 살펴볼 것이다. 지금은 그의 절차 중 처음 절반이 '경직된 상황을 해소하기 위해' 도움이 되는 코터의 주장을 살필 것이다. 변화가 쉬웠다면, 그렇게 많은 노력이 필요하지 않았을 것이다.

코터의 '해소'한다는 생각은 **윤리적 완전성에 힘 실어 주기** 절차에서 교정 단계를 기업 전반에 어떻게 적용시킬지 생각하는 데 유용한 모델을 제공한다. 기업의 생각과 경영에 획기적인 변화, 기업이 위법 행위를 조장하거나 묵인하는 문화에서 청렴한 문화로 바꾸려면, 리더십과 소통이 상호작용해야 한다.

위기에서 벗어나려는 변화 과정을 숨김없이 얘기하는 것은 훌륭한 첫 걸음이다. 코터의 말을 빌리자면, 당신은 상황이 긴급하다는 사실을 끊임없이 확인해야 하고, 변화를 위한 비전과 전략뿐만 아니라 새로운 경영진이 헌신하고 있다는 사실을 끊임없이 확인해야 한다. 직원들은 기업이 어려움에 빠져 있다는 것을 이해하고, 이를 가슴 깊이 새길 필요가 있으며, 위법 행위가 자신과는 상관없는 일이라고 무시하는 행동을 바로잡아야 한다. 기업은 새로운 기업 문화를 형성하도록 노력하고 실패는 옵션이 아니라는 사실을 인식하는 것이 중요하다.

물론, 말로 하는 것은 쉽다. 기업 내에선 아직도 과거의 위법 행위에 대한 사실을 수집하느라 의사소통이 원활하지 않을 것이다. 이후에는 과거를 얘기하는 것을 꺼리고 미래만을 보려는 경향 때문에 소통이 어려울 것이다. 하지만 진정한 리더십은 과거의 위법 행위를 변화의 계기로 사용하고 기업을 결집할 구호로 귀결시키는 것이다. 가장 좋은 커뮤니케이션 캠페인은 조직 브랜드의 본질을 파악하고 미래에 일어날 일을 단순화하며 모든 직원이 변화를 향할 수 있도록 개인의 기여에 초점을 맞추는 것이다. 공개적인 토론을 자주하는 것이 좋다. 이는 소송이 장기화되고 평판이 떨어지는 시기에 기업들이 빠지는 방어적인 태도에 대항하는 것을 의미한다.

위기의 발단이 된 행위를 깊이 인식할 필요가 있다. 리더는 윤리와 준법 문제에 대해 소통할 때 지시하거나 가르치는 것이 아닌 참회의 목소리를 내어 변화를 위한 개방성과 진정성을 보여야 한다. 리더는 새로운 비전과 이를 실행하는 방법에 대해 직원들에게 도움을 요청할 필요가 있다. 새로운 목소리와 기업을 완전히 탈바꿈하려는 시도는 가장 높은 곳에서 시작해야 하지만, 직원들도 세부 사항을 보완해 기업을 바꾸려는 시도에 동참해야 한다. 경험 있는 리더는 알다시피, 사람은 스스로가 세운 비전에 맞춰 사는 것에 훨씬 익숙하다. 최고 경영진이 독자적으로 세운 계획에 몰입해, 직원들에게 강제적으로 주입시키는 것은 효율적이지 못하다. 코터가 얘기하듯, 변화는 희생, 헌신,

창조성을 요구하는데 이 모든 것이 강압적인 환경에서는 이루어지지 않는다.

비즈니스 파트너, 고객, 동종 업계 리더, 금융 기관 같은 이해관계자들을 이 대화에 포함시키는 것을 생각해 보자. 대개 외부 관계인이나 기업은 비리 혐의를 받은 기업과 비즈니스 관계를 맺기를 꺼려한다. 그러나 직원뿐만 아니라 이해관계자들과 조직의 변화에 대해 거리낌 없이 이야기함으로써 긍정적인 메시지가 기업 안팎에서 울려 퍼질 것이다.

마지막으로 할 말이 있다. 앞서 언급한 바 있는 모든 긍정적인 소통과 협조는 리더, 특히 CEO가 자신의 메시지와 일치하는 행동을 할 때 이뤄진다. 만약 CEO가 주요 관리자의 비리나 비즈니스 파트너의 의문스러운 업무 관행을 묵인한다면, 투명성과 청렴함에 초점을 둔 변화는 이룰 수가 없다. 먹을 수 없는 덜 익은 바나나를 익을 때까지 기다리지 않고는 팔 수 없는 것이다.

새로운 시작을 위한 마지막 단계
- 합의 도모하기

천국과 지옥은 선과 악이라는 두 가지 유형으로 인간을 구분하지만,
대부분의 인간은 선과 악의 중간에 위치한다.

- 데이비드 흄

위기에서 변화를 이룩하는 네 번째 단계는 민형사상 합의를 도출하는
것이다. 이는 위법 행위를 교정하고 기업이 현재 빠져 있는 위기에서
벗어나게 하는 **윤리적 완전성에 힘 실어 주기** 절차의 마지막 단계다.
5~7단계는 윤리적 완전성을 제도화하는 방법과 추후 발생할 수 있는
위기를 피할 수 있도록 기업을 강화하는 방법에 대해 논의할 것이다.
그렇지만 독자들은 책을 읽으며 여러 단계가 일률적으로 진행되는 것
이 아니라 동시다발적으로 일어나는 것을 인지하고 3장에서 언급한
도표를 염두에 둘 필요가 있다.

4단계는 시간이 오래 걸리고 복잡하면서 여러 사법 관할 지역에

걸친 소송이 포함된다. 기업이 법을 어겼다는 사실이 발각되면, 사법 및 규제 당국은 사건에 대한 사실을 수집하고, 위법 행위가 미치는 범위를 결정한다. 적절하다고 생각하는 징계 조치를 정한 후에야 법적인 조치에 들어간다. 특히 사법 당국은 여러 가지 일을 동시에 처리하기 때문에 법적인 조치는 수년이 걸릴 수도 있다. 이런 절차가 기업이 관여하기 힘든 외부에서 진행 중이며 빨리 위기에서 벗어나고 싶다면, 수동적으로 결과만을 기다려서는 안 된다.

당국과 진행한 합의의 성공 여부는 1~3단계까지 기업이 보여준 협조와 선의에 달렸다. 무엇보다도 이는 신속하고 적극적인 개선 조치를 진행하고, 당국과 공개적으로 정보를 공유하며 추후 법을 위반하지 않겠다는 확신을 주는 윤리와 준법 프로그램을 (강화하거나) 구축하는 일을 포함한다. (이는 3단계에서 시작해서 5단계까지 계속된다.)

위기에서 최대한 벗어나기 위해 당국에게 협력 차관을 얻는 것이 필요하다. 마지막 단계까지 수년이 걸린다는 사실을 인지하고 받아들이면서, 사건이 진행된 순간부터 이렇게 대응하는 것이 당연하다고 생각해야 한다.

기업의 형사 책임에 대한 지침서

이 장에서 법을 어긴 사실이 발각된 기업을 쫓는 검찰 업무가 어떻게 진행되는지 그 절차를 살펴보려고 한다. 이 과정을 알아야 기업이 윤리적인 위기에 직면했을 때 적절한 대처 방안을 세울 수 있다. 지난 장에서 이미 언급한 바와 같이, 기업의 위법 행위를 조사하고 기소하는 방법에 틀을 만든 것이 미 규제 당국이다. 미국의 방식이 세계 어디서나 적용되는 것은 아니지만, 영국, 독일, 브라질을 포함한 많은 국가에 상당한 영향을 미치고 있다.

또한 미국에 본사를 두거나 어떤 식으로든 영업을 하는 기업은 위법 행위가 발생했을 시 미국에서 기소될 가능성이 있다는 사실을 알고 있어야 한다. 다른 국가가 그들의 국경 내에서 발생한 위법 행위를 기소하는 것에 소극적인 반응을 보일 때, 미 사법 당국은 사법 관할권을 확장해서 보는 경향이 있다. 이런 이유 때문에 글로벌 기업 리더들은 미국의 사법 시스템을 숙지하는 것이 중요하다.

이 책은 법률적인 자문을 제공하지 않는다. 그보다 이 책은 여러 국가 및 사법 관할권에 걸치는 복잡한 대형 스캔들에 대한 경험을 나누는 정보서다.

알아야 할 중요한 사항은 미 당국은 비리를 저지른 기업과 책임이 있는 개인을 모두 처벌할 수 있다는 것이다. 개인과 달리 기업은 수감시킬 수 없다. 이런 구별 외에 기업과 개인은 유죄 선고 후 거의 동일한 경험을 하게 된다. 예를 들어, 벌금을 부과하고 보호 관찰 조치에 처해지고 배상금을 지불하라는 명령을 받기도 하며 재산이 압수되기도 한다. 게다가 정부 기관과 계약을 체결할 수 없고 다른 상업 활동이 금지되기도 한다.

합의하기

우호적으로 형사 합의에 도달하기 위해 기업의 협력 차관이 필수적이다.

검사에게 사건이 배당되면, 검사는 궁극적으로 다음 세 가지 행동 조치 중 한 가지를 취한다.

1. 기소하지 않는다.
2. 법에 저촉되는 모든 사항을 기소해 유죄 판결을 받게 만든다.
3. 기업과 합의(기소 유예 혹은 양형 거래)한다.

이 책은 무거운 위법 행위를 위반한 사건을 한정해서 다루고 있기 때문에 첫 번째 조치는 언급하지 않을 것이다.

두 번째 선택은 양쪽 모두에게 엄청난 부담을 안긴다. 화이트칼라 범죄 사건에서 검사가 범죄 의도는 물론이고 위법 행위를 입증하는 것은 쉽지 않다. 이는 시간이 흐르면 더 입증하기 힘들어진다. 대부분의 경우 기업의 고위급 경영진 때문에 사건을 해결하기 어렵다. 그들은 위법 행위를 저지른 사람과 공범일 수도 있고 그들의 상사일 수도 있다.

기소는 기업에게 또 다른 위험과 도전이다. 기소에 관한 뉴스가 나오면, 이미 일어난 사건이나 위법 행위로 손상된 명성이 더 악화된다. 사건을 오래 잡고 있으면 새로운 사실이 밝혀지기 마련이다. 이는 결국 안 좋은 소식으로 헤드라인을 장식하는 결과를 낳는다. 과거의 사건이 다시 언급되는 것만으로도 투자자들은 기업을 떠나고, 기업을 비난하는 기사가 쏟아져 나온다. 이는 주가와 직원들의 사기에도 좋지 않으며 잠재적인 고객을 유치하는 데도 (그리고 잠재적인 고객의 기준을 통과하는 데도) 악영향을 끼친다. 이런 이유로 기소를 피하고 최대한 빨리 합의에 도출하는 것이 기업에게는 이익이다.

세 번째 선택은 정부 당국과 기소유예약정을 체결하는 것이다. 이는 검사의 필수 업무인 처벌과 재발 방지, 기업의 필수 사항인 재판을 피하고 불확실성과 평판의 훼손을 줄이기 위해 적절한 균형을 잡는 타협안을 제시하는 것이다. 지난 몇 년간, DPA(기소유예약정 또는 양형 거래)는 보편화됐고 이에 대한 여러 이해관계자들의 이해도도 높아졌다.

DPA와 같은 합의에 따라, 검찰과 피고 기업은 위법 행위에 관한 사실 관계에 동의하게 된다. 즉 기업의 감시하에 위법 행위가 일어난 사실을 인정하는 것이다. 검찰도 (사실상) 유죄 선고를 내리지 않는 것에 동의하는데 이는 기업이 범죄를 저지르지 않았다는 의미다. 이에 대한 대가로 기업은 벌금과 부과금을 납부하고 교정 조치를 취함으로써 과거의 행위를 청산할 수 있다.

DPA는 일반적으로 다음과 같은 내용을 포함한다.

- 수사 과정에서 밝혀진 기업이나 에이전트가 범한 위법 행위 고백
- 행동에 대한 기업의 책임 인정
- 벌금형, 자산 환수, 피해 당사자에 대한 배상
- DPA를 맺기 전 기업의 협조와 강력한 윤리 및 준법 프로그램의 재건에 초점을 둔 기업의 교정 노력에 대한 검사의 인정
- 새로 발견한 문제 및 준법 프로그램 업데이트에 대한 자체 보고, 1~3년 동안 기업의 규정 준수에 관한 노력의 향상 여부를 평가할 독립적인 관리자 임명과 같은 정해진 기간 동안의 기업의 노력 여부
- 향후 범죄 행위에 가담하지 않겠다는 기업의 약속

DPA가 기업이 미래에 기소를 당하지 않도록 보장하는 것은 아니다. 조건을 이행하는 것은 가볍게 여기지 말아야 할 엄중한 책임이다. 피고 기업이 합의를 끝까지 지키지 못하면 검찰이 합의된 사실을 증거로 삼아 기소할 수도 있다. 그래도 이런 협정이 가능한 경우, 과거의 행위를 무마시킬 수 있는 DPA가 기업에게 최선의 선택이다. 이런 합의 제도가 없는 나라(예를 들어 캐나다)에서는 위법 행위로 수사를 받는 기업은 미국 사법 제도하에 놓인 기업보다 합의하는 데 더 오래 걸린다.

윤리적 위기에 처한 기업의 리더는 '합의'를 목표로 잡아야 한다. 실행 가능하고 적절한 조건으로 가능한 빨리 합의에 도출해야 한다.

검찰 당국이 고려해야 할 사항

'기업의 연방 기소에 관한 규칙'이라는 문서에서 미국 법무부는 검찰 당국이 DPA로 합의를 할지 혹은 다른 협정을 체결할지, 그것도 아니면 기업에 대해 강경하게 기소할지에 대한 지침을 규정하고 있다.[4]

- 위법 행위의 성격과 일반 대중에게 끼치는 손해의 위험을 포함한 심각성
- 위법 행위에 대한 경영진의 개입 혹은 묵인을 포함한 기업이 위법 행위에 가담한 사실
- 위법 행위에 대해 기업이 민형사상 사법적인 조치를 포함한 과거

---

4   미국 변호사 매뉴얼USAM, United States Attorneys Manual, 타이틀 9: 범죄, 9-28.300
    2008년 8월 28일 마크 필리프Mark Filip 전 법무장관이 미국 변호사들에게 제공한 이 지침은
    이른바 '필리프 요인Filip Factors'을 규정하고 있다.

의 유사 위법 행위 여부

- 기업의 에이전트에 대한 수사에 협조 의지 여부
- 기업 내 기존 준법 프로그램의 존재
- 위법 행위에 대한 기업의 자발적인 공표
- 기업의 교정 행위, 효과적인 준법 프로그램 실행, 기존 프로그램 발전, 경영진 교체, 위법 행위 주동자 징계 및 해고, 배상금 지불, 위법 행위를 바로잡기 위한 정부 기관과 협조
- 기소가 일반 대중에 끼치는 영향 및 주주, 기업 연금 수령자, 직원, 그리고 개인적으로 무죄가 증명된 사람의 손해를 포함한 기업의 조치로 인한 부수적인 결과
- 민사 혹은 다른 규제와 같은 교정 조치의 적정성
- 기업의 위법 행위에 책임이 있는 개인에 대한 기소의 타당성

미국 검찰은 정부의 조사에 대한 기업의 협조, 위법 행위에 대한 자발적인 공표, 그리고 실질적인 교정 조치에 무게를 두고 있다. 이 말은, 즉 기업이 위법 행위를 일소하면서 교정하고 개선하려는 조치를 취한 증거를 원한다는 것이다.

이런 지침에 협조하는 것이 기업에 이득이라는 판례가 늘어남에도 불구하고, 당국과 완전하게 협조하는 것에 의문을 품은 사내 변호사가 많다. 그들은 검사가 죄를 증명하는 사람이고 사건을 종결하기 위해 적극적이지 않을 것이라 생각한다. 이런 시대에 뒤떨어진 사고방식은 특히 미 사법 당국과의 경험이 부족한 유럽 변호사들에게서 두드러지게 나타난다. 이런 방어적인 자세가 긍정적인 결과를 도출하

는 것을 방해한다는 사실을 그들도 결국 깨닫게 될 것이다.

책임은 기업에 있는가 개인에 있는가

미국 법무부의 '기업 조직에 대한 연방검찰의 원칙'은 개인의 행동에 책임을 묻는 것이 중요하다고 강조한다(9-28.210).

> 기업의 기소는 기업 내외에 있는 형사 책임을 갖는 개인의 기소를 대체하는 것이 아니다. 기업의 행동은 각 개인을 통해 행해지므로 개인에게 형사적인 책임을 부여하면 미래의 기업 범죄를 예방할 수도 있다. 기업의 양형 거래, 기소 유예, 불기소 혹은 민사상의 합의를 포함해서 다른 형태의 처분을 제안하더라도 이것이 고위 경영진과 관련 있다면 개인의 과실을 입증해야 한다.

이는 매우 중요한 말이다. 기업뿐만 아니라 개인을 처벌하는 것이 재발을 막는 가장 효과적인 방법이다. 하지만 실제로 이것은 생각보다 많이 적용되지 않는다. 2008년 금융 위기의 여파로 기업의 위법 행위와 관련해서 주목받은 사건을 생각해 보자. 기업이 벌금으로 지불한 금액은 수천억 달러지만, 죄질이 나빠도 구속된 경우는 드물다. 이런 상황이 많은 사람의 분노를 유발하는 것은 당연하다. 미 상원 의원 엘리자베스 워런은 많은 사람이 동의하는 다음과 같은 의견을 피력했다. "월 스트리트를 개혁하는 유일한 방법은 경영진이 대규모 사기 사건의 주범일 때 구속하는 방법뿐이다."

그러나 유죄를 입증하는 것은 쉬운 일이 아니다. 특히 고위 경영진이 위법 행위를 저지른 경우 이에 대한 악의적인 의도가 있었는지 입증하는 일은 더더욱 어렵다. 따라서 검찰이 개인이 아닌 기업 차원에서 유죄나 책임을 인정하는 실현 가능한 목표를 지향하는 것을 이해할 수 있을 것이다. 기업 수준에서 많은 벌금과 금전적인 배상을 하는 것이 쉬운 이유도 있다. 다시 말해, 검찰은 자신에게 허용된 재량을 마음껏 활용하는 것이다.

그렇지만 기업의 리더들은 이러한 접근 방식이 변하고 있다는 사실을 알아야 한다. 미 법무부는 2015년 '기업의 위법 행위에 있어서 개인의 책임'이라는 제목의 지침서를 검찰에 전달했다.[5] 이는 미래의 위법 행위를 저지하고 기업 행동의 변화를 장려하며 구체적으로 책임을 져야 하는 대상을 비난할 수 있기 때문에 중요하다고 강조한다.

이 지침은 합리적인 의심을 넘어서는 개인의 유죄를 입증하는 것이 어려움을 인정했고, 검사가 개인의 유죄를 입증하는 데 도움을 줬다. 이 지침은 기업의 위법 행위에 관여한 개인에 대한 기소 강화를 위해 여섯 단계를 제시한다. '이 중 일부는 정책의 변화를 반영한다.'

지침서에 포함된 여섯 단계는 다음과 같다.

1. 협력 차관을 얻기 위해, 기업은 법무부에게 위법 행위에 책임이 있는 개인의 모든 정보를 제출해야 한다.

---

5   샐리 예이츠 전 미국 법무부 차관이 2015년 9월 9일 발표한 지침서는 기업 범죄에 책임이 있는 개인들을 가장 효과적으로 추궁하기 위해 정책과 관행을 개정하는 것을 목적으로 한다.

2. 기업의 민형사상 수사는 초기 단계부터 개인에 초점을 맞춰야 한다.

3. 기업의 위법 행위를 담당한 민형사 변호사와 수시로 소통해야 한다.

4. 특별한 경우를 제외하고, 기업과의 합의가 개인의 민형사상 책임을 면제시키진 못한다.

5. 법인 사건은 공소 시효가 만료되기 전에 개별 사건을 해결하기 위한 명확한 계획 없이 해결돼서는 안 된다. (이는 범죄에 대한 책임이 기업과 개인 사이의 선택이 아니고 양쪽 모두의 수사가 필요하다는 뜻이다.)

6. 민사 담당 변호사는 기업뿐만 아니라 개인에 대해서도 일관된 초점을 맞춰야 하고, 개인의 지불 능력을 넘어서서 배상액을 지불하는 것까지 고려해 소송을 제기하는 것을 결정해야 한다.

지침은 그들의 행동(혹은 행동하지 않았거나)이 개인적인 책임으로부터 면제가 된다고 믿는 기업의 리더에게 중요한 경고를 내린다. 새로운 지침은 협력 차관을 얻으려면 검찰 당국에게 범죄 행위에 연루된 개인에 대한 정보를 줘야 한다는 사실을 기업에게 통보한다.

기업의 합의 효과가 의심받고 있다

앞서 언급한 바와 같이, 기업의 위법 행위를 해결하기 위한 합의 방안은 미국에서 처음 나왔다. 이는 당국이 수사와 기소에 융통성 없이 적대적인 방식을 취하는 것보다 기업 비리의 주역을 선처하고 재활에 참여시키는 것이 더 효과적이란 사실을 발견했기 때문이다. 기업 규칙 준수를 감시하고 재활 참여를 독려하는 것이 소모가 덜하고 쉬운 방식이다. 이런 접근 방식은 다른 국가가 기업의 범죄를 다루는 방식에 영향을 끼쳤다.

그러나 때때로 이런 합의의 효과에 의문이 제기되기도 한다.

2017년 초, 롤스로이스가 뇌물과 비리를 통해 수십 년간 부적절하게 계약을 체결한 사실이 발각됐다. 그 후 롤스로이스는 영국 당국과 합의를 맺었다(브라질 당국과 면책 협정Leniency agreement, 미 당국과 DPA를 병행했다). 롤스로이스는 6억 7천 1백만 파운드를 벌금으로 지불하는 것에 합의했다. 이는 영국 중대사기 수사국Serious Fraud Office이 기업 범죄와 관련해 부과한 벌금 중 가장 큰 액수였으며 영국 감사가 2014년부터 DPA 형태의 합의를 사용할 수 있게 된 이후 체결된 세 번째 합의였다.

이 여파로, 많은 전문가들은 부패의 범위, 즉 기업이 일곱 개의 국가에서 위법 행위를 저지른 것을 인정한 사실과 발생 기간을 고려했을 때 롤스로이스가 일을 수월하게 마무리했다고 결론지었다.

런던 경제 대학원의 객원 교수이자 〈파이낸셜타임스〉의 기고자 존 케이John Kay는 다음과 같이 썼다.[6]

형사 범죄를 저지른 개인이 검사가 소송을 진행하지 않기 위해 거액을 지불했다는 점을 인정한다면 어떤 반응이 나올지 상상해 보라. 그러나 대기업에

---

6 https://www.ft.com/content/2c2ffb2e-df08-11e6-86ac-f253db7791c6

서는 이런 형태가 일상화되고 있다.

케이는 이어 DPA의 확산은 재발 억제 효과가 미미하다는 것을 보여 주는 것이며, 기업의 리더들은 '개인적인 책임을 면하기 위해 엄청난 금액의 주주의 돈'을 지불한다고 주장했다.

그의 주장을 이해하지만, 이 문제를 다른 각도에서 볼 필요가 있다. 고액의 벌금과 과징금은 중요하다. 기업의 경영진들로 하여금 윤리에서 벗어난 이윤 추구의 유혹에 빠지지 않도록 균형을 잡는 역할을 하기 때문이다. 대부분의 기업은 '사형 선고'처럼 느껴지는 검찰의 기소를 피할 수 있지만 이런 합의조차도 기업에겐 부담이다. 천문학적 규모의 지출과 DPA가 불러온 오명에 더해서, 비리를 저지른 기업은 주가 하락, 브랜드 이미지 추락, 기존 및 미래의 고객에 대한 손상된 이미지로 고통받는다. 어떤 사람들은 DPA를 '손목을 찰싹 때리는 정도'라고 생각하지만 DPA를 지켜야 하는 부담을 가진 경영진들이 그 과정을 성공적으로 수행하려면 (그리고 그들의 자리를 보전하려면) 엄청난 시간과 자원, 관심을 쏟아부어야 한다. 이 과정에서 기업의 올바른 준법 문화가 향상된다.

그렇지만 비리의 당사자와 경영진은 개인적으로 책임을 질 필요가 있다. 최근 미 당국은 개인적인 기소를 강조하고 있다. 기업의 범죄는 많은 희생자를 만들고 거기엔 범죄와 상관관계가 분명하지 않은 사람도 포함된다. 많은 사람들이 직장을 잃고 회사에 남은 직원들은 엄청난 타격을 받는다. 범죄 행위의 오점은 회사의 모든 직원에게 영향을 미쳐 그들의 직업 경력에 악영향을 끼치고 사회에서 격리되도록 만든다. 한편 윤리적인 위기를 겪는 기업은 스스로 정리하고 시장에서 문화와 전략, 위치를 재정립할 수 있을 때까지 크고 작은 투자자들에게 손해를 입히며 절뚝거리며 걸어가는 자신을 발견하게 될 것이다.

당국과 합의하는 것은 기업이 과거의 그늘에서 벗어나 기업이 새로운 출발을 허용하는 전략적인 움직임이다.

협력 차관을 얻기 위해 취해야 할 조치는 **윤리적 완전성에 힘 실어 주기**의 목표와 밀접하게 연계된다. DPA가 부과한 공식적인 의무는 기업의 혁신적인 노력에 초점을 맞추는 데 도움이 될 것이다. 대부분의 사업처럼, 효과적인 협력은 법률에서 규정할 수 없는 속성인 효과적인 리더십과 훌륭한 경영에 달려 있다. 최소한의 요구를 지키고 방어적인 자세를 취하면서 관계 당국을 법적인 방식으로 대하는 것이 정답은 아니다. 목표는 주도적으로 합의를 도출하고, 협정 조항을 준수하며 새로운 시대를 열어 나아가는 것이다.

위법 행위의 경우 다른 형태의 소송도 있을 것이다. 원고가 증권 집단 소송을, 피해를 입은 당사자가 소송 및 기타 병행 소송을 제기할 수 있다. 기업의 경영진 혹은 책임자로서 할 수 있는 모든 소송을 고려하고 우선순위를 결정하는 것이 중요하다.

이 장의 목적은 복잡한 법률과 법 집행 과정의 최근 동향을 포괄적으로 보여 주기보다는 **윤리적 완전성에 힘 실어 주기** 4단계를 소개하기 위함이었다. 기업의 민형사상 문제는 기업이 정기적으로 상호작용하는 일반적인 기업 상담의 문제보다 전문적인 법률 지식을 필요로 한다.

4단계를 완료하면 기업은 과거의 행위와 결별할 수 있다. 5~7단계에서는 윤리적인 리더십이 기업 활동을 하는 모든 분야에 적용되는 밝고 성공적인 미래에 대한 로드맵을 제공할 것이다.

올바른 기업 문화가
위기를 예방한다

회사는 이유 없이 망하지 않는다

멀쩡한 사과가 왜 썩었을까?
- 기업 구조 강화하기

나무를 심기 좋은 시기는 20년 전이었다.
두 번째로 좋은 시기는 지금이다.

- 중국 속담

이 책에서 나는 경영진들의 잘못된 생각을 지적해 왔다. 경영진들은 기업이 윤리적인 위기에 처했을 때 이른바 썩은 사과가 문제의 원인이라 확신하고 그들과 거리를 두려고 한다. 1장과 2장에서 봤듯이, 기업의 위법 행위는 그 뿌리가 '썩은 사과'라는 견해가 시사하는 것보다 훨씬 더 복잡하다. 위법 행위는 피할 수 없는 심리적·사회적 요인과 견제받지 않아 부패된 권력, 그리고 금융 시장과 자본주의의 불가피한 압력에서 비롯된다.

이런 시스템적 요인이 기업에 손해를 입힐 수 있다는 연구 결과가 있다. 요인은 다음과 같다.

- 멀쩡한 사과가 변질된다.
- 썩은 사과가 자신의 행동을 합리화하고 잘못한 것이 없다고 스스로 세뇌시킨다.
- 위법 행위가 암묵적으로 받아들여지면서, 썩은 사과가 분위기를 주도할 수 있는 환경이 조성된다.

다시 말해, 썩은 사과가 되는 것에 면역력이 있는 사람은 아무도 없다는 뜻이다. 사과가 담긴 바구니인 전체적인 분위기, 기업 문화, 인센티브 제도가 사과를 부패시키는 원인이다. 썩은 사과라는 근거 없는 믿음에 홀리면 위법 행위라는 이슈가 제기됐을 때 적절한 해결책을 마련하지 못하기 때문에 이를 정확하게 이해하는 것이 중요하다.

5단계에서 기업 전체에 걸쳐 강력하고 포괄적인 윤리 및 준법 프로그램을 실행하게 된다. 이는 **윤리적 완전성에 힘 실어 주기** 절차에서 중요한 전환 단계다. 기업은 응급 처치를 잘해야 다시 이해관계자의 신뢰를 얻을 수 있다. 1단계부터 4단계까지는 과거의 비리를 해결하고 신뢰를 회복하는 과정을 다뤘다. 하지만 위기에서 벗어나려면, 기업은 장래에 발생할 가능성이 있는 위법 행위를 예방하고 감지하며 대응할 수 있도록 효과적인 구조를 구축하는 것이 필요하다. 이는 탄탄한 윤리 및 준법 프로그램을 통해서만 이뤄진다. 기업의 비리나 위법 행위를 근절할 수는 없다. 하지만 위법 행위의 심각성을 널리 알리고 피해를 최소화하기 위한 적색 신호 경보가 필요하다. 단순한 절차, 효율적인 시스템, 조직을 통제할 수 있는 장치를 만들어야 한다는 의미다. 단발성으로 끝나는 해결책이 아닌 장기간에 걸쳐 지속돼야 하며, 더 나아가 윤리 및 준법 프로그램은 윤리적인 의사 결정만을 지지해야 한다. 서류상으로 완벽하더라도 경고 신호가 울렸을 때 리더가 옳은 결정을 할 용기와 민감함을 갖추지 못한다면 이런 프로그램은 효과를 볼 수 없다.

기업이 유해한 사내 문화와 부적절한 윤리 및 준법 프로그램을 갖췄을 때 일어난 안타까운 사례를 설명하고자 한다. 2016년 미국의 가장 큰 은행 중 하나인 웰스 파고는 고객의 동의나 인지 없이 고객의 이름을 도용해 수백만 장의 신용 카드와 계좌를 개설했다. 이 사실이 드러나면서 웰스 파고는 위기에 봉착했다.

이 사실은 규제 당국이 은행에 1억 8천 5백만 달러의 벌금을 부과하면서 대중에게 알려졌다. 그다음으로 형사상의 수사가 뒤따랐고 다른 부서와 병행해 조사를 실시했다. 그리고 대중의 비난과 함께 은행의 평판은 하락했으며 영업 손실로 피해가 잇따랐다.

웰스 파고의 주 고객인 캘리포니아주는 웰스 파고와 진행하던 새로운 사업을 중단했다. 캘리포니아주 재무관은 은행에 다음과 같이 편지를 썼다. "재정을 맡긴 캘리포니아 주민을 존중하지 않는 은행에 어떻게 계속 공금을 맡길 수 있겠는가?"

은행은 불법으로 계좌를 개설한 말단 은행원 5,300명을 해고했다. 표면적으로는 적절한 대응이었다. 위법 행위를 저지른 직원에게 직접적으로 책임을 물을 필요가 있기 때문이다. 하지만 수많은 지점에서 근무하는 5,300명의 직원이 같은 범죄를 수천 번이나 반복해서 저지른 상황은 어떻게 설명할 수 있단 말인가?

웰스 파고 스캔들이 각 은행의 지점에서 근무하는 수많은 썩은 사과가 만든 결과일까? 절대 그렇지 않다. 웰스 파고 스캔들은 기업의 시스템에 문제가 있음을 암시한다. 그리고 이 시스템적 문제는 기업 리더의 책임이다.

2016년 9월 미 상원 금융 위원회는 웰스 파고 은행의 CEO인 존 스텀프가 증언한 내용을 바탕으로 문제의 핵심을 지적했다. 청문회에서 직원들은 고객에게 상품을 교차 판매할 것을 강요하는 압박적인 환경에서 근무한 것이 밝혀졌다. '여덟 개면 성공Eight is Great'이라는 슬로건을 내세워 은행의 경영진들은 각 지점의 은행원들에게 공격적이고 달성 불가능한 목표를 세우도록 했다. 그리고 고객의 필요 여부에 상관없이 모든 가구가 최소한 여덟 개의 계좌를 개설하도록 강요했다. 이 정책은 상당한 성장과 주가 호황으로 이어졌지만, 많은 직원들이 할당량을 채우고 일자리를 유지하기 위해 위법 행위에 가담해야만 했다. 그리고 이는 고객을 재정적인 위험에 빠트렸다.

엘리자베스 워런 상원 의원은 스텀프를 공격적으로 심문을 하며 은행원에게 책임을 전가한 사실을 비난했다. 해고된 5,300명의 직원 중 '여덟 개면 성공' 전략을 책임질 고위 경영진은 한 명도 없었다. 워런은 스텀프가 '비겁한 리더십'을 보였다고 비난하면서 스캔들이 일어난 동안 스텀프가 보유한 웰스 파고 주식의 시세 차익인 2억 달러를 반환할 것을 촉구했다. 스텀프와 은행 경영진에 대한 언론 보도는 끊이질 않았고 약 한 달 후 은행은 스텀프가 사임한다고 발표했다.

스텀프에 대한 논란이 일어난 후, 버크셔 해서웨이의 회장이자 전설적인 투자자 워런 버핏(웰스 파고 은행 주식의 10%를 보유하기도 했다)이 스텀프를 '품위 있는 사람'이라며 옹호했다. 그럴지도 모른다. 대부분의 사람은 품위가 있다. 그러나 이 말이 그들이 언제나 위법 행위를 저지르지 않는다는 말은 아니다. 권력자의 경우, 다른 사람에게 위법 행위를 강요할 수 있다. 존 스텀프의 경우 전 CEO에게 물려받은 비즈니스 모델을 직원들에게 강요했으며 이는 고객, 직원, 주주 모두에게 참담한 결과를 가져왔다.

스텀프의 재임 기간 동안 웰스 파고의 홈페이지에는 스텀프의 글, '리더십과 경영'을 인용한 구절이 적혀 있었다. "청렴함은 상품이 아니다. 이는 얻기 어려운 소중한 개인의 인격이다. 이는 한 사람과 한 회사의 평판의 핵심이다."

스텀프의 글은 다른 CEO의 말을 떠올리게 한다.

> 가장 중요한 것은, 내가 (…) 어떤 법도, 특히 형사법을 절대 위반한 적이 없으며 나의 청렴함과 인격, 가치관을 가장 중요한 가치로 여겨 왔고, 그것을 항상 진지하게 다뤄 왔다는 점이다(Moore, 2016).

이 말은 미국 역사상 가장 큰 파산을 맞은 기업 엔론의 전 CEO 케네스 레이가 한 말이다. 그는 사기죄로 유죄 판결을 받았다.

웰스 파고 경영진의 리더십이 실패한 사실은 분명하다. 윤리와 준법에 관한 기업의 정책을 집행하기 위해 존재해야 할 게이트키퍼 기능 또한 무너졌다. 미 상원은 은행의 고위 임원들이 금전적으로 아무책임도 지지 않았다는 사실에 주목했다. 법을 어긴 것이 확실하게 밝혀진 후에도, 관련 법규와 기업의 윤리 강령에 따라 행동해야 할 책임이 있다. 고위급 임원에 대해 은행은 아무런 조치도 취하지 못했다. 결국 새로운 경영진이 들어와 교정을 위해 힘썼고 판매 할당제를 종료시켰으며, 청렴함을 새로운 우선순위로 정했다.

이런 환경에 효과적인 윤리 및 준법 프로그램이 있었다면 스캔들을 피하고 은행의 장기적인 수익을 보장할 수도 있었을 것이다. 사업 특성상 은행은 주주의 수익을 극대화한다는 명분으로 판매 할당제를 시행하고 위험을 감수하며 직원을 몰아세웠다. 위험은 자유 시장 경제에서 빠질 수 없는 요소다. 그러나 기업이 목표를 높게 세우면 (그리고 그 목표를 초과하려 하면) 모든 직원은 불가피하게 편법을 사용할 수밖에 없고 이에 대한 죄책감이 무뎌져 더 많은 법을 위반하게 된다.

이런 이유로 기업은 위법 행위를 예방하고 감지하고, 상황이 악화되기 전에 대응할 수 있는 구조를 마련해야 한다. 이 장에선 강력한 윤리 및 준법 프로그램을 설계하고 구현하기 위한 일반적인 원칙을 검토할 것이다. 또한 기업의 위법 행위에 대응할 수 있는 효과적인 견제와 균형의 중요성도 다룰 것이다.

윤리 및 준법 프로그램이 필요한 이유

윤리 및 준법 프로그램은 복잡한 시스템에서 압력을 조절할 안전밸브 역할을 한다. 프로그램은 서로 연계된 여러 요소로 구성돼 있다. 직원과 제삼자는 이 프로그램으로 윤리적인 책임을 배운다. 또한 위법 행위를 고발하려는 직원이 가질 수도 있는 우려를 파악하고 직원을 보호하며, 내부 통제와 의사 결정을 위한 경계를 형성하는 절차를 규정한다. 프로그램은 심각한 결과를 초래할 수 있는 문제를 초기에 발견하도록 돕는다.

도덕적인 의무 외에도, 위기를 맞은 기업이 프로그램을 만들고 강화해야 하는, 현실적으로 무시할 수 없는 이유가 있다. 검찰 및 규제 당국이 원하기 때문이다.

기업이 윤리적인 위기에 빠져 규제 및 검찰 당국의 감시와 제재를 받을 때, 회생을 위해 가장 필요한 것은 당국과 신뢰 관계를 유지하며 협조하는 것이다. **윤리적 완전성에 힘 실어 주기**의 모든 과정이 회사를 재건하는 데 도움이 되지만, 지속 가능한 윤리 및 준법 프로그램을 설립하고 유지하는 것이 가장 중요하기 때문에 최우선이 돼야 한다.

몇 년간, 미 당국은 기업이 윤리 및 준법 프로그램을 도입하기를 강조해 왔다. 미 당국은 프로그램이 작동하는 법에 대한 원칙을 공식 발표했다. 1991년에 도입한 연방양형가이드라인FSGO, Federal Sentencing Guidelines for Organization제도는 '기업의 위법 행위를 예방하고 저지하기 위한' 것으로,[7] 이 가이드라인은 기업이 유죄 판결을 받은 경우 형을 감형받기 위해 윤리 및 준법 프로그램을 개설할 것을 당부한다.

FSGO 및 기타 기업의 위법 행위를 다루는 미국 법은 다음과 같은 주요 원칙에 기초한다.

- 기업의 위법 행위와 감독 실패는 각 임원에게 책임이 있다.
- (법적 실체로서) 기업은 경영진이 부담하는 책임과 별개로 범죄에 대

---

7   https://www.ussc.gov/guidelines/2016-guidelines-manual/2016-chapter-8

해 유죄 판결을 받을 수 있다. 이는 책임을 전적으로 개인에게만 묻는 다른 나라와 다른 점이다.

- 형사상의 위법 행위가 발생할 경우, 기업이 할 수 있는 최선의 변호는 효과적인 윤리 및 준법 프로그램을 통해 기업의 범죄를 예방하고 감지하려는 노력이다.
- 법을 준수하는 데 도움이 되는 기업 문화와 같은 최소한의 준법 기준을 준수해야 한다.

전 세계의 다른 사법 및 규제 당국도 미국의 기소 원칙에 근간이 되는 규정 준수 방식을 채택한다. 영국은 2010년 영국 뇌물수수법UK Bribery Act에 적절한 내부 통제와 준법 절차를 도입해 이 지침을 한 단계 더 발전시켰다. 미국을 비롯한 다른 나라에서 협력 차관(이에 따라 벌금 및 부과금이 감소한다)을 얻으려면, 기업이 혐의를 독단적으로 조사하고, 사법 당국과 정보를 공유하는 노력이 필요하다. 또한, 위법 행위를 시정하고 윤리 및 준법 프로그램을 구축해서 강화하는 강력한 장려책이 필요하다. (검찰 당국과 합의하는 법은 4단계에서 자세히 언급했다.)

윤리 및 준법 프로그램은 많은 기업의 리더들에게 낯선 개념이다. 그 이유 중 하나로 전 세계 기업들이 트레드웨이 위원회 후원 조직 위원회COSO, Committee of Sponsoring Organizations of Treadway Commission 프레임워크를 채택한 것과 관련이 있다. COSO는 2002년 엔론/월드콤 회계 스캔들 이후 사베인스-옥슬리가 증명한 것의 일환이다. COSO1985년 미국에서 효과적인 내부 통제 체계를 확립하기 위해 AICPA, AAA, FEI, IIA, IMA가 공동 설립한 단체다. COSO의 내부 통제 프레임워크는 통제 환경, 리스크 평가, 통제 활동, 정보 및 의사소통, 모니터링으로 구성된다. 프레임워크는 재무 보고 목적으로 채택됐으나, 더 광범위한 준법 문제에까지는 영향력을 미치지 못했다. 실행에만 초점을 맞추는 것이 준법이 기본적으로 재무 보고와 관련한 이슈라는 편협한 견해를 강화했는지도 모른다. 재무 통제는 중요하지만 재무 통제가 준법에 관련한 모든 영역을 다루는 것은 아니다.

윤리적인 변화를 이루려고 하는 기업의 경우, 모든 유형의 위법 행위(회계 범죄는 그 중 한 종류다)를 예방하고 탐지하며, 대응하는 데 초점을 맞출 필요가 있다.

훌륭한 프로그램은 기업 운영의 모든 측면에서 위험을 기반으로 한 견해와 의사 결정을 포함시키기 위한 목적으로 인사, 문화, 에이전트(제삼자), 비즈니스 모델, 통제 및 조사에 중점을 둔다. 프로그램이 모든 기업을 만족시킬 수 없다. 각 프로그램은 기업이 속한 산업, 지리적 위치에 맞춰 설계돼야 하고 경영진들이 제대로 된 정보를 받으면서 윤리적인 결정을 하도록 힘을 실어줄 수 있어야 한다. 프로그램이 어떤 형태든 간에, 이는 아무 생각 없이 따를 수 있는 절차와 조정기의 단순한 체크리스트 이상의 역할을 해야 한다.

훌륭한 윤리 및 준법 프로그램의 특징

고객과 윤리 및 준법 프로그램에 대해 이야기할 때, 고객은 '프로그램'이라는 단어를 기피하곤 했다. 그들은 윤리 강령이나 정책 수칙 같은 단어를 선호했다. 프로그램은 인력, 정책, 시스템 및 프로세스를 하나로 묶는 포괄적인 아이디어며 기업의 모든 부분에 영향을 미치는 전일적인 업무 프레임워크가 뒤따르기 때문에 고객이 꺼리는 단어다. 이전의 준법에 관한 규칙을 깔끔한 바인더에 끼워 넣고, 그 업무에 배정된 사람이 고충을 처리하는 것에 불과하다고 생각하는 고위 경영진에게 어려운 전망이기도 하다.

고객은 이런 프로그램에 비용이 많이 들고 유지가 어려울 것이라 우려한다. 이 프로그램은 일반 직원부터 이사회까지 모두 적용되기 때문에, 프로그램을 새로 만드는 것은 기업을 새로 만드는 것과 같다. 예산과 책임 문제를 포함해서, 고객은 기업 내에 반발이 있을 것이란 우려를 내비치기도 했다. 그리고 그들은 프로그램이 필요한 것을 알지만 어떻게 시작해야 할지를 모른다.

다행히 미국과 영국 당국은 기업의 리더들이 프로그램을 만드는 데 참고할 수 있는 유용한 지침들을 다양하게 제공하고 있다.

이 책의 목적을 효율적으로 드러내기 위해, 나는 세계은행 그룹의 윤리적 완전성 준수 가이드라인World Bank Group's Integrity Compliance Guidelines (WBG, 2010)을 참고할 것이다. 이 지침은 (세계은행이 '제재해야 할 관행'이라고 지칭하는) 부패, 사기, 공모를 포함한 다양한 형태의 위법 행위를 다룬다. 또한 국제적인 시각도 반영하고 있으며, 세계적으로 인정되는 기업의 윤리 및 준법 기준을 갖고 있기도 하다. 다음 페이지에서 세계은행의 열한 가지 지침을 요약하고, 고객과의 실질적인 경험을 바탕으로 한 지침이 활용되는 방법을 추가적으로 설명했다.

집중 탐구: 세계은행의 준법 프로그램 접근 방식

1. 위법 행위 금지

세계은행의 지침은 기업이 '분명하게 드러나고 누구나 알 수 있는 위법 행위를 금지'하는 규정을 갖고 있어야 한다고 주장한다. (특히 **윤리적 완전성에 힘 실어주기**에 초점을 맞춰 책을 읽은 독자에게) 이는 당연해 보인다. 이런 규정은 직원이나 기업 밖에 있는 제삼자에게 기업의 운영 방식을 보여 주기 때문에 준법 프로그램의 필수적인 기본이 된다. 하지만 놀랍게도, 많은 기업이 이 규정을 가지고 있지 않다.

물론, 윈드 인터내셔널의 사례에서 보듯, 분명하고 가시적인 위법 행위에 대한 금지 규정을 가지고 있는 것은 시작에 불과하다. 위법 행위에 대한 후속 조치나 의미 있는 집행이 없으면 아무런 소용이 없다.

2. 책임

조직 내에서 청렴한 행동과 법을 준수할 수 있는 문화를 만들고 위법 행위를 허용하지 않는 것이다. 주로 세 부분에서 나타난다.

2-1. 리더십

어떤 기업이든지 경영진의 의지가 중요하다. 이사회는 효과적인 윤리 및 준법 프로그램에 대한 개발과 실행을 감독해야 한다. 또한 리더십, 업무 지시, 프로그램을 실제적으로 집행하는 관리팀을 지원해야 한다.

프로그램이 진행돼도 이사회의 역할은 끝나지 않는다. 프로그램이 의도대로 작동이 되는지 살피기 위해 감독해야 하고 정기적인 심사와 평가도 수행해야 한다(보통 이 업무는 이사회 내의 감사 위원회의 일이 될 것이다). 이사회는 프로그램을 감독하며 자신도 프로그램의 대상이 돼야 한다. 제대로 굴러가는 회사라면 누구도 법 위에 있을 수 없다.

윤리적 완전성에 힘 실어 주기 전반적인 과정에서 이사회의 역할과 책임은 아주 중요하므로 찾기 쉽도록 7단계에 언급했다.

2-2. 개인의 책임

모든 직원에게 프로그램이 동등하게 적용되지 않는다면 적절한 효과를 낼 수 없다. 모든 사람은 법을 준수해야 한다. 즉 모든 직원에게 자신이 목격한 위법 행위를 보고하는 것이 의무라는 것을 주기적으로 명확하게 알려 줘야 한다. 세계은행 지침에는 직원이 윤리 및 준법 프로그램의 개발과 실행에 참여해야 한다고 적혀 있다. 이것이 중요한 점이다. 지금까지 이 책을 읽어온 독자라면 알 수 있듯이, 직원들은 위에서 억지로 그들에게 떠넘긴 것보다는 자신들이 주도적으로 만든 것을 더 쉽게 받아들인다.

2-3. 준법 기능

기업에는 윤리 및 준법을 전담하는 부서가 필요하다. 전문성을 갖춰야 하는 것은 물론이고 기업의 지원도 있어야 한다. 또한 이 부서는 이사회와 직접 소통할 수 있는 고위급 임원진이 운영해야 한다. 다른 말로, 윤리 및 준법 전담 부서는 주어진 업무를 효과적으로 수행하기 위해 충분한 권한, 영향력, 독립성을 가져야 한다는 뜻이다.

윤리 및 준법 담당자는 '감시인' 혹은 '행정 감찰관' 이상의 역할을 해야 한다. 또한 이 담당자는 의심스러운 거래나 비즈니스 파트너와 같은 어려운 문제를 헤쳐 나갈 수 있도록 지원하며 영업부에 중요한 자원이 될 수도 있다. 준법 부서의 훌륭한 담당자는 기업 내의 다른 리더들과 민감하고 윤리적인 문제를 단호하고 외교적으로 처리할 수 있도록 코치하고 조언하므로, 직원들에게 반드시 필요한 직책이다.

몇몇 고객 기업은, 심지어 세계적인 기업의 경영진도 윤리 및 준법 전담 부서를 두는 것에 회의적인 반응을 보이곤 했다. 그들은 윤리 및 준법은 모든 사람의 책임이며, 소수의 사람들의 손에 맡기는 것은 자신의 책임을 다른 사람에게 넘기는 것이라 주장했다.

논리적으로 맞는 말이지만, 준법 전담 부서에 투자를 하지 않을 합당한 이유가 될 수는 없다. 경험으로 비춰볼 때, 대기업에서 무언가 정말로 중요한 경우 일을 조정하고 모니터하기 위해서는 전담 부서의 지원이 필요하다. 이 방식을 중공업 근로자의 안전에 대한 접근 방식과 비교해 보자. 기업은 모든 직원이 위험한 작업 환경에서 일할 때, 안전 수칙을 철저히 지키라고 강조한다. 하지만 기업은 모든 직원이 알든 모르든 상관하지 않으며 자신이 목격한 모든 위반 사실을 보고하는 것도 당연하게 여기지 않는다. 따라서 기업은 이 기준을 수립하고 전달하며 시행하는 것을 담당하는 부서의 필요성을 인식해야 한다.

3. 프로그램의 시작, 위험 평가, 검토

앞서 논의한 바와 같이, 똑같은 회사는 하나도 없기 때문에 윤리 및 준법 프로그램이 모든 회사에 똑같이 적용될 수는 없다. 프로그램을 만들거나 업데이트하려고 할 때 기업은 회사의 규모, 산업, 지역적인 영업 범위, 회사 상황을 고려해 기업이 직면한 위험을 식별하고 평가하기 위한 종합적인 위험 평가를 진행해야 한다. 이 위험 평가는 기업이 성장하고 발전하면서 발생할 수 있는 변화에 대응하도록 정기적으로 업데이트를 하는 것이 중요하다.

이에 덧붙여 고위 경영진들은 지속적으로 준법 프로그램의 적절성과 효율성을 검토하는 체계적인 접근 방식을 구현해야 한다. 검토 과정에서 위험, 법률 및 국제 준법 표준의 기준을 고려하고 단점이 확인되면 신속하게 변경해야 한다. 고위 경영진은 프로그램의 현황과 효율성을 이사회와 감사 위원회에 정기적으로 보고하는 것이 중요하다.

윤리 및 준법 프로그램은 절대 끝날 수 없다. 이 프로그램은 회사 안팎에서 일어나는 새로운 과제를 해결하기 위해 지속적으로 수정되고 조정돼야 한다.

4. 내부 정책

내부 정책은 기업의 업무 관행을 지배하는 특정한 규칙인 윤리 및 준법 프로그램의 핵심이다. 규칙은 회사가 영업하는 국가의 법률을 지켜야 하고 직원, 노동조합, 직원의 이익을 대변하는 다른 기관과 협의한 후에 개발해야 한다. 세계은행과 기타 당국은 기업의 정책이 준법 위험의 주요 영역을 다루기 위해 충분히 강력하고 상세하게 규정해야 할 몇 가지 분야에 중점을 뒀다. 그 분야는 다음과 같다.

4-1. 직원의 의무(실사)

회사에 입사하기 전, 입사 가능성이 있는 모든 직원 및 이사회 구성원은 일관되게 청렴한 행동을 보였는지, 위법 행위와 의심스러운 윤리적 판단을 하진 않았는지 철저히 심사받아야 한다.

때로는 기존 직원도 심사가 필요하다. 예를 들어, 위기에 처한 회사는 CEO를 교체할 필요가 있다. 새로 취임하는 CEO는 선임 관리팀의 구성원을 사실상 '재고용'하듯이 고려해야 한다. 각 고위 경영진(윤리, 준법, 리더십 기준)을 철저히 검토해서 청렴함을 최우선으로 하는 변화된 기업에 올바른 경력을 가졌는지 확인해야 한다(그리고 새로운 환경에 낡은 관행은 필요하지 않다).

4-2. 전직 공무원 고용 제한

기업이 공직에 있을 때 관련된 일을 하다 그만둔 전직 공무원을 고용할 때 이해 충돌이 생길 수 있다. 이런 이유로 기업 정책은 전직 공무원을 채용하기 전에 규제를 가하고 적절한 기간을 보장해 부적절한 영향력이 행사될 위험을 줄여야 한다.

4-3. 선물, 접대, 여가, 출장, 경비

최근 몇 년간, 사법 당국은 부적절한 사업상의 이득을 취득하기 위해 사용되는 현금 이외의 선물과 접대에 대해 초점을 맞췄다. 이런 일 모두가 비즈니스의 일부고 이런 관행에 대해 나라마다 큰 차이를 보이지만, 직원과 회사를 위해 일하는 제삼자를 법의 범위 안으로 끌어오는 정책이 필수적이다.

실제로 선물, 접대, 출장은 개방적이고 투명한 방식으로 제공돼야 하고 합법적인 사업 목적을 위한 것이어야 한다. 또한 조달 절차 및 거래 결과에 부적절한 영향을 미쳐서는 안 된다. 이것은 직원이 선물을 주고 접대를 하거나 받을 때 모두 적용된다. 효과를 발휘하기 위해 정책은 현금 이외의 물품을 받는 데 엄격한 통제와 가치의 한도를 정하고 제공한 것을 보고해야 하는 규칙이 있는지 확실히 해야 한다. (그리고 모든 금전적인 선물은 금지돼야 한다.)

4-4. 정치 기부금

기업은 법에 따라 정치적 기부금을 내고 법에 비밀 유지 조항이 없는 경우에 정치적 기부금을 공개해야 한다. 또한 정치적 기부금이 부적절한 영향력과 재무상의 위법 행위의 속임수로 사용하지 않았다는 사실을 확실히 하기 위해 정치 기부금의 금액과 시기를 주기적으로 점검해야 하고 기록을 잘 유지해야 한다.

4-5. 자선 기부 및 스폰서십

정치 기부금과 마찬가지로 기업의 자선 기부와 스폰서십은 엄격한 통제하에 투명하게 제공돼야 하며 부적절한 영향력을 미치지 않도록 주기적으로 심사해야 한다. 또한 회사의 자금이 부당하게 사용되지 않도록 확실한 심사가 필요하다.

4-6. 급행료

급행료Facilitation payments는 세관 통과, 비자, 면허, 허가증을 취득하는 등의 정부 서비스를 신속하게 제공받기 위해 지불하는 소액 뇌물이다. 많은 나라에서 허용하지만 반부패제도(미국의 해외부패방지법이 주목할 만한 안타까운 예외다)를 따르는 국가에서는 금지돼 있다. 급행료가 야기하는 법적·윤리적인 문제 때문에 글로벌 기업은 급행료를 금지하는 추세다.

4-7. 회계 장부 기록

효과적으로 준법 프로그램을 실행하기 위해 정확하게 장부에 기록하는 것이 필요하다. 지출이 있을 때, '정치 기부금', '자선 기부 및 스폰서십', '급행료' 중 어느 항목에 해당되는지 명확하게 하는 것도 여기에 포함된다. 장부에 기재되지 않은 비자금이 부적절한 목적으로 사용되는 경우도 있기 때문에 정확하게 기록하는 것이 중요하다.

4-8. 사기, 공모, 강압적 관행

효과적인 준법 프로그램은 입찰과 다른 형태의 반경쟁 및 화이트칼라 범죄를 예방하고 감지하는 정책, 절차, 통제 방안을 포함해야 한다. 경험으로 볼 때, 기업은 사기의 개념을 이해하고 있다. 어느 기업이든 내부 조사 사례의 상당수는 부적절한 수단을 통해 회사 자원의 사용과 관련된 제도에 초점을 맞추고 있다. 반면, 경쟁 업체와 공모해 시장을 독점하는 등의 경쟁적 관행에 대해서는 이해도가 낮은 편이며 통제도 이뤄지지 않는다. 기업은 위법 행위와 동일한 수준의 법적·재정적 위험과 평판이 하락하는 위험에 노출될 수 있다.

5. 비즈니스 파트너에 관한 정책

이는 많은 문제가 야기되는 중요한 사항이다. '정책'이라는 타이틀의 하위 항목으로 언급될 만한 것이 아니다. 세계은행 지침에서도 독립된 타이틀로 언급하고 있다. 앞선 사례에서 봤듯이, 기업이나 기업 내의 부서들이 '위법 행위를 외부에 위탁'하기 위해 제삼자인 에이전트, 컨설턴트, 공급업자, 유통업자, 계약자의 힘을 빌린다. 경제 협력 개발 기구OECD의 2014년 해외 뇌물 보고서는 다음과 같이 언급했다.

> 뇌물과 관련한 해외 사례의 4분의 3은 중개업자가 관여하고 있다. 중개업자 중 지역 판매와 마케팅 에이전트, 유통업자, 브로커가 41%를, 나머지 35%는 자회사, 현지 컨설팅 회사, 조세 피난처에 소

재한 회사 혹은 뇌물을 받은 공무원이 수익 소유권을 보유해 설립된 기업이 차지한다(OECD, 2014년).

이런 이유로 기업은 비즈니스 파트너에게도 기업의 윤리적 행동의 기준을 지킬 것을 요구해야 한다. 기업 내에서뿐 아니라 기업 밖에서도 윤리적 행동의 범위를 넓히면 기업이 영업하는 시장의 전반적인 윤리 기준이 향상하는 이점이 있다.

5-1. 비즈니스 파트너에 대한 조사

기업이 입사 예정인 직원을 철저하게 심사하듯, 같이 일할 가능성이 있는 비즈니스 파트너도 지속적으로 동일한 심사를 해야 한다. 실사를 통해 비즈니스 파트너가 자체적으로 보유한 준법 정책과 관행이 있는지, 그 외에도 지불한 자금이 부적절한 목적으로 사용되지는 않았는지, 파트너가 제대로 된 서비스를 제공하는지, 제공한 서비스에 대한 보수는 적정한지 철저한 조사가 필요하다.

5-2. 파트너에게 윤리 및 준법 프로그램 참여 유도하기

기업은 모든 비즈니스 파트너에게 기업의 윤리 및 준법 프로그램을 알리고 직원에게 기대하는 것과 동일한 윤리적 행동을 파트너에게도 기대한다는 사실을 알려야 한다.

5-3. 상호 협력

모든 비즈니스 파트너는 프로그램에 동의한다는 사실을 문서로 작성해야 한다. 만약 제삼자인 파트너에게 자체적인 준법 프로그램이 없는 경우, 기업의 프로그램을 따르고, 자체 프로그램을 만들 것을 권장해야 한다.

5-4. 문서화

파트너와의 관계는 서류에 명시해야 한다. 파트너가 기업과 관련된 일을 외부 업체에게 맡긴다면, 그에 관한 상세한 기록(성명, 계약 조건, 지불 등)을 남길 것을 요구해야 한다.

5-5. 적절한 대가

비즈니스 파트너에게 제공하는 대가가 서비스에 맞게 합리적이고 적절한지 실사와 감독을 통해 확인해야 한다. 이런 대가는 공무원에게 공여하는 뇌물이 대부분이다. 예를 들어 에이전트가 7만 달러의 업무에 10만 달러를 받았다면 나머지 3만 달러의 행방을 의심해야 한다(더 극단적인 사례로 직원들 중 누구도 소명하거나 설명할 수 없는 모호한 '서비스'의 대가로 수백만 달러를 지급한 경우도 있었다). 다른 말로, 비즈니스 파트너에 대한 모든 지출은 파트너가 제공한 서비스의 업계 표준 금액이어야 하며, 지출은 기업과 사법 관할 구역 안에서 공식적인 경로를 통해서만 이뤄져야 한다.

5-6. 모니터링과 감독

모든 준법 프로그램처럼 세계은행 지침은 기업에게 제삼자와 한 모든 계약과 작업을 세세하게 모니터하고, 모니터링은 당연히 기업 내에서 제삼자 고용 여부와 관계없이 진행돼야 한다고 권고한다.

6. 내부 통제

규칙과 정책이 세밀하게 규정됐더라도 그것만으로 충분하지 않다. 앞서 언급한 바 있는 게이트키퍼 기능이 내부 통제 역할을 하면 기업의 수많은 거래에 경고 신호를 줄 수 있는 필수적인 견제와 균형을 담당하게 된다. 하지만 이것은 단순히 의미 없는 빈칸 체크용으로 간주돼서는 안 된다. 레이건 전 미국 대통령이 인용한 러시아 속담, '신뢰하되, 확인하라trust, but verify'가 여기에 적용된다. 업무에 참여한 게이트키퍼는 자신의 일에 대한 회의적인 시선을 버릴 필요가 있다. 정보를 꼼꼼히 확인하고 진실을 밝히기 위한 질문을 던져야 한다. 다시 말해, 지출이 합법적으로 사용됐는지 아무도 확인하지 않는다면, 지출을 승인받기 위해 받은 서명이 아무런 의미를 갖지 못한다는 뜻이다.

6-1. 재무 관계

기업은 모든 재무, 회계, 장부의 기록을 견제하고 완벽한 균형을 유지하는 효과적인 통제 시스템을 구축해야 한다. 외부 감사인이나 기타 당국의 요구가 있을 때 검사에 응할 수 있게 회계 장부를 정확하게 유지하고 모든 거래는 문서로 작성해야 하며 부외 거래나 계좌는 만들지 않는 것이 좋다.

기업은 회계와 기록 유지에 대해 내부 통제 시스템의 일환으로 정기적인 내외부 감사를 실시해야 한다. 경영진이나 모니터링하는 부서는 의심스러운 위법 행위의 증거를 발견한 감사인에게 사실을 보고할 권한을 부여해야 한다.

6-2. 의무 계약

제삼자인 비즈니스 파트너와의 모든 계약은 위법 행위와 관련한 의무, 구제 방안, 벌금에 관한 내용을 포함해야 한다. 파트너가 위법 행위에 가담했거나 윤리 및 준법 프로그램에 반하는 행동을 했을 경우 관계를 끊는다는 의도를 분명하게 명시해야 한다. 게다가 이런 계약은 감사 권한 조항을 포함하는 것도 중요하다.

6-3. 의사 결정 절차

회사 내에서는 다양한 거래가 진행된다. 100달러짜리 거래도 있지만 수백만 달러가 되는 거래도 있다. 준법 프로그램의 일환으로 기업은 의사를 결정하는 고위 경영진이 모든 의사 결정에 따른 비용과 위험을 비교하는 시스템을 구축해야 한다. 이런 이유로 에이전트, 어드바이저, 중개업자와의 계약은 모두 고위 경영진의 승인이 필요하다.

7. 소통

소통되지 않은 일은 시간이 지나면 잊힌다. 그래서 기업은 윤리 및 준법 프로그램에 대해 항상 소통을 해야 하고 직원과 이해관계자들이 꾸준히 프로그램에 관심을 갖도록 해야 한다. 간혹 이런 기업을 본 적이 있다. 그 기업은 위기를 겪고 회복을 하는 초기 단계에서 세련된 웹사이트 비디오, 화려한 회사 소개 책자, 유명인을 동원한 이벤트가 한데 어우러진 준법을 강조하는 소통 캠페인을 진행했다. 하지만 이런 캠페인은 위기를 극복하자마자 사라졌다.

소통은 물론 직위를 불문한 모든 직원과 가능한 한 비즈니스 파트너도 정기적인 훈련이 필요하다. 훈련은 100% 완수하는 것을 목표로 하는 숫자 놀이가 아니다. 훈련은 기업이 영업하는 지역에 따라 지역 맞춤식으로 진행되면서, 기업 윤리 강령의 핵심 메시지를 확실히 설명해야 한다. 훈련이 문화적으로 적절하고 지역의 특수 위험에도 대처할 수 있게 설계됐는지 확인하는 것이 중요하다.

8. 인센티브 제도

인센티브 제도는 준법 프로그램에서 인사 담당 부서가 꼭 필요한 부분이다. 신입 사원 모집, 승진, 훈련, 성과 평가, 보수, 성과 인정, 이 모든 것이 기업의 윤리 및 준법을 준수하며 기업을 위해 헌신하고 있음을 확실히 할 필요가 있다.

8-1. 긍정적인 인센티브 제도

위법 행위를 저지하고 감지하는 것만 강조한다면, 윤리 및 준법 프로그램에 '채찍은 있으나 당근 없다'고 생각할 수 있다. 그러나 이런 정신을 가진 기업은 준법에 관한 규칙이 성과 목표를 달성하는 데 방해가 된다고 생각하는 경향이 있다. 회사는 프로그램을 잘 지키면 인센티브를 받을 수 있다는 사실을 확실하게 알려야 한다. 위법 행위에 가담하는 것을 거절해도 직급이 강등되거나 다른 부정적인 결과를 받지 않는다는 점도 분명히 하는 것이 좋다.

8-2. 징계 조치

선행에 대한 보상만큼, 위법 행위를 예방, 감지, 대응할 합리적인 조치를 취하지 않고 위법 행위를 저지른 경우에 주어지는 처벌도 중요하다. 오늘 위법 행위를 저지른 직원을 풀어 주는 것은 내일 더 많은 비리를 저지르도록 부추기는 것이다. 기업은 탄탄한 징계 절차를 갖추고 모든 직원에게 일관되게 적용해야 한다. 고위 경영진도 예외는 아니다.

9. 보고

비리를 저지른 직원이 기업 내에서 존경받는 인물일 때 그의 비리를 고발하는 것만큼 많은 용기를 필요로 하는 결정은 없다. 이 결정은 기업의 몰락을 촉발할 수 있지만 기업의 재탄생을 촉진하는 불씨로 작용할 수도 있다. 책에서 이미 내부 고발자의 중요성을 논의했고, **윤리적**

완전성에 힘 실어 주기의 6단계는 '내부 고발자의 활동이 자유로운 조직 문화'의 중요성을 보충해서 설명할 것이다. 내부 고발자가 등장하면 그를 보호하는 것이 무엇보다도 중요하다. 세계은행 또한 좋은 경영진을 가진 기업에서 내부 고발자가 중요한 요소라는 것을 인식하고 있다.

9-1. 보고의 의무

기업은 직원들에게 보고 역시 그들의 의무라는 사실을 알려야 한다. 우리는 종종 아이들을 가르칠 때 '고자질쟁이'가 되지 말라고 말한다. 그들이 자라서 직장에 들어왔으니 좋지 않은 습관은 잊을 때가 됐다. 회사는 이 의무에 확실한 입장을 취해야 한다. 직원들 역시 그들의 상사에게 말하는 것을 두려워할 수 있다. 이는 앞에서 살펴본, 슈퍼스타가 직원들을 침묵하게 만드는 방법이다. 때문에 기업은 상사에게 직접 말하는 것을 대체할 수 있는 보고 시스템을 만들어야 한다.

9-2. 어드바이스

기업의 정책이 분명해도, 직원들이 일을 처리하는 방법에 확신을 갖지 못하는 난감한 상황이 발생하게 된다. 이 현실에 대처하기 위해 모든 직급의 직원들(그리고 제삼자인 비즈니스 파트너)에게 윤리적 딜레마를 헤쳐 나가고 옳은 결정을 하도록 조언할 수 있는 소통 채널이 필요하다.

9-3. 내부 고발과 핫라인(직통/상담 전화)

기업은 누구나 비리에 대해 보고할 수 있고 그에 대한 지침을 얻거나 윤리 및 준법 프로그램을 개선할 수 있도록 의견을 제시하는 내부 고발자를 위한 핫라인을 개설해야 한다. 핫라인은 신뢰할 수 있어야 하며 보복의 염려가 없어야 한다. 위법 행위에 압박을 느끼는 직원이 가능한 빨리, 필요할 때 이용할 수 있도록 핫라인을 널리 알리고, 그 사용을 촉구하는 것이 중요하다.

9-4. 정기적인 서약

또한 매년 모든 직원이 회사의 윤리 강령을 검토했음을 서면으로 인증하고 직원들이 인지하는 모든 윤리적인 문제를 보고하는 것에 동의하도록 요구해야 한다.

10. 위법 행위 시정하기

지금까지 본 것처럼, 기업이 적임자를 채용하고 예방 조치를 시행해도 위법 행위는 여전히 발생할 것이다. 특히 규모가 큰 글로벌 기업일 때 더욱 그렇다. 따라서 잠재적인 위법 행위에 대한 모든 사실을 수집하고 적절한 개선 조치를 취할 수 있는 효과적인 시스템을 갖추는 것이 중요하다.

10-1. 조사 과정

회사 내에서 발생한 사건을 철저하게 조사하는 강력한 절차를 마련해야 한다. 사건은 내부 고발자의 핫라인이나, 뉴스 기사, 내부 감사, 혹은 다른 통로에서 발생한 모든 위법 행위를 포함한다. 내 동료인 존 라히 John Rahie는 자동차 업계에서 오랜 기간 성실하고 책임감 있는 자세로 법무 자문 위원을 역임했다. 존 라히는 내부 조사가 '윤리 및 준법 프로그램의 심장과 영혼'이라 언급했다. 만약 기업이 윤리 강령 위반을 신속하고 완벽하게 처리하지 못한다면 그것은 바이러스처럼 확산돼 결국은 사법 및 규제 당국의 레이더에 잡힐 것이다.

10-2. 대응 조치

내부 조사로 위법 행위가 발견돼 조사를 마치면 기업은 위법 행위의 근본적인 원인을 분석하고 재발 방지를 위해 필요한 조치를 취해야 한다. (3단계에서 논의한 바와 같다.)

11. 공동의 목표

마지막 지침으로, 세계은행은 어떤 기업도 동떨어진 상태에서 운영을 할 수 없다는 사실을 상기시킨다. 이는 중요한 지적이다. 또한 기업 내의 위법 행위를 근절하는 데만 초점을 맞추는 다른 규제 지침을 간과하고 있다. 공공 국제기구인 세계은행은 나아가 기업이 어디에서 운영을 하던 긍정적인 기여를 촉구하고 자신이 속한 산업의 수준을 향상시킬 것을 촉구한다. 이는 전문 기관, 산업 협회 및 윤리 포럼에 참여하고 정보의 공동 데이터베이스에 기여하며 교육, 모범 사례 및 과거 경험에서 배운 교훈을 공유하면서 이뤄진다.

게이트키퍼에 대한 추가 사항

3단계에서 게이트키퍼의 기능과 위기 극복을 위한 로드맵의 역할에 대해 논의했다. 게이트키퍼는 지하 창고처럼 낮은 곳에서 임하지만 기업을 탈바꿈하기 위한 교정 단계를 넘어, 부서의 상호간 협력을 확실하게 만든다. 이 역할은 그 어느 부서보다 중요하다.

이런 핵심적인 게이트키퍼 기능을 맡은 부서들이 협력해서 기업을 안전하게 만들고 중요한 준법 목표를 달성하는 과정을 실질적인 사례를 통해 알아보도록 하자. 기업을 대신해 정부 공무원과 접촉하는 외부 판매 에이전트와의 관계를 중단하려는 기업이 있다고 가정해보자. 이 문제는 여러 방면에서 공략할 필요가 있다.

- 첫째, 핵심 영업 담당 부서가 수용하고 윤리 및 준법 부서가 지지하는 정책이나 지시가 있어야 한다. 그렇게 되면 새로운 규칙과 기업의 의무가 비즈니스 라인 담당자에게 분명하게 전달된다.
- 둘째, 재무 및 회계 부서는 지출을 점검하고, 의심스러운 거래에 경고 사인을 보내는 등 향후 에이전트에 대한 모든 거래를 중단함으로써 정책이 제대로 준수되는지 감독해야 한다.
- 셋째, 관리 및 조달 담당 부서는 프로젝트에서 에이전트가 컨설턴트나 다른 비즈니스 파트너로 위장하지 않았는지 확인해야 한다.
- 넷째, 내부 감사는 에이전트에 지불한 대금이 다른 경로를 통하지 않도록 기업 내의 부서와 비즈니스 파트너에 대한 필수 감사

를 실시해야 한다.

- 다섯째, 법무부는 관련 법률 조항이 에이전트나 에이전트와 유사한 약정을 금지하는 명백한 문구를 포함하도록 보장해야 한다.
- 여섯째, 인사부는 이 정책을 위반할 때 징계 조치를 취하고 승진하는 과정에 반영시켜야 한다.

이 과정은 밀접하게 연결돼야 하고 한 부서에만 집중된 상태로 진행돼서는 안 된다. 게이트키퍼는 개방적인 의사소통이 핵심이다. 그러나 이 기능을 각 부서에서 얘기하고 서로 협력하는 것이 쉬운 일은 아니다. 때로는 중대한 도전이 될 수 있다. 기업 내에는 뿌리 깊은 부서 간의 분쟁이 존재한다. 부서들은 회사의 지원을 두고 경쟁하기 때문에 그들이 하나의 팀이라 생각하는 데 익숙하지 않다. 이는 결국 좁은 시각으로 문제를 파악하게 한다. 각 부서는 좁은 영역에서 열심히 일할지는 몰라도, 기업의 윤리 및 준법 성과를 공유하는 인식이 부족하다.

한편 기업 리더는 게이트키퍼의 중요성을 인정하지 못하는 경우가 많다. 그들은 게이트키퍼가 '간접 비용'이라는 의견을 가지고 있으며 필요악으로 간주한다. 내가 어드바이저로서 기업의 윤리 및 준법 프로그램을 구축하기 위해 (혹은 개선시키려고) 자원을 대량으로 조달했을 때, 제일 처음으로 한 일은 게이트키퍼를 한곳에 모은 것이었다. 그들이 정보를 공유하게 하고 한 팀으로 일하도록 만들었다. 동시에 게이트키퍼들이 힘이 없고 복종하는 위치에 있도록 만드는 독소적인 사고방식을 깨트리며 게이트키퍼의 중요성에 대해 교육했다.

내부 감사 참고 사항

내부 감사는 기업이 위험을 평가하고 약점을 파악하고 대처하며 윤리와 준법의 효과를 모니터링하는 혁신적인 조직에서 특히 중요한 역할을 수행한다.

고위 경영진이 내부 감사 보고서를 활용하는 방법이 감사 자체보다 중요한 경우가 많다.

감사 보고서는 많은 것을 상세하게 밝힌다. 보고서를 제대로 훑어보지 않고 정리하는 것은 이를 제대로 활용하지 못하는 것이다. 감사 보고서는 기업의 건전성과 남은 작업에 빛을 발하는데, 이것은 보고서를 면밀하게 검토하고 정기적으로 후속 조치를 취할 때만 가능한 얘기다.

윈드 인터내셔널의 사례 연구에서 내부 감사 담당자는 내부 고발자의 보고서가 처리되지 않은 사실을 알았지만 문제를 해결하는 데 미지근한 태도를 보였다. 이 경우에 내부 감사 담당자는 가볍게 언급하고 그칠 것이 아니라, 문제 해결에 대한 걸림돌을 포함해 담당자가 발견한 이슈를 이사회에 알리기 위해 이사회 산하 감사 위원회에 직접 보고해야 했다. 멀리서 여유롭게 바라보기만 하는 경영진의 리더십은 자신뿐 아니라 윈드 인터내셔널에게도 좋은 결과를 가져오지 못했다.

프로그램만으로 충분한가?

대부분의 기업은 재무 통제 시스템을 유지하고 위법 행위의 위험에 대처하기 위한 프레임워크를 가지고 있다. 그러나 대부분의 경우 이 프로그램은 제스처에 불과하다. 여타 최고 책임자 중 '최고재무관리자CAO, Chief Accounting Officer', '최고준법책임자', '최고위기관리자CRO, Chief Risk Officer' 등 단순히 준법에 대한 '책임'을 맡으라고 임명하는 일이 흔하다. 그 결과 기업은 이론상으로는 스스로를 보호하지만 실제로는 그렇지 않다.

고객 기업으로 의뢰가 들어오면 우리 회사는 이론보다는 현실에 초점을 맞춘다. 프로그램의 효율성을 측정할 때 다른 기업이 하는 프로그램을 비교하는 것은 가치 있는 일이지만 그것을 넘어 더 많은 일을 할 필요가 있다. 시스템은 기업 특유의 인력, 기술, 비즈니스 모델, 게이트키퍼, 내부 통제, 이익을 내며 성장하는 문제를 다루는지 확실히 해야 한다. 나는 기업과 기업의 리더가 민감한 법에 관한 의사 결정을 하는 방법과 그들의 결정이 후속 조치에 미치는 영향과 효과를 알기 위해 실제 일어난 사건과 그 대응을 살펴봤다. 그 절차의 일환으로 기업 경영진에게 다양한 원칙을 고려할 것을 요구하며 다음과 같은 질문을 했다.

1. 문서화된 절차가 아닌 일어난 사건에 집중한다. 기업에서 일어난 위법 행위에 대한 혐의는 어떻게 처리하는가? 귀하도 위법 행위에 대한 혐의를 받고 있진 않은가?
2. 오늘날의 윤리 및 준법 기준을 이해한다. 기업의 프로그램이 다른 동종 업계의 경쟁 기업 및 글로벌 기업과 비교했을 때 어떤 차이가 있는가?

3. 위치를 파악하는 것이 중요하다. 귀하는 윤리적인 기업 문화, 리더십에 대한 인지도, 지배 구조의 효율성을 측정하는 지표를 만들기 위해 시도했는가? 기업은 윤리적인 의사 결정을 지지하는가? 기업의 전략, 문화, 비즈니스 구조가 윤리 및 준법 프로그램을 실행하기에 지나치게 복잡하지는 않은가?

4. 기업의 리더들이 어떻게 행동하는지 이해해라. 귀하의 의사 결정 과정에 윤리적 완전성에 대한 고려 사항이 들어 있는가? 개방적이고 책임감 있는 환경에 대한 지지를 확실히 하는 데 귀하의 메커니즘은 얼마나 효과적인가? 내부 감사와 조사가 인식이나 판단의 결여를 나타내는가? 아니면 지나치게 복잡한 것을 보여 주는가?

5. 조직은 성장해야 한다. 귀하의 기업은 과거의 위법 행위에서 무엇을 배웠는가? 거기서 얻은 교훈이 위법 행위가 재발하는 것을 막았는가?

6. 조직은 유연해야 한다. 귀하의 기업은 다음 위기를 대처할 준비가 됐는가?

7. 조직의 건전성을 확인하라. 귀하는 독립적인 전문가를 통해 윤리 및 준법 프로그램의 효과를 검증받았는가?

프로그램이 중요한 이유

강력한 윤리 및 준법 프로그램을 개설하는 것은 위기에서 벗어나려는 기업을 위해 세 가지의 중요하고 실질적인 목적을 제공한다.

1. 프로그램은 사법 당국에게 재범 방지 절차 및 개선을 통해 회생 의지가 있음을 알려 준다. 적절한 지원을 활용한 신뢰할 수 있는 프로그램을 개발하는 것은 사법 및 규제 당국과의 합의에 필수적이다.
2. 투자자, 고객 및 기타 이해관계자에게 회사의 개혁 의지를 보여 줌으로써 신뢰를 회복한다.
3. 기업은 향후 위기의 위험을 줄여 많은 비용을 투자한 사업이 중단되는 것에 대비할 수 있다.

개혁의 길에는 걸림돌과 장애물이 산재한다. 이런 어려움은 기업의 변화에 동의하거나 지지하지 않는 업무 영역(그리고 애초에 위기를 초래하는 데 기여한 주요 부서일 수도 있다)에서 오는 경우가 많다. 이 변화에 반발하는 기업의 그늘은 대개 단기적이지만 좋은 성과를 낸 후 그 뒤에 숨어 감독과 개혁을 피하기 위해 본사로부터 교묘하게 멀리 떨어진다. 윤리 및 준법 프로그램이 적절히 작동하면, 이런 그늘을 찾아 변화를 이끌거나 기업에서 제거할 수 있다.

물론 프로그램 개발이 끝은 아니다. 프로그램은 필수적인 메커니즘이긴 하지만 혼자서 기업을 완전히 바꿀 수는 없다. **윤리적 완전성에 힘 실어 주기**와 함께 나아가며, 진정한 변화를 성취하기 위해 문화와 전략의 축을 강화하는 것도 중요하다.

환경이 직원의 태도를 만든다
- 기업 문화 재정립하기

회사 규칙이 아닌 기업 문화가 조직의 행동을 결정한다.

- 워런 버핏, 버크셔 해서웨이 CEO

1979년 어느 날 당시 존슨앤드존슨의 CEO인 제임스 버크James Burke는 1943년부터 회사의 벽에 걸려 있던 문서를 논의하고자 고위 경영진을 회의에 소집했다. '기업의 신조'인 문서는 회사의 원칙을 중점적으로 설명한 것이었다. 버크가 보기에 존슨앤드존슨은 이 원칙에서 벗어나고 있었다. "만약 회사가 이를 지키지 못한다면 벽에서 치워 버리자." 버크가 말했다. 그의 말에 직원들 사이에서 기업의 도덕적 의무에 관한 논란이 일어났고 결과적으로 직원들이 새로운 마음으로 원칙을 준수할 것을 다짐했다.

3년 후, 존슨앤드존슨은 심각한 위기에 직면했다. 시카고 지역에 있는 가게에서 타이레놀 캡슐을 담은 병에 유독한 성분이 들어 있다는 사실이 밝혀졌다. 존슨앤드존슨의 대응은 훌륭했다. 존슨앤드존슨은 전국에 있는 점포에서 모든 약병을 회수하고 대중에게 문제가 있는 제품을 구매하지 않을 것을 권장했으며 1억 달러의 손실을 감수했다.

2016년, 미국 시사 주간지 〈디 애틀랜틱〉에 실린 기사에서 제리 우심Jerry Useem은 존슨앤드존슨의 대응을 과감하고 용기 있는 결정이었다고 평가했다. 이 결정은 3년 전에 직원들이 원칙을 준수할 것을 다짐했기 때문에 나올 수 있었다. 이는 어려운 결정인 게 분명했지만 존슨앤드존슨이 직원들과 원칙을 공유하고 이 문화를 중요하게 생각했기에 '어려운' 결정을 상대적으로 쉽게 내릴 수 있었을 것이다. 버크의 리더십하에 존슨앤드존슨은 윤리적인 의사 결정이 회사의 모든 업무의 기반이 되도록 만들었다. 기업 문화는 결국 장기적인 이익으로 돌아왔다.[8]

> 워런 버핏이 생각하는 기업에 가장 위험한 단어 다섯 개,
>
> '다른 기업도 다 하고 있는데'

> 2006년 9월 27일, 워런 버핏은 다음의 메시지를 담은 메모를 버크셔 해서웨이의 모든 임직원에게 보냈다(Buffett, 2006).[9]

---

8   하지만 영원히 지속되는 것은 없다. 심지어 윤리적 완전성을 기반으로 한 기업 문화도 마찬가지다. 그로부터 30년이 지난 2013년, 존슨앤드존슨은 마케팅과 관련된 민형사상 문제를 해결하기 위해 22억 달러 이상을 지불했다.

9   http://www.ft.com/content/48312832-48312857d48312834-48312811db-be48312839f-40000779e48312340

비즈니스에서 가장 위험한 말은 '다른 기업도 다 하고 있는데' 일지도 모릅니다. 많은 은행과 보험 회사들이 그 논리에 빠져 수익이 감소하는 고생을 겪었습니다.

더 심각한 것은 앞으로 있을 행동에 대한 도덕적인 면을 정당화하기 위해 그 말을 사용하면서 나타나게 되는 결과입니다. 지금까지 100개가 넘는 기업들이 스톡옵션을 소급 적용한 스캔들에 휘말려 있고, 기업의 수는 계속 늘어날 것입니다. 여기에 관여한 많은 사람들이 다른 사람도 역시 그렇게 한다고 생각하지 않았더라면, 그들이 그런 방식으로 행동하지는 않았을 것이라고 추측합니다. 이 말은 최근 몇 년간 일어난 수익을 조작하는 (그리고 투자자를 속이는) 회계 사기 사건에도 적용이 됩니다.

이런 잘못된 행동에 가담한 대부분의 사람들이 당신이나 당신 사위의 유언 집행자였다면 당신은 행복할지도 모릅니다. 그러나 일을 하는 과정 어디에선가 존경을 받는 수많은 직원들이 이러한 관행에 물들어 있고 그렇게 하는 것이 괜찮을 것이라는 생각(그들의 회계 감사인이나 컨설턴트가 암시한 생각일 수도 있습니다)하게 됐습니다. 이 유혹에 마음이 흔들릴지도 모릅니다.

하지만 이는 더할 나위 없이 틀린 주장입니다. 사실, '다른 기업도 다 하고 있는데'라는 말을 들을 때마다, 당신은 경고의 깃발을 들어야 합니다. 좋은 이유도 있는데 왜 사람들은 자신들의 행동에 그런 핑계를 붙일까요? 만일 어떤 사람이 이 말을 지나치게 많이 한다면, 이 말을 옹호하는 사람은 최소한 자신의 행동에 대해 작은 의심이라도 하는 것이 분명합니다.

그러니 버크셔에서는 법을 지키는 것은 기본이고, 지역 신문의 첫 면을 장식해도 당신의 마음이 편할 일을 항상 하도록 하십시오. 그리고 절대로 다른 사람(기업)이 한다는 단순한 근거로 일을 시작하지는 마십시오.

마지막으로, 버크셔에서 근무하는 어떤 사람이 당신과 내가 알면 좋아하지 않을 일을 어딘가에서 하고 있을 겁니다. 이는 불가피합니다. 우리는 지금 20만 명 이상을 고용하고 있고, 그 많은 직원이 아무런 나쁜 행동을 하지 않고 지나는 날은 하루도 없을 겁니다. 하지만 아주 사소하게 찜찜한 것이 있을 때도 즉시 달려들어 그 행동을 최소화하게 되면, 우리는 막대한 효과를 거둘 수 있습니다. 말뿐이 아니라 행동으로 표현하는 것에 대한 당신의 태도는 기업 문화가 어떻게 형성되는지를 판가름하는 가장 중요한 요소입니다. 회사 규칙이 아닌 기업 문화가 조직의 행동을 결정합니다.

이 문제에 관한 여러분의 도움에 감사합니다. 버크셔의 평판은 여러분의 손에 달려 있습니다.

버핏은 분명한 어조로 기업을 위한 자세와 기업의 문화를 언급하고 있다. 버핏은 관련된 사례를 예로 제시하며 현실적으로 대응했다. 기업의 가치와 평판이 유지되기 위해 모든 직원의 책임이 중요하다는 말을 하며 그가 원하고 기대하는 바를 구체적으로 제시했다. 이제 버핏(그리고 버크셔)은 행동이 뒷받침돼야 한다. 그리고 이는 6단계에서 자세히 다룰 것이다. 6단계는 **윤리적 완전성에 힘 실어 주기** 과정에서 가장 중요하다고 생각하는 기업 문화를 재정립하는 단계다.

특히 위기를 극복하려는 기업에 있어 모든 단계는 중요하지만, 만약 윤리적 완전성에 기반을 둔 문화가 기업에 자리 잡지 못한 경우, 다른 단계, 가장 높은 단계의 윤리 및 준법 프로그램(5단계) 및 다시 초점을 맞춘 전략(7단계)을 포함한 모든 노력이 헛수고가 된다. 이사회 구성원부터 CEO, 나아가서 모든 직원에 이르는 의사 결정에 윤리적인 접근 방식이 기반이 된다면 1982년 존슨앤드존슨에서 그랬던 것처럼 다른 모든 일은 자연스럽게 해결될 것이다.

지난 몇 년간 웰스 파고, 폭스바겐, 엔론, 테라노스와 같은 글로벌 기업의 경우를 보면 알 수 있듯이, 스캔들은 쉽게 해결되지 않는다. 스캔들이 터지기 전, 리더들은 자신이 옳은 일을 한다고 생각하지만 현실은 숲을 보지 못하고 이익과 성장에만 맹목적으로 매달려 있었다. 그래서 리더들은 윤리적으로 형편없는 의사 결정을 내린 사실을 묵인했던 것이다. 리더들이 조장한 기업 문화는 편협하고 단기적인 전망을 강조했고 결국 실패를 불러왔다.

간단히 말해서, 윤리 및 준법에는 직원의 양심, 판단 및 역량과 관련 있는 인간적인 측면이 존재한다. 여기서 가장 중요한 것은 CEO와 고위 경영진이다. 이런 측면을 정량화하는 것은 윤리 및 준법의 구조적이고 절차적인 측면을 정량화하는 것보다 어려울 수 있다. 그러나 이는 중요한 측면이다. 인간적인 면을 강조하는 것은 윤리적이고 책임감 있는 의사 결정과 투명한 비즈니스 거래를 기반에 두는 것을 의미한다. 앞서 논의한 바와 같이 인간적이고 사회적인 요소 때문에 위법 행위는 불가피하다(앞에서 워런 버핏이 인정한 현실이다). 확고한 윤리 및 준법 프로그램과 함께 광범위한 형태의 윤리적으로 완전한 문화가 불가피한 실수에서 기업을 지킬 수 있는 최선의 방어책이다.

윤리적인 변화는 리더십에서 시작한다. '최고 경영진의 의지tone at the top'는 현재 비즈니스에서 흔히 쓰이는 캐치프레이즈며 규제 기관과 컨설턴트가 자주 쓰는 말이다. 하지만 실제 상황에서 고위 경영진과 이사회는 윤리 및 준법 부서의 기능이 한정됐다고 생각하거나 전략과 성장에 방해가 된다고 생각한다. 이런 관점은 개혁을 위한 노력을 저하시키는 결과를 가져온다.

청렴함을 기반으로 한 기업 문화가 형성되는 과정을 보기 위해 윈드 인터내셔널의 사례로 돌아가 보자. 윈드 인터내셔널은 자신들이 벌인 일로 엉망진창이었고 CEO는 사직 의사를 밝혔다. 2년 후, 이 회사가 변화하는 데 큰 역할을 한 기업 문화를 중심으로 해서, 새로 취임한 CEO가 언론과 인터뷰한 내용을 살펴보도록 하자.

다음 인터뷰를 읽으며 새로 취임한 CEO가 인터뷰어에게 답한 말에 주목해 보자. 이는 결백함을 나타내는 기업의 징표며, 이 기업이 언론 매체를 대할 때의 태도가 달라졌음을 보여 준다.

다음의 인터뷰 역시 사실을 바탕으로 한 가상의 이야기다. 앞서 언급한 문제점 파트에서 수많은 기업이 저지른 실수에 대해 살펴봤다. 실수한 기업이 많은 만큼 다음에 제시하는 교정 조치를 시도해 탈바꿈한 기업도 적지 않다.

윈드 인터내셔널 - 2년 후 (인터뷰)

마틴 홀버그(노르딕 비즈니스 뉴스): 헬레나 씨, 모든 사람이 윈드 인터내셔널에서 일어난 안 좋은 사건에 대해 알고 있습니다. 3년 전, 경찰이 새벽에 전격적으로 회사 본사를 급습했고 회사를 뒤흔들었던 비리 혐의를 밝혀냈죠. 윈드는 어마어마한 벌금을 물고 대부분의 고위 경영진은 자리를 잃었습니다. 심지어 한 경영진은 징역형을 받았습니다. 주가는 계속 떨어지고 모든 사실이 낱낱이 보도됐지만, 오늘은 윈드가 위기를 겪은 후에 일어난 일에 대해 이야기하고 싶습니다. 윈드는 당신이 취임한 후 엄청난 변화를 겪었죠.

헬레나 닐슨: 음, 모든 공이 제게 있는 것은 아닙니다. 이사회 구성원이 윈드를 변화시키며 기업을 이끌었고 이 변화는 제가 회사에 왔을 때 이미 상당 부분 진행된 상태였습니다. 고위 경영진 15명 중 8명이 교체되고 회사는 임시 CEO를 임명했어요. 그들은 회생 절차를 진행하기 위해 독립적인 법률 고문관을 회사에 두고 있었죠. 이사회는 수사를 담당하는 당국에도 적극적으로 협조했습니다.

마틴: 그래서 결국 기소유예약정과 다른 약정을 이끌어 내게 됐고요.

헬레나: 맞습니다. 기소유예약정으로 과거에 일어난 사건을 서서히 잊고 우리가 기업으로서 원하는 바를 생각하는 계기가 됐습니다. 우리는 윈드를 윤리적 의사소통이 바탕이 된 기업으로 탈바꿈시켜 초심을 회복할 것입니다.

마틴: 당신이 윈드 인터내셔널에 처음 취임했을 때로 돌아가기로 하죠. 좋은 변화가 있었습니다. 당신이 고용되고 회사에서 한 첫 업무는 무엇이었습니까?

헬레나: 경영진을 다시 구성했습니다.

마틴: 팀을 '다시 구성'한다는 말이 흥미롭네요. 어떤 식으로 진행됐나요?

헬레나: 청렴도의 문제, 나쁜 관습, 약한 리더십, 구시대적 사고방식을 가진 경영진이 있는지 알기 위해 모든 경영진을 철저히 심사했습니다. 자료는 내부 감사 및 조사를 거친 내부 정보를 통해 얻었는데 이는 궁극적으로 직접적인 보고에 대한 상세한 그림을 그리게 했습니다. 후에 경영진이 새로운 조직을 이끌어 나가는 데 적합한지 여부를 확인하기 위해 개별 면담을 시작했습니다.

마틴: 좀 부담스러운 이야기처럼 들립니다.

헬레나: 그럴지도 모르죠. 하지만 꼭 필요한 절차였습니다. 제가 취임했을 당시, 조직 문화에 깊게 자리 잡은 공포와 압박으로 기업은 고통받고 있었습니다. 몇몇 직원은 변화를 거부했습니다. 이들에게 청렴함은 부차적이었고 시간이 지나면 사라질 문제라고 단순하게 생각하고 있었습니다. 나는 앞으로 나아가기 위해 누구를 신뢰해야 할지 몰랐습니다. 한 기업이 완전히 탈바꿈을 하기 위해서는 애매한 미봉책이 아닌 고위급 경영진부터 모범을 보여야 했습니다. 회사는 가장 민감한 시기에 윤리적 완전성에 문제가 있는 직원을 고위직에 임명할 수 없었습니다. 우리는 롤 모델이 필요했습니다. 윤리에 대해 설교하면서 정작 자기는 법을 어기는 리더를 볼 때 직원들이 어떻게 반응할지 생각해 보세요. 그런 사람은 없어야죠.

마틴: 그렇다면 심사 과정에서 당신은 무엇을 보려고 했습니까?

헬레나: 우리는 고착되고 문제가 있는 행동 패턴을 찾고 있었습니다. 단순히 회사를 위기에 처하게 한 사건의 주동자만 찾고 있던 것이 아니었습니다. 우리는 '세 원숭이 신드롬'이라 부르는 문제 역시 다루고 싶었습니다.

마틴: 악을 보지도 말고 듣지도 말며 말하지도 말라, 말씀입니까?

헬레나: 맞습니다. 이들은 회사 내에 내재된 문제를 볼 수 없거나 보기를 거부하는 사람이었습니다. 그들은 아무것도 보지 않고 변화를 강력하게 반대했습니다. 간혹 이런 이들이 있습니다. 그들은 기본적으로 선한 사람이지만 너무 순진하거나 편협한 생각을 가지고 있습니다. 혹은 기득권의 권리를 가졌다 생각할 수도 있고, 순항하는 배가 흔들리는 것을 두

려워할 지도 모릅니다. 이 모든 특징을 골고루 갖추고 있을 수도 있어요. 하지만 이들은 우리가 새로 세우려는 회사의 이상과 맞지 않아 그들을 해고할 수밖에 없었습니다. 이들 중 일부가 공금을 횡령한 것은 우연이 아니었습니다.

마틴: '세 원숭이' 중 일부가 공금을 횡령했다고요?

헬레나: 맞습니다. 회사 입장에선 여행, 식사 대접, 접대 같은 비용을 쓰는 것은 어쩔 수 없습니다. 하지만 전용기를 이용하거나 와인 한 병당 60달러면 충분한 자리에서 500달러를 사용해 고객과 식사를 하는 직원이 있습니다. 이들은 세상의 흐름을 따라가지 못했고 회사 실적에 대한 기여도가 현저히 낮았습니다. 세상은 변하지만 이들은 뒤처지고 있었습니다.

마틴: 그렇다면, 회사 내부에서 변화가 이뤄지는 동안 직원들이 많이 불안해했을 텐데, 그 문제는 어떻게 해결하셨나요?

헬레나: 직원들에게 변화의 필요성을 강조하고 회사를 탈바꿈시키려 한다는 생각을 끊임없이 전달했습니다. 우리 회사는 전보다 더 강한 모습으로 일어서고 그 상태를 유지해야 했죠. 생각만큼 어렵지는 않았습니다. 많은 직원들이 옛날의 방식으로 회사를 경영하는 것과 회사 내의 윤리적인 이중 잣대에 불만을 품고 있었지만 목소리 내는 것을 두려워했어요. 직원들은 변화를 환영했습니다. 직원을 해고하는 것이 결코 유쾌한 일은 아니었지만 회사를 새롭게 이끌어 갈 강력한 인물이 필요해서 고용한다는 점을 부각시켰습니다.

마틴: 이 기간 동안 하신 다른 일이 있다면요?

헬레나: 출장을 다녔습니다. 전 세계의 지사를 돌아다니며 타운홀미팅town

hall meeting을 진행했습니다. 수많은 직원, 파트너, 고객과 기타 주요 이해관계자들과 이야기를 나눴습니다. 삼 개월 동안 제가 침대에서 잠을 잔 횟수는 일주일에 한두 번 정도였어요. 하지만 이 일은 매우 중요한 일이었어요. 회사가 진정으로 변화하길 원한다는 사실을 그들이 알 수 있도록 되도록 많은 직원 및 고객과 대면할 필요가 있었습니다.

마틴: 출장의 목적이 무엇이었나요? 무슨 이야기를 나눴나요?

헬레나: 주제는 '변화의 바람Winds of Change'이었어요. 회사는 윤리적 완전성과 회사의 책임이 중심이 되는 새로운 회사를 세우고자 했습니다. 이 캠페인은 회사의 전반적인 브랜드 이미지와 들어맞았고, 윈드가 재생 에너지를 이용해 좋은 세상을 만들려고 한다는 생각과도 잘 맞았죠. 회사는 이 캠페인을 중심으로 가능한 한 최대의 열정을 끌어냈어요. 나는 변화가 필요한 이유와, 우리가 기업으로서 취해야 할 일련의 조치에 대해 설명했죠. 그렇지만 나와 직원들의 만남은 직원들의 의견을 듣는 데 집중됐어요. 나는 말하는 것보다 듣는 것에 집중했죠. 우리는 의견란을 만들어 직원들이 새로운 업무 방식에 기여할 수 있도록 만들었고 윤리 강령을 다시 쓰는 것뿐만 아니라 준법 교육과 관련한 아이디어를 내도록 장려했습니다.

마틴: 윤리 강령을 다시 재정하는 것이 왜 필요했습니까?

헬레나: 이전의 윤리 강령은 최소한의 법만 보장하는 진부한 문서였습니다. 이는 더 이상 회사의 가치와 헌신을 반영하지 못했죠. 윤리 강령의 위신이 떨어진 상태여서 이것이 직원들과 비즈니스 파트너에게 큰 영향을 미친다고 스스로를 속일 수는 없었습니다. 회사는 새로운 출발이 필요했고 회사 전체가 이를 새로 창조하는 데 참여해야 했습니다.

마틴: 새로운 윤리 강령을 발표한 것이 기억나네요. 그 시기에 회사의 '좋은 소식'이 언론에 보도되기 시작했습니다.

헬레나: 그렇습니다. 회사를 탈바꿈한 성과를 확인하고 축하했습니다. 이는 힘을 북돋우고 직원들이 벌어지는 일에 계속 집중할 수 있도록 했습니다. 또한 경영진 및 이사회 회의를 할 때마다 윤리 강령의 변화를 논의했으며, 모든 부서가 회의를 할 때 이 변화에 대해 논의하도록 했습니다. 윤리 강령은 직원들에게 실천을 장려하는 롤 모델이었습니다.

마틴: 윤리 및 준법 담당자를 고용한 것이 화제였습니다.

헬레나: 맞습니다. 프레드 룬드그렌 씨입니다.

마틴: 제가 알기론 그가 회사에서도 평판이 좋다고 하던데요.

헬레나: 맞습니다. 아주 좋습니다. 조사를 감독하고 준법을 기준에 따라 집행하는 윤리 및 준법 업무에 뛰어난 사람이죠. 우리는 모든 직원이 쉽게 접근할 수 있고 역동성 있는 사람이 필요했습니다. 새롭고 더 나은 롤 모델 말이죠. 회사는 안팎에서 눈에 띄도록 목소리를 높여 준법을 위해 앞장설 인물이 필요했습니다.

마틴: '새롭고 더 나은' 롤 모델에 대해 자세히 설명해 주시겠습니까?

헬레나: 이전 경영 체제하에서 리더라고 생각되는 롤 모델은 대부분의 경우 공격적인 직원이었습니다. 그들은 똑똑하고 창의적이었지만, '무슨 수를 써서라도' 좋은 성과를 내야 한다는 사고방식을 가지고 있었죠. 그들에게 규율은 뒷전이었고, 거래를 성사시키는 것을 우선으로 생각했습니다. 그들은 장기적인 전략, 평판, 신뢰를 희생해서라도 단기적인 이익을 중요하게 생각했죠. 그들의 전략은 초반에 성공적으로 보였으나 반대 의견을 인정하지 못하고 경쟁에서 승리하려는 성향이 회사에

악영향을 가져왔습니다. 모든 직원이 그들을 존경했습니다. 만약 당신이 그들을 만났다면 존경받는 이유를 알았을 것입니다. 하지만 그들의 잘못된 태도는 그대로 경영의 바탕이 됐습니다. 윤리 및 준법에 문제가 생겼을 때, 대부분의 직원이 문제에 대해 많은 이야기를 할 수 있었지만 이는 표면적일 뿐이고 결국 모든 사람이 잘못된 원인을 알고 있었습니다.

마틴: 그래서 당신이 윤리 및 준법 분야에 유명인을 만들었군요?

헬레나: 그렇게 말하고 싶지는 않아요. 프레드와 나는 변화의 매개체입니다. 우리의 일은 목소리를 높여 고발하는 직원, 규율을 지키는 직원, 훌륭한 일을 하는 직원과 일관되게 우리의 가치를 따르는 직원을 상찬하는 것입니다. 한 달에 한 번 윤리에 관한 이슈나 딜레마에 관해 질의응답을 하는 '프레드에게 물어보세요'라는 사이트를 개설했습니다. 직원들이 많은 관심을 보이고 있습니다. 여기서는 정답이 항상 명백하게 드러나지 않은 실제 상황을 살펴봅니다. 중요한 것은 이를 통해 직원들이 생각하고 의논하며 논쟁한다는 점이에요.

마틴: 직원을 위한 새로운 상도 만들지 않았나요?

헬레나: '변화의 바람' 상입니다. 윤리적인 완전성에 모범을 보이고 변화 과정에서 리더의 역할을 자처하며 단순한 의무감 이상으로 일을 하고 무언가를 밝혀내는 데 용기를 보여준 직원에게 이 상을 수여합니다. 상의 가치를 위해 많은 직원에게 수여하지는 않습니다. 또한 회사는 언제나 변화 홍보 대사를 찾습니다. 기업 내의 직급이 무엇이든 간에, 우리의 비전을 지지하고 주위에 있는 다른 직원들에게 긍정적인 영향을 줄 수 있는 사람이 필요합니다. 그들을 윤리 실무 그룹에 참여하도록 초대하

거나 그들이 지역 내의 준법 이슈에 관한 프로그램을 진행할 수 있도록
권한을 주고 직원들을 참여시킬 수 있도록 방법을 모색합니다.

마틴: 제재에 대해서도 이야기해 보죠. 프레드가 친화력이 좋지만 나약한
사람은 아니죠.

헬레나: 정확해요. 그는 강인하지만 공정하고 현실적이에요. 거래를 거절
하는 것은 쉽지만 회사의 리스크를 줄이고 투명성을 높이기 위해 거래
를 재고하도록 돕는 것은 어렵습니다. 프레드가 영업을 통해 하는 일이
에요. 최고의 조사원과 준법 담당자를 포함해서 윤리 및 준법 부서를 대
폭 확대했습니다. 또한 외부인을 고용해 내부 고발자 핫라인을 신설했
습니다. 77개의 언어로 전 세계에서 접속할 수 있고 직원들이 핫라인을
사용할 수 있도록 권장하고 있습니다. 핫라인에 관한 자세한 사항은 회
사 공식 홈페이지, 내부 전산망, 휴게실에 게시된 포스터, 데스크톱 컴
퓨터, 심지어는 급여 명세서에도 붙어 있기 때문에 누구나 접근이 가능
하죠. 모든 통화에 관심을 두고 모든 불만을 철저히 조사합니다. 위법
행위가 발견되면 강력한 징계를 내릴 것입니다.

마틴: 책임은 프레드에서 끝난다고 할 수 있나요?

헬레나: 음, 그렇지는 않아요. 책임은 이사회나 저한테 와야 끝이 납니다.
프레드가 제게 보고하는 것처럼 내부 고발자 핫라인에서 받은 혐의와
조사 진행 사항을 정기적으로 이사회에도 보고합니다. 우리가 소위 말
하는 '게이트키퍼'라고 부르는 부서도 나와 이사회에게 직접 보고하는
핫라인이 있습니다. 요점은 고위 경영진이나 위법 행위를 알아낼 수 있
는 직원이 분명하고 개방된 소통을 하고 확실하게 보고할 수 있도록 해
야 한다는 것입니다. 적절한 구조적 견제와 균형이 중요합니다.

마틴: 위법 행위를 규명하고 대처할 적절한 구조를 갖춘 것처럼 보이네요. 하지만 그것만 가지고는 모든 이슈에 대해 확실하게 대처할 수 없을 것 같은데요, 그렇지 않습니까?

헬레나: 맞습니다. 회사가 세계에서 가장 정교한 보고 및 조사 시스템을 갖췄을지라도, 회사 기반에 고발이 자유로운 문화를 정착시키지 못하면 위법 행위를 잡아낼 가능성은 적을 것입니다. 대부분의 대기업은 준법 프로그램과 내부 고발자 핫라인을 가지고 있습니다. 위기 관리의 일환 이지요. 그러나 이게 아무런 의미 없는 행위나 단지 체크 연습이 아니라 는 사실을 확인할 필요가 있습니다. 회사는 청렴함을 자신의 정체성의 일부로 만들어야 합니다. 그것이 우리 회사가 실현하려고 애쓰는 부분 입니다.

마틴: 이미 몇몇 캠페인에 대해 말씀해 주셨습니다만, 다른 것도 있나요?

헬레나: 회사는 '우리에게 묻고, 알려 주세요Ask Us, Tell Us'라는 슬로건을 채 택했습니다. 회사는 단순히 직원이 위법 행위를 보고하는 것이 아니라 상황을 윤리적으로 대처하는 데 필요한 질문을 하거나 조언을 원하는 경우에 전화 혹은 이메일을 보내도록 조치를 취했습니다.

마틴: 어떤 이슈를 말씀하시는 건가요?

헬레나: 예를 들어, 한 직원이 현재 진행 중인 계약이 법을 어기고 있다고 생각하거나 그가 알고 있는 무언가가 윤리 강령을 어긴다고 생각할 때, 그것에 대한 지침을 원할 수도 있습니다. 또한 질문을 할 수도 있고 다 른 직원의 혐의를 고발할 때 보복의 염려를 덜 수 있도록 만드는 것입니 다. 회사는 그것을 뒷받침하죠.

마틴: 고자질하는 문화를 걱정하지는 않습니까? 제 말은, 싫어하는 동료를

모함하기 위해 거짓으로 제보할 수도 있지 않습니까?

헬레나: 일반적으로 닫혀 있는 것보다 개방적인 것이 더 낫다고 생각합니다. 하지만 거짓된 불만이 있을 수도 있죠. 그런 것은 장려하지는 않습니다. 그렇지만 대부분의 직원은 철저한 조사로 거짓 혐의는 금방 밝혀질 것을 알고 있습니다. 사실 완벽한 회사는 없지만 직원의 만족도는 전보다 훨씬 높아졌습니다. 직원들은 고발을 해도 보복이 없는 환경에 만족하고 이에 대한 책임 또한 이해하고 있습니다.

마틴: 인사부가 기업 문화의 변화에도 적극적으로 기여했을 것이라 생각합니다.

헬레나: 많은 기여를 했습니다. 인사부는 채용, 포상, 승진 관행을 바꾸는 것을 비롯해 여러 조치를 취했습니다. 고위 경영진을 고용하는 경우에 윤리적 완전성에 기초한 심사와 신원조회에 엄격한 조건을 요구했습니다. 그리고 주요 위치로 승진하려고 하는 사람들에 대해서 부차적인 검사를 실시했습니다. 인센티브 문제도 완벽하게 재정비했습니다. 성과 평가, 승진, 상여금, 임금 인상은 순전히 이익과 성장 목표를 기반으로 했습니다. 물론 이런 요소도 아주 중요하지만 윤리 강령을 준수하고 준법 목표를 달성하는 것 또한 중요한 요소입니다. 결국 스캔들만큼 빨리 이익이 감소하는 것은 없으니까요. 이는 지위를 막론하고 누구에게나 적용이 됩니다. 예를 들어 현재 직원에 대한 심사는 그들이 윤리 강령을 준수하는지 여부가 포함됩니다. 고위 경영진의 경우, 준법 목표를 달성하지 못하면 상여금이 최대 25% 삭감됩니다. 윤리 강령을 위반했다는 것은 새로운 직업을 찾아야 한다는 의미입니다.

마틴: 그럼 규율 위에 있는 사람은 없다는 이야기네요.

헬레나: 그렇습니다. 그 문제에 대해 이야기를 하고 싶네요. 모든 직원이 의무적으로 이수해야 하는 준법 및 윤리 교육도 만들었습니다. 만약 시스템이 기간 내에 교육을 이수하지 않았다고 판단하면 접근 권리를 제한하게 됩니다. 음, 그리고 그것이 제게도 일어났어요. 몇 달 전, 제가 거래를 승인하려고 하는데 시스템이 승인하는 것을 제한했습니다.

마틴: 교육받는 것을 소홀히 했던가요?

헬레나: 네, 그래요. 벌금을 내야 했습니다.

마틴: 규칙은 CEO에게도 적용되는군요.

헬레나: 특히 CEO에게 엄격합니다.

마틴: 윈드에 새로운 문화를 정착시킨 후 위법 행위에 대한 혐의가 감소하는 것을 보셨나요?

헬레나: 아닙니다. 사실 더 많아졌어요.

마틴: 그 문제가 신경 쓰이진 않습니까?

헬레나: 전혀 그렇지 않습니다. 혐의가 많아진 것은 고발이 자유로운 조직 문화를 만들려는 목표에 한층 다가갔다는 의미니까요. 직원들은 위법 행위를 보고하는 것을 두려워하지 않습니다. 회사는 결코 위법 행위를 근절하지 못합니다. 그것은 인간의 본성이니 불가능합니다. 그래서 많은 노력을 해도 위법 행위는 발생하게 되죠. 중요한 것은 직원들이 고발을 꺼리지 않는 문화와 직원들이 위법 행위를 목격했을 때 보고할 수 있는 환경을 만드는 것입니다. 좀 더 정확하게는, 직원들이 보고를 의무로 생각하는지가 중요합니다. 사실 회사는 불만 접수 건수에 상당히 고무된 편입니다.

마틴: 직관적으로 보이진 않지만, 말하는 요점은 알겠습니다. 그 점에 있어

서, 소위 '클리어 리포트Clear Report'라고 부르는 분기마다 발간되는 간행물에 대해 말씀해 주시겠어요? 그 간행물이 많은 사람을 놀라게 했죠.

헬레나: 맞습니다. 우리는 법이 허용하는 한도 내에서, 내부 불만과 조사 자료를 공표합니다. 언론 매체는 물론이고 주주, 고객, 당국과 비즈니스 파트너들이 회사가 숨기는 것이 없다는 사실을 알기를 바랍니다. 회사는 이런 정보가 실패가 아닌 사실 성공의 징표라는 것을 보여 주고 싶습니다.

마틴: 지금까지 세계 여러 나라에서 다양한 영업을 하는 대기업, 윈드의 변화에 대해 많은 말씀을 해주셨습니다. 이 변화에 동참하지 않는 지사가 있습니까?

헬레나: 네, 있습니다. 격변의 시기에는 최소한의 저항은 있을 수밖에 없습니다. 윈드의 자회사 중 한 곳이 특히 반대가 심했습니다.

마틴: 더 자세한 얘기를 들을 수 있을까요?

헬레나: 윈드가 최근에 인수한 기업은 부유식 풍력 터빈에 특화된 기업이었습니다. 그들은 업계 최고의 기술을 보유했지만 문화가 달랐습니다. 그들은 윈드의 통제를 따르지 않았습니다. 게다가 의심스러웠던 제삼의 컨설턴트와의 관계를 강조했습니다. 그들이 밀어붙이니 우리도 똑같이 대응했습니다. 실제로, 좀 치사해졌죠. 우리는 그들이 새로운 변화를 받아들이도록 일정 기간 준법 전문가를 파견했습니다. 매주 금요일 저녁 6시에 업무 보고 회의를 열어, 주말에 가족들과 시간을 보내지 못하도록 만들었죠. 그들은 우리 본사와 모든 면에서 다투고 있었습니다. 자회사는 자신들은 문제가 없다고 생각했죠. 그들은 일을 하는 방식이 다르다 생각했던 겁니다. 하지만 그들이 무슨 생각을 가지고 있든, 그

자회사는 윈드의 변화를 가로막는 걸림돌이었습니다. 만약 우리가 그들이 영업하던 방식을 그대로 방치했다면, 이는 이중 잣대를 만들어 신뢰를 잃게 되는 행동이었습니다. 사실 윈드가 지금까지 쌓아 올렸던 모든 것을 무너뜨릴 수 있던 것입니다.

마틴: 그래서 어떤 조치를 취하셨나요?

헬레나: 우리는 사업을 청산하고 투자를 회수했습니다.

마틴: 놀랍네요. 풍력 산업을 이끄는 유망한 기업이었는데…. 많은 공을 들였음에도 그들과 관계를 끊은 사실을 알면 많은 사람들이 놀라겠어요. 정말 용기가 필요한 일이네요.

헬레나: 현재는 유망한 기업이지만 나중에는 문제만 남을 거예요. 제 경험으로 비춰볼 때, 문화적인 충돌과 적응하지 않으려는 자세는 결국 장기적으로 더 많은 비용을 낭비하게 됩니다.

마틴: 윈드 인터내셔널의 입장에서는 확실히 좋은 결정이었어요. 주가는 위기를 겪기 전보다 상승했고, 일하기 좋은 기업 중 하나로 선정됐죠. 이 영향력을 어떻게 행사하실 건가요?

헬레나: 윈드는 조직적인 변화를 이루기 위해 많은 지식을 얻었다고 생각하며, 그 지식을 다른 기업들과 유사한 도전에 대처하는 다른 글로벌 기업에게 제공할 수 있다고 믿습니다. 저는 모든 임직원들에게 지역 및 국제적인 수준에서 행해지는 다양한 집단적인 행동에 참여하라고 격려합니다. 우리가 이룬 변화를 공유해 달라는 요청을 많이 받고 있습니다. 다른 기업도 우리와 유사하게 윤리적 완전성에 기반을 둔 방식을 업무에 적용할 수 있어 기쁘게 생각합니다.

마틴: 이제는 변화에 대한 아이디어를 동종 업계에 공유하는군요. 윈드의

변화는 이제 끝인가요? 어느 시점에서 '윈드가 성취하고자 했던 것을 성취했다'고 이야기하겠습니까?

헬레나: 그런 것은 없습니다. 이 일은 끝날 수가 없어요. 청렴함을 기반으로 한 문화를 정착시키는 것은 건강 수칙과 같습니다. 이상적인 몸무게를 만들었다고 해서, 체육관 가는 것을 멈추고 햄버거를 매일 먹기 시작하면 안 돼요. 당신은 이를 유지해야 합니다. 사람이건 회사건 건강을 유지하는 것은 끝없는 과정이에요. 사실 윈드는 윤리 및 준법 프로그램을 좀 더 폭넓게 검토하는 일환으로 윤리적 완전성을 기반으로 한 문화를 심사할 외부 컨설팅 회사를 찾는 중입니다. 우리는 잘하고 있다고 생각하지만 우리는 항상 개선의 여지를 가지고 있고 우리를 객관적으로 진단할 수 있는 외부 전문가의 도움이 필요합니다. 어느 시점에 이르게 되면, 사람들은 자신의 약점과 결함을 모른 척하기 쉽습니다. 그리고 배움엔 끝이 없죠.

마틴: 시간을 내주셔서 감사합니다.

헬레나: 천만에요.

변화의 바람

윈드는 지난 2년간 힘든 길을 걸었고 이제는 완전한 탈바꿈을 앞두고 있다. 이 장의 나머지 부분에서는 존 코터의 변화 관리 요소를 가미해 윈드가 취한 조치를 간략하게 분석하고자 한다. 여기에는 리더가 제시한 변화를 위한 비전을 직원들이 받아들이고 자기 것으로 만드는 것을 비롯해 기업이 좀 더 강력한 윤리적인 문화를 갖기 위한 방법을 포함한다.

최고 경영진부터 시작하는 모범

책임감, 가치, 문화, 이 모두는 리더의 성격과 리더가 정하는 기조에 따라 달라진다. 리더가 정하는 기조는 기업의 모든 단계에 스며들어 비즈니스의 새로운 기준으로 정착될 필요가 있다.

윈드에 새로 취임한 CEO는 리더의 직업적인 완전성이 기업의 전환에 필수적인 전제 조건임을 이해하고 있다. 리더들의 신뢰와 도덕적 권위는 자신의 과거 실적에 달려 있다. 윈드에서 헬레나는 고위 경영진을 '재구성'해야 했다. 고객 기업이 위기에서 벗어나 변화를 모색하기 위해 의뢰를 하면, 나는 CEO에게 경영진을 재구성할 것을 권장한다. 헬레나가 강조했듯이, 이 중요한 시기에 어설픈 미봉책은 통하지 않는다. 만약 고위 경영진의 과거 행동이 기업의 가치를 실현하지 못하는 것이라면 이는 그가 변하고자 하는 모든 행동을 방해할 것이라는 의미다. 최고 경영진이 정하는 윤리적인 기조는 흔들리지 않는 의지로 언행 모두에서 지켜져야 한다.

권력을 적당히 견제하기 위해 그 누구도 법 위에 있지 않다고 강조한 헬레나의 말에 주목하라. 대부분의 리더들은 좋은 의도를 가지고 윤리를 가르치지만 기업의 수직적인 구조상, 그들은 스스로 정한 규칙을 지키지 못한다. 이는 자신의 편익을 위해 회사의 자원을 사용하는 경우 특히 그렇다. 개인적인 휴가에 회사 전용기를 사용하거나 회사의 사무 용품을 가지고 나가는 것을 전혀 개의치 않는다. 위선적인 행위임이 명백하지만 빈번하게 일어나는 행위이기 때문에 모든 기업의 리더는 이런 이중 잣대가 기업의 청렴성에 대한 문화에 끼칠 수 있는 손해를 인식해야 한다.

떠오르는 유망주를 위한 플랫폼

권력을 부여받은 사람이 책임을 맡아 경영하는 헌신적이고 착실한 윤리 및 준법 부서에 대해 5단계에서 논의한 바 있다. 윈드 인터내셔널은 한 걸음 더 나아가, 프레드 룬드그렌을 이용해 회사가 '유망주'라고 표현하는 사람을 재정의하는 새로운 생각을 하게 됐다. 룬드그렌은 윤리 및 준법 부서의 강력한 리더며 변화된 회사가 현재의 가치를 구현하게 했다.

기업의 모든 부서와 자회사에서 윤리 및 준법 기능을 효과적으로 제시하는 동시에 롤 모델로써 긍정적인 변화에 영향을 주는 사람이 필요하다. 변화된 회사에서 리더들이 혼란스러워하는 점은 이런 역할을 할 사람을 찾고 그들의 직책이 무엇이든 그에게 힘을 실어줄 수 있는 방법을 찾아내는 것이다.

기업에서 윤리 및 준법 담당자가 되는 것은 영웅적인 과업일 수 있다. 위기의 한가운데서 이 역할을 맡은 사람일수록 더더욱 그렇다. 고객 기업 중 미 당국의 조사를 받으며 많은 비용과 시간을 써야 했던 기업이 있었다. 이 기업에게 있어서 새로 임명된 윤리 및 준법 담당자는 개혁을 위한 촉매제였다. 담당자는 '권력자에게 진실을 말하는' 것이 중요하다고 강조했다. 담당자는 품위 있게 일을 수행했고 법무 및 준법 전문가들과 기업 내에서 존경받았다. 그러나 담당자는 위기를 극복하고 기업의 변화를 모색한 후 몇 년이 지나 해고됐다. 해고 사유는 몇몇 거래 및 전략에 대해 새로 취임한 CEO에게 부정적으로 말했기 때문이다. 담당자는 CEO가 제시한 거래와 전략이 기업을 위기의 한가운데로 몰아넣은 미끄러운 비탈길로 다시 돌려보낼 위험이 있다는 논리를 펼쳤다. 또한 CEO가 무책임하다며 부정적인 의견을 보였다. 결국 CEO는 반대 의견은 충분하며 더 이상 부정적인 의견을 듣고 싶지 않다고 말했다. CEO는 실수를 했다. 이 준법 담당자는 많은 기업이 원하고 그의 결정을 적극적으로 지지하는 회사 내에서 찬양받는 리더였다.

내부 고발자의 활동이 자유로운 문화 고착시키기

기업은 내부 고발자 정책에 공을 들여야 한다. 이 파트는 내부 고발자의 활동이 자유로운 문화의 중요성을 강조할 것이다.

　직원들이 문제를 수면 위로 끌어올리는 힘을 부여받으면 (그리고 가능한 해결책이 제시되면) 기업은 새로운 에너지로 가득 차게 되고 더 많은 금기 사항을 다룰 수 있다. 안타깝게도 많은 기업에서 내부 갈등과 불건전한 문화로 인해 경직된 분위기가 조성되기 때문에 윤리적 이슈에 대한 투명한 대화를 나누는 것이 어렵다.

헬레나는 최고 경영진에서 시작해 일반 직원까지, 전 기업을 아우르는 문화를 다시 형성해야 한다는 것을 인식했을 뿐만 아니라, 그것을 가능하게 하는 많은 방법에 대해 설명했다. 거기에는 여러 부서 및 지역의 직원들과 만나고 새로운 윤리 강령에 직원들이 참여할 수 있도록 독려하며 회사가 대처해야 하는 윤리 및 준법 관련 문제에 개방적이고 솔직하게 토론하는 것이 포함돼 있다.

윈드 인터내셔널이 변하기 전에는 자신들이 위법 행위를 허용하지 않는다는 점을 과시하곤 했다. 이는 윤리 및 준법 원칙을 실질적이고 투명하게 적용하기보다는 보여 주기 식의 행동, 그리고 이미 정해진 절차 뒤에서 보호막을 치려고 한 데서 기인한 것이다. 이는 실수를 용납하지 않고 문제를 감추는 비인간적인 문화로 나타났다. 이런 환경은 부정적인 영향을 피하기보다 올바른 준법 결정을 내리고자 하는 직원들을 방해한다. 실수에 대한 공포가 바탕에 깔린 절차는 투명한 의사 결정을 방해하고 책임을 전가하는 의도치 않은 결과를 낳았다.

새로운 경영진은 위법 행위가 발생하지 않도록 제재를 가하는 것도 중요하지만 사람들이 문제에 대해 이야기하고 질문하는 문화를 만드는 것이 더 우선임을 알 만큼 현명했다. 그들은 이런 문화를 만들기 위해 많은 방법을 동원했다. 이는 내부 고발자 핫라인의 슬로건 '우리에게 묻고, 알려 주세요'에서도 언급한다. '우리에게 묻고'라는 표현은 이것이 대화임을 강조한다.

윤리적 완전성을 추구하는 문화는 문제가 있는 거래를 현재의 방식으로 진행해야 하는지 묻는다. 이 문화는 직원들에게 '다른 방식을 찾고 의논할 것'을 의도한다. 윤리적 완전성을 기반으로 한 문화는 모든 문제가 있는 거래나 조치에 불순한 의도가 있으면 기각하는 문화는 아니다. 이는 직원들이 상황을 다시 생각하고 대안을 찾아보도록 이끌며 내부 사정을 고발하는 문화를 포용한다.

강력한 감독, 조사 및 지배 구조

미국의 시어도어 루즈벨트 대통령은 자신의 외교 정책을 다음과 같이 설명했다. '말은 부드럽게 하되, 큰 몽둥이를 들고 다녀라Speak softly and carry a big stick' 이 말의 요점은, 공격적이지 않은 입장이더라도 필요하다면 과격한 행동을 취할 수 있는 능력이 뒷받침돼야 한다는 것이다. 이 표현은 기업의 윤리 및 준법 프로그램을 효과적으로 운영하는 데도 적용할 수 있다.

앞서 부드럽게 말하는 방법을 논의한 바가 있다. 즉 비인간적인 문화를 없애고 직원들이 목소리를 높일 수 있는 환경을 만들어 고민을 나누는 것과, 변화를 도모하고 영향력을 갖기 위한 방법을 설명했다.

하지만 때에 따라 부드럽게 말하는 것보다 큰 몽둥이를 들어야 할 필요가 있다. 직원, 이해관계자 및 비즈니스 파트너는 다른 모든 수단이 수포로 돌아갈 때 당신의 회사가 큰 몽둥이를 사용할 것이라는 점을 알아야 한다.

인터뷰 도중, 헬레나는 윤리 및 준법 담당자인 프레드 룬드그렌이 상냥한 사람이긴 하지만, 그가 단지 '나약한 사람'이 아니라는 사실을 언급했다. 위법 행위를 저지른 직원이 좋은 성과를 내기 위한 노력 대신 자신의 위법 행위를 감추려고만 할 때, 단호하게 사실을 밝히고 해당 직원에게 책임을 지우는 것이다.

이런 결과를 확실하게 도출하려면 문화와 준법 구조가 밀접하게 연결돼야 한다. 고발이 자유로운 문화는 직원들이 두려워하지 않고 보고할 수 있도록 하며, 올바른 준법 구조는 직원들이 하는 일을 확실하게 지지한다. 윈드는 새로운 문화를 통해 탈바꿈했고, 그로 인해 문제를 밝혀내려 하는 게이트키퍼들이 윤리 및 준법 책임자, CEO, 그리고 궁극적으로 이사회에까지 직접적으로 보고할 수 있도록 만들었다. 이 모든 것은 기업의 최고위층이 문제에 관심을 보낼 수 있는 투명한 환경을 만들 수 있도록 한다.

강력한 감독이 이뤄지기 위해서는 고위 경영진이 노력해야 한다. 특히 새로운 준법 구조가 정착되기 시작하는 초기 단계에는 고위 경영진들의 상당한 노력과 투자가 필요하다. 내 고객 기업 중 한 기업은, 과거와 현재에 일어난 위법 행위와 자산 남용에 관한 모든 사례를 분석할 고위급 임원을 구성했다. 이는 사실 관계를 분명히 하기 위한 적절한 조치였으며, 공정한 절차와 강도 높은 과정을 거쳤다. 이 과정은 고통스러운 만큼 고위 경영진도 감독에 전념하고 있다는 메시지를 전달할 수 있었다. 문제가 있을 때 이를 신속하고 효과적으로 대처할 문화와 구조가 정착되면 이런 강력한 조치는 더 이상 필요하지 않다. 업무를 하는 과정에서 자연스럽게 정착될 것이다.

기업의 지배 구조와 감독에 궁극적인 책임이 있는 이사회의 역할은 7단계에서 자세하게 기술될 것이다.

새로운 문화를 위한 새로운 인센티브 제도

새로운 기업 문화를 형성한다는 것은 직원의 고용, 승진 및 보상 방법도 다시 설정한다는 것을 의미한다. 인터뷰 도중 헬레나는 윈드 인터내셔널이 이 새로운 보상과 관련해 이뤄낸 다양한 방식에 관해 이야기했다. 그것은 더 이상 이익과 성장만을 위한 업무가 아니라 책임감 있는 태도를 바탕으로 한 업무가 이뤄진다는 것을 의미했다. 그들은 올바른 가치관을 가진 사람을 유도하기 위해 면접 방식을 바꿨고 직원들이 윤리적으로 행동하도록 장려하고 그에 대한 보상 시스템을 구축했다.

기업은 직원들에게 윤리 및 준법 교육을 권장하고 이를 지원해야한다. 이때 단순히 윤리적으로 행동하라고 이야기만 해서는 안 된다. 리더로서 올바른 행동을 주고 교육을 진행하는 게 가장 좋은 방법이다. 글로벌 기업의 경우 윤리 및 준법 교육을 지역에 따라 다르게 맞추는 것도 중요하다. 교육 자료에는 지역의 문화적 맥락과 위험을 반영하고 과거의 경험에서 얻은, 관련 있는 딜레마 시나리오와 교훈을 추가해야 한다.

직원들은 인센티브와 제재만으로는 윤리적으로 행동하기 어렵다. 때문에 리더는 직원들에게 윤리적인 행동을 하도록 이끌고, 이것을 그들의 일상생활에 자주 노출되도록 해야 한다. 일단 경영진이 바람직한 롤 모델이 되면 적절한 인센티브 제도는 이를 장려하는 필수적인 역할을 하게 된다.

만약 기업이 선행을 한 직원에게 보상을 하지 않고 위법 행위에 대해 제재를 가하지 않으면 윤리적 완전성에 기반을 둔 문화는 흐지부지 사라질 것이다. 또한 이익과 성장만을 위해 매진한다면 경영진의 판단이 흐려지면서 자신도 모르는 사이 무책임한 행동이나 위법 행위를 지지하게 된다.

영향력 확대

어떤 기업도 혼자 동떨어져서 경영을 해서는 안 된다. 특히 윈드 인터내셔널과 같은 글로벌 기업인 경우 더욱 그렇다. 기업의 행동에 영향을 받는 많은 이해관계자들, 비즈니스 파트너를 차치하더라도 기업경영에 대한 리더십, 모범, 경영 방침을 주시하는 좀 더 광범위한 비즈니스적, 사회적 네트워크가 존재한다.

윈드의 CEO는 이 점을 분명히 이해했다. 그뿐만 아니라 다른 사람에게 롤 모델이 될 가치가 있는 기업을 만들면서, 상공회의소나 여타 직업 협회를 통해 기업계에 윈드가 이 방면에 적극적이라는 사실을 분명하게 알렸다. 어떤 단일 기업도, 세계의 문제를 해결할 수 없다. 물론 시도해서도 안 된다. 그러나 윤리적 완전성에 가치를 둔 문화를 추구하는 기업은 그들이 영향을 줄 수 있는 일의 한도를 변화시킬 방법을 찾는다. 변화를 이룩한 기업은 문화와 가치를 이야기하면서, 다른 기업에게 모범을 보이며 사회와 연관을 맺는 방식으로 비즈니스를 수행한다.

존 코터의 기업이 원하는 변화의 리더

윤리적 완전성에 힘 실어 주기 과정을 통해 기업을 위기에서 벗어나게 하고 변화를 이룩하기 위해서는 많은 노력이 필요하다. 변화는 필수적이지만 수용하기 어려울 수가 있다. 직원들은 변화가 일어나는 이유를 이해할 필요가 있고 변화의 주체가 돼야 하며, 개선된 미래를 그림으로 분명하게 나타내야 한다.

이 책을 읽는 독자들에게 변화 관리에 대한 소중한 지침을 제공하는 존 코터의 《기업이 원하는 변화의 리더》를 추천한다. 윈드 인터내셔널에 새로 취임한 CEO도 코터의 여덟 가지 원칙을 적용한 것이 분명하다. 이제부터 존 코터의 여덟 가지 원칙을 살펴볼 것이다.

이 작은 목록은 결코 코터 프로그램에 대한 포괄적인 지침이 아니고 윈드가 이 여덟 가지 원칙을 사용한 방법에 대한 요약도 아니다. 하지만 이는 독자들에게 코터의 프로그램이 청렴하고 완전한 기업 문화를 제도화하는 목표를 성취하는 데 있어서 **윤리적 완전성에 힘 실어 주기** 절차가 도움이 되고 서로 어떤 영향을 받는지 느끼도록 도와줄 것이다.

긴박감 형성

윈드가 겪은 위기에는 위급 상황이라는 의식이 굳건히 자리 잡았다. 그럼에도 윈드의 리더들은 문제를 은폐하거나 위기를 가벼운 일로 치부하지 않았다. 그들은 위기를 기회로 전환시켰다.

지도자 구성

윈드는 잘 나가는 '슈퍼스타'를 해고하고 새로운 윤리 및 준법 담당자를 영입했다. 더불어 윈드는 변화에 찬성하는 직원들의 직급을 파악하고 그들을 자연스럽게 지지했다. 기업 내에 영향력 있는 직원들을 지지함으로써 그들은 이 과정을 진전시켰다.

비전, 전략 수립

헬레나는 기업을 변화시키기 위해 다양한 방안을 수행했다. 그로 인해 기업의 리더들은 미래에 대한 비전과, 목표를 달성하는 방법에 대한 단계별 전략을 가질 수 있었다. 그들은 거기에 '변화의 바람'이라는 이름을 붙여 구체화했다.

변화의 비전 전달

다양한 소통과 회의에서 변화를 위한 노력을 이야기하는 데 타운홀미팅이 중심 역할을 했다. 회사는 변화를 위한 노력을 최우선 순위로 뒀고, 기회가 있을 때마다 이를 이야기하는 것도 우선으로 생각했다.

적극적인 지원

앞선 사례에서 CEO가 새로운 회사를 정의하는 데 도움을 줄 뿐 아니라 윤리 및 준법에 관련된 이슈를 논의하는 데 적극적으로 참여하는 것이 직원에게 힘을 실어 주는 방법임을 설명했다. 변화를 방해하는 걸림돌을 제거하는 것도 중요하다. 이는 문제를 일으킨 직원과 자회사를 끊어 내고 기업에 새로운 날이 왔음을 알리는 다양한 인사 관리를 통해서도 이뤄진다.

빠른 성과 도출

인터뷰를 보면, 기업은 새로운 인사를 영업하거나, 윤리 강령을 제정하는 등의 새로운 소식을 틈틈이 발표하는 걸 알 수 있다. 변화를 겪고 있는 직원은 변화로 인해 무언가 이뤄지고 생활이 더 좋아졌다는 사실을 더 빠르고 자주 느끼길 원한다. 또한 회사가 이를 발견해 승리를 자축하기를 원한다. 성공을 알리는 것과 더불어 내부 고발에 대한 보고가 증가하는 것은 내부 고발자의 활동이 자유로운 문화가 정착했음을 의미하기 때문에 실제로 이것은 긍정적인 신호다. 이를 보여 주면서 회사는 성공을 다시 정의할 정도로 자신감에 차 있는 모습을 드러냈다.

끊임없는 변화

인터뷰 말미에, 헬레나는 개선된 윤리 및 준법 프로그램을 결코 끝나지 않는 과정이라 언급했고, 사실 윈드는 이제 막 프로그램의 검토를 진행하려 한다고 말을 꺼냈다. 이는 끊임없는 개선과 변화는 멈출 수 없다는 뜻이다.

새로운 문화 정착

독자들은 윈드가 이룩한 변화로 더 많은 이익을 창출하고 직원들의 사기가 높아진 사실을 알고 있다. 리더들은 윈드의 변화와 그로 인한 전반적인 개선의 관계를 분명하게 이야기할 수 있어야 한다. 이는 새로운 방식이 수용되고 제도화되면서 이전 관습을 확실히 철폐하는 데 도움을 줄 것이다.

새로운 기업 문화

기업의 문화를 재형성하는 것, 특히 글로벌 기업이 문화를 재형성하는 것은 간단한 과업이 아니다. 기업의 리더들에게 이는 최우선 과제가 돼야 하며, 수년에 걸쳐 진행되는 어려운 일이다. 또한 이는 절대 끝나지 않는다. 하지만 적절한 수단을 사용하고 강력하게 헌신한다면 이룰 수 있다. 그리고 변화를 이룩하려는 기업에게 있어 이는 필수적인 요소다.

일단 기업 문화가 강화되면 결과는 눈에 보일 정도로 뚜렷해지며, 그 결과를 목격하는 즐거움은 상당하다. 적절히 대응하고 헌신하는 리더들, 책임감 있는 업무 관행, 처음부터 일을 올바르게 진행하려는 정신, 올바르고 책임감 있는 행동을 효과적으로 지원하는 보상과 처벌을 보게 될 것이다. 이는 서로를 격려하고 활기가 넘치는 직장 분위기를 만들고 모든 직원이 그 분위기를 느낄 수 있도록 돕는다.

이 장에서 깊게 논의되지 않은 두 가지의 중요한 주제가 있다.

1. 변화를 이룩할 때의 이사회의 역할
2. 비즈니스 파트너를 포함한 (대다수의 경우에 초기부터 위기를 불러오는 주체이며) 제삼자에 대한 새로운 접근 방식

이사회와 제삼자는 기업 문화를 재형성하는 과정의 한 부분이 돼야 하지만 7단계에 더 자세하게 다루는 것이 더 적절할 것이다. 따라서 이를 **윤리적 완전성에 힘 실어 주기**의 마지막 단계로 남겨 뒀다.

두 마리 토끼 잡으려다 둘 다 놓친다
- 성장 전략 수립하기

경영은 일을 올바르게 하는 것이다.
리더십은 올바른 일을 하는 것이다.

- 피터 드러커

이제는 대도시의 스카이라인을 장식하는, 유리를 전면에 두른 크고 좁은 고층 건물을 보는 것은 일상적이다. 그러나 불과 얼마 전까지만 해도 그런 매끈한 건물을 짓는 것은 건축가들의 꿈이었다. 이런 형태 건물의 원조는 보스턴에 있는 존 핸콕 타워John Hancock Tower로, 아이엠 페이앤드파트너스I. M. Pei & Partners의 헨리 콥이 설계한 60층 높이의 장 사방형직사각형처럼 생긴 마름모꼴 형태의 타워다. 이 건물은 1976년에 완공됐고, 그다음 해 미국 건축가협회의 대상을 수상했다. 이는 오늘날에도 뉴잉글랜드에서 가장 높은 건물이다. 맑은 날에는 밝게 빛나며 반사가 되는 건물의 전면이 투명하게 보인다. 푸른 하늘 아래서 볼 때 특히 그렇다.

콥의 대담한 디자인을 현실화하는 것을 어려운 일이었다. 사실 건물의 완공은 5년이나 지연됐다. 게다가 몇 가지 기술적 결함을 수정하며 비용은 두 배 이상 증가했다. 그중 가장 큰 문제는 타워의 창문이었다. 창문은 계속 떨어져 나와 수백 피트 떨어진 세인트 제임스 애비뉴 St James Avenue까지 떨어졌다. 한동안 많은 창문이 합판으로 대체돼 보스턴 사람들은 이 건물에 '합판 궁전'이라는 별명을 붙였다.

문제는 반사 유리를 이중창으로 시공한 창문의 설계에 있다는 사실이 밝혀졌다. 이중창은 납 성분의 얇은 조각으로 접합됐고, 이 납 조각이 금속 피로를 가져와 금이 가기 시작했다. 이 납 조각이 단단하게 유리에 붙어 있는 바람에 균열이 유리까지 전이됐다. 유리는 밑으로 떨어졌고 결국 건물에 붙어 있던 만 장이 넘는 유리는 모두 대체됐다.

떨어지는 창문과 더불어 건물이 바람이 많이 흔들린다는 소문이 있었다. 그 때문에 고층에 있는 사람들에게 어지럼증을 유발했으며 건물이 무너질 위험이 있다는 우려마저 있었다. 이 문제는 건물의 취약한 부분에 추가로 철강재를 보강해서 흔들림을 줄이기 위해 두 개의 하중을 58층에 설치하는 것으로 해결했다.

존 핸콕 타워 설계자들은 실수를 전적으로 책임졌고, 원 상태로 되돌리기 위해 엄청난 시간, 노력과 돈을 투자했다.

그들은 걸작을 만들기 위해 작업에 착수했고, 어려움이 얼마나 크든지 간에 그들을 가로막는 모든 난관을 이겨 냈다. 그리고 현재 이 타워는 초기에 발생한 문제가 아닌 아름다움과 혁신으로 더 유명하다.

그렇다면 왜 기업의 윤리적 실패에 대한 책에서 건축적 실패(와 복구)에 대해 언급하는 것일까?

그 이유는 이 두 경우 모두 문제의 근원이 같기 때문이다. 바로 시스템 구조다.

앞서 언급한 바와 같이, 시스템적인 사업 실패는 기업의 위법 행위의 근본적인 원인이다. 다시 말해, 기업은 디자인의 근본적인 결함 때문에 윤리적인 위기를 맞이하는데, 이는 사업적인 맥락에서 기업 전략을 의미한다. 간단히 말하면 취약한 전략은 기업을 불필요한 (그리고 알아채지도 못하는) 위험에 노출시킨다. 그리고 결함이 밝혀지고 기업의 리더는 실패를 통해 그들이 의존해 왔던 전략에 대해 근본적인 질문을 할 수 있다.

존 핸콕 타워도 마찬가지다. 이를 설계한 디자이너들은 그들이 처음 의도했던 대로 전면이 최대한 유리 조각처럼 보이도록 높고 매끈하게 건축하려고 했다. 그러나 설계를 행동으로 옮기는 동안 그들은 일부 핵심 세부 사항을 간과했거나 잘못 판단했다는 사실을 알게 됐다.

존 핸콕 타워를 건축했던 사람들이 뒤로 한 걸음 물러서서 의도치 않게 망가뜨린 건물을 수리하는 데 엄청난 시간과 돈을 투자한 것처럼, 윤리적인 위기를 맞고 있는 기업들도 이를 따라야 한다.

윤리적 완전성에 힘 실어 주기의 7단계는 처음 세운 전략부터 다시 시작해 결론을 내려야 더 큰 효과를 볼 수 있다. 하지만 회사에 적합한 전략이란 과연 무엇인가? 이는 각 회사의 특수한 사정, 능력, 사업상의 과제, 구조, 임무에 전적으로 달려 있기 때문에 이 책은 회사를 위한 올바른 전략이 무엇인지 정확한 대답을 제공할 수는 없다. 하지만 7단계의 일환으로 글로벌 기업에서 성공적으로 기업 전략을 재집중하는 방법에 따라 몇 가지 지침을 제공할 수 있다. 자신에 맞는 전략을 찾는 과정에서 그들이 경험한 난관과 다양한 규모의 조직에 적용되는 교훈을 살펴볼 것이다.

이 원칙을 알아보기 전에, 한 가지 보편적인 생각을 떨쳐 버리고자 한다. 강력한 기업 전략은 혁신과 대담함을 포기하거나 지나치게 신중한 것을 의미하지 않는다. 폴 골드버거가 1988년 존 핸콕 타워에 관해 〈뉴욕타임스〉에 기고한 글처럼 말이다.

처음 설계를 그대로 사용하는 것을 정당화하기 위해 핸콕 타워의 일화를 이용하는 것보다 더 슬픈 결론은 없을 것이다. 우리 문화는 위험과 혁신이 기업 경영과 상충된다는 개념에 물들어 간다. 어쩌면 긴 핸콕 일화에서 우리가 얻을 수 있는 교훈은 이 이야기가 다른 길을 추구하는 사람들에게 보상이 돌아가게 한다는 사실을 상기시킨다는 것이다(Goldberger, 1988년).

이런 책을 읽고 윤리적 위기의 원인을 다시 생각할 때, 리더들은 과도한 구조와 관료주의, 통제가 기업의 정신과 야심을 약화시킬까 봐 걱정할 것이다. 그러나 이 책이 말하고자 하는 것은 그게 아니다. 기업은 기업의 존립을 위협할 수 있는 과도한 위험을 피하고 새로운 아이디어를 수용해 실수를 인정하는 여유를 가져야 한다. 나는 이 장 전반에 걸쳐 올바른 균형을 맞추기 위한 접근 방식을 논하고자 한다.

새로운 초점과 전략

앞서 이 책에서 자세히 논의했듯이, 위기에 따른 불확실성은 전 기업에 오랫동안 그림자를 드리운다. 그러나 불확실성은 기업의 리더가 투자자, 파트너, 규제 당국, 그리고 고객의 신뢰를 다시 구축하기 시작할 때 전략적인 사고에 다시 중점을 두기 위한 강력한 자극제가 되는 희망을 보여 준다. 이 절차는 종종 현금을 절약하기 위한 구조 조정과 직원을 감원하는 시기가 뒤따르고 전용 제트기 같은 여러 비금전적인 혜택 및 특전의 포기도 뒤따른다. 경영진이 선호하는 사업이라든지 비핵심적인 사업을 시도하는 것도 역시 줄어든다. 윤리적 완전성과 준법이 전략적 사고에 자연스럽게 내재된다.

기업의 평판이 무너지는 정도에 따라 기업은 새로운 브랜드를 재창조할 수도 있다. 보통은 특정 주식을 매각 후 자체 브랜드로 변경한다. 그 예로, 베온VEON, 다임러Daimler AG, 텔리아 컴퍼니Telia Company가 있다. 리브랜딩은 기업이 새로운 사업 방식으로 다시 시작하는 것을 시장에 알리는 좋은 방법이 될 수 있다.

전략적인 관점에서 볼 때, 경험상 기업의 가장 강력하고 지속 가능한 회복 방법은 몇 가지 공통적인 특징을 가지고 있다. 이를 다음과 같이 요약할 수 있다.

- 핵심 시장 및 사업 분야에 집중한다.
- 목표를 가지고 확장한다.
- 이사회부터 시작해 지배 구조를 개선한다.

이런 전략적인 움직임은 이 책의 다른 부분에서 논의한 윤리적인 문화와 준법 관련 구조를 개선하는 것과 맞물려 있다. 하나씩 살펴보기로 하자.

핵심 시장 및 사업 분야에 집중한다

내 고객 기업 중 하나인 한 글로벌 기업은 새로운 CEO를 임명해 기업을 위기에서 구출하고 지속 가능한 성장을 이끌도록 만들었다. 이 기업은 전 세계에 걸쳐 몇몇 준법 문제에 시달렸고 수익이 감소할지도 모른다는 몇 차례의 경고로 고통받고 있었다. 몇 달 동안 회사는 문제 원인을 조사한 후, CEO는 조직을 정비하며 위험을 줄이고 준법 관계를 개선을 위한 혁신적인 전략을 제시했다.

이 목표를 달성하기 위해, CEO는 본사에서 효과적으로 관리 가능한 핵심 지역의 시장에만 집중해야 한다는 것을 깨달았다. 이는 과거의 방식과는 현저히 다른 변화를 보여 준다. 상당히 오랜 기간 이 기업은 단편적이고 개별적인 전략을 취하면서 세계적인 규모로 확장하기 위해 전 세계의 기업을 인수했다. 이 기업은 핵심 사업이 별로 없고, 규모가 작은 수백 개의 통합되지 않은 자회사를 분산시킨 상태였다. 그 결과 중앙의 효과적인 감독이 없는 절차, 정책, 시스템이 난립했다. 멀리 떨어진 일부 자회사는 '개척 전의 거친 서부wild west' 같았다. 한 지역 자회사의 현장 방문했을 때, 경영진은 모회사가 채택한 정책, 절차, 문화를 전혀 알지 못했다. 솔직히 말하면 관심이 없어 보였다. 이 자회사 중 일부만이 모회사를 궁금해할 뿐이었다.

물론 이 기업이 무질서하게 뒤섞인 것은 우연히 일어난 일이 아니다. 이것은 잘못된 전략이긴 하지만 의도한 것이기도 했다. 비즈니스는 경쟁이 치열하고, 경영진들은 다윈의 '적자생존'의 법칙을 절실하게 인식하고 있다. 경쟁이 만드는 압박은 기업들로 하여금 '큰 것이 더 좋은 (그리고 더 강한)' 것이라는 생각에 사로잡히게 한다. 그래서 그들이 기업을 인수하는 것이다. 그들은 완전히 파악하지 못한 나라로, 시장으로, 사업 영역으로 확장한다.

그리고 나서 그들은 그들이 이것을 감당하기 어렵다는 것을 깨닫는다. 그들은 더 이상 하나의 비전을 가진 응집력 있는 회사가 아니고, 단합되지 않아 여러 곳에 흩어져 있는 개개인의 섬이 됐다. 그들이 한 발 물러선 탓에, 그들은 자회사와 모회사의 영업부가 같은 시장에 진입했으며 각 자회사는 독립적으로 경영되고 있었다. 위험 부담은 크지만 수익이 전혀 발생할 수 없는 구조였다.

일부 경영진들은 각 나라가 다른 사업 방식을 가지고 있는 것을 모른다. 고객 기업 중 중국에서 영업을 한 유럽 기업이 있는데 그들은 중국의 복잡한 절차에 질려 있었다. 중국에서는 특정 산업에서 합작 투자가 의무지만, 주선을 하기 어려울 수도 있다. 다른 고객 기업은 브라질까지 사업을 확장했지만, 기업과 정부가 서로 일하는 방식에 대해 아는 바가 없었다. 다른 기업들은 중동 국가에서 요구하는 그 현지 '스폰서'와 관련된 잠재적인 준법 이슈를 처리하는 방안을 고민하고 있었다.

이런 종류의 조심스러운 이야기는 훨씬 더 작은 규모에서도 일어날 수 있다. 본인이 운영하는 편의점 안에 작은 카페를 증설하기로 결정한 점주를 생각해 보라. 그가 요식업에 종사하게 되면서 전혀 다른 문제와 비용 및 요구 사항이 포함됐다. 그가 완벽하게 준비해도 고객이 이 카페를 방문할까? 이건 수지가 맞는 기회일까? 아니면 소중한 공간과 자원을 낭비하는 결과를 가져올 것인가? 신중한 계획, 연구 및 고객에 중점을 둔 접근 방식이라면, 사업은 성공할 것이다. 그렇지 않은 경우, 그는 자신의 핵심 사업에만 집중해야 한다는 사실을 절실하게 깨달을 것이다.

새로운 시장이나 사업 영역을 확장하는 것이 본질적으로 나쁘다는 것이 아니다. 이것은 회사가 꼭 해야 할 일인지도 모른다. 하지만 리더는 이런 확장이 합당한 사업상의 결정인지 확인할 필요가 있고, 전 조직에 위험을 증폭시키지 않으면서 새로운 영역으로 진입하는 것에 대해 철저한 조사를 해야 한다. 나아가는 발자국이 어떤 모양새를 보이든 기업이 설정한 성장 목표에 적합한지를 확인해야 하고, 새로 개척한 시장이 기업의 새로운 '사각지대'가 되지 않도록 관리하기 위해 준법 구조를 튼튼하게 만들어야 한다.

이 모든 것이 쉽게 들릴지도 모른다. 하지만 실제로 일은 이보다 훨씬 더 복잡하다. 자본 시장은 빠르게 움직이며 방향을 결정할 시간을 오래 주지 않는다. 때로는 시장이 당신을 위해 결정을 내릴 수도 있다. 내 고객 기업 중 한 기업은 특정 사업 부문을 매각하고 싶었지만, 그 사업의 준법과 비즈니스에 관한 문제 때문에 원하는 가격에 매각하는 것이 불가능했다. 그래서 회사는 이 사업을 쪼개서 팔기 시작했다. 동시에 회사는 핵심 사업부 중 하나를 확장하기로 결정했다. 그러나 그 사업이 매력적인 자산으로 떠오르게 됐고, 원치 않은 매각 제의를 받았다. 회사는 현금을 마련해야 했고 성장하기 위한 자신감이 필요했기에 전략을 바꿔 핵심 부분을 매각하기로 결정했다. 회사는 한 사업 부분을 매각하고 다른 부분을 성장시키는 계획을 세웠지만, 투자자들과 금융 기관은 회사와 생각이 달랐다. 시장은 빠르게 변화하고, 일은 계획대로 이뤄지지 않는다. 회사는 빠르게 바뀌는 흐름에 적응해야 한다. 먼저 계획을 세우고 핵심 시장과 사업에 집중하는 것이 언제나 바람직한 일이다.

문서상으로 보면 확장 계획은 완벽해 보인다. 하지만 곧 잘못된 판단임이 드러난다. 대표적인 사례로 다임러크라이슬러를 들 수 있다. 다임러크라이슬러는 1998년 디트로이트 자동차 회사인 크라이슬러와 독일의 다임러-벤츠가 대등 합병을 하면서 만들어졌다. 합병 초기엔 '천생연분'이라고 묘사됐지만, 근본적으로 다른 두 기업 문화가 결합됐기 때문에, 새 회사는 실제로 두 개의 별개의 사업체로 운영됐다. 이 기간 동안 두 회사 모두 어려움을 겪고 있었다. 다임러 측은 해외부패방지법 위반으로 미 당국의 조사를 받고 있었고, 유망 브랜드인 메르세데스 벤츠는 프리미엄 자동차 시장에서 자리를 잃었다. 2007년 당시 새로운 CEO인 디터 제체, 이사회 의장인 만프레드 비쇼프, CFO인 보도 우에버Bodo Uebber는 핵심 사업으로 돌아가기로 결정한다. 그들은 크라이슬러에 대한 투자를 철수했고 이는 곧 적절한 결정으로 판명됐다. 엄청난 격변기 동안, 그들은 다임러를 윤리적이고 시의적절한 개혁을 통해 다시 태어날 수 있도록 했다. 마침내 프리미엄 자동차 시장에서 다시 우위를 차지했고 주가는 치솟기 시작했다. 한편 크라이슬러는 2년 후인 2009년 금융 위기 때 파산 신청을 했다.

고객 기업 중 자신의 핵심 목적, 힘, 그리고 가치를 잊는 실수를 저지른 몇몇 기업이 있었다. 사업의 규모는 단지 자부심을 표출하고 경영진에 보상을 지급하는 역할만 한다. 그러나 이는 지속 가능한 이익을 보장하지 않는다. 일부 고객 기업은 빠르고 쉽게 이익을 얻을 생각에 다른 제품 라인과 시장으로 뛰어들었다. 실제로 그런 이상적인 상황은 없다. 위험, 시너지, 시장 구조에 대한 철저한 고민과 연구 없이 '미래에 유망한 사업'을 쫓는 것은 재앙의 시작이다.

글로벌 기업들이 전략에 초점을 다시 맞추는 과정에서 공통점을 찾을 수 있다. 이들은 자신의 핵심 시장 및 제품을 매우 신중하게 선택한다. 그들은 자신의 능력, 브랜드 기대치와 영향력을 철저하게 분석한다. 그들은 자신이 영업을 하게 된 각 시장의 위험성을 철저하게 조사하고 그에 따른 비즈니스 모델과 경영 구조를 만든다. 특정 시장에서 그들이 '1위'가 될 수 없다면, 전략적으로 분석해 시장 주도권을 확보하는 방법을 찾거나 시장 자체를 떠나는 접근 방식을 취하게 된다.

목표를 가지고 확장한다 [또는 통합하거나 통합하거나 통합한다]

언젠가 미국 검찰이 내게 질문한 적이 있다. 증권 시장에 상장된 유럽 회사가 인수 과정에서 표준화된 정책이나 절차, 내부 통제 없이 공격적으로 기업을 인수해 전 세계로 확장한 것이 어떻게 가능하냐는 것이다. 좋은 질문이다.

크기는 규모를 낳고, 규모는 시너지를 가져온다는 이론이 있다. 우리 회사와 함께 일한 기업들은 성장하기 위해 다음의 전략이 가장 효과적이라 믿었다.

1. 선택한 시장에서 가능한 한 많은 기업을 인수하는 데 집중한다.
2. 본사의 간접비와 기업의 현지 활동에 대한 간섭을 최소화한다.
3. 목표를 상향시켜 자회사가 성과 목표를 달성하도록 유도한다.

많은 경영진과 투자자들은 이와 같은 불간섭주의 접근 방식의 효과를 믿는다. 이들의 관점에서, 전 조직에 걸친 표준화된 지배 구조와 내부 통제를 실행하는 것은 수고할 만한 가치가 없고 빠른 성장을 위한 인수에 방해된다. 이런 접근 방식은 대개 기업을 인수할 때부터 부적절한 실사를 할 뿐 아니라, 그 후에도 인수된 기업을 제대로 통합하지 못하게 한다. 실적을 달성하라는 압박에 윤리적 사각지대가 형성되고 비인간적인 조직 문화가 본사까지 이어지는 경우가 많다.

인수 합병을 위한 공격적인 접근 방식이 항상 실수라는 의미는 아니다. 그러나 많은 기업이 적절한 시간을 들여 실사를 진행하지도 않고, 적절한 통합 전략 없이 인수 합병에 착수한다. 기업이 복잡하게 얽힌 자회사를 관리하는 것에 어려움을 겪고, 시너지는 생각했던 것보다 훨씬 적은 것을 깨닫는 순간, 그들은 미래를 다시 생각해야 할 것이다.

고객으로 만난 유럽의 대형 소매 업체는 인수 대상 기업 중 한 곳에 부적절한 회계 문제가 있다는 사실을 알게 됐다. 그러나 인수는 그대로 진행됐다. 몇 년이 지난 후, 이 문제는 대형 회계 사기 스캔들로 커졌고, 그 결과 교정을 위해 많은 비용을 소비해야 했으며, 기업의 평판도 하락했다. 세계적인 엔지니어링 회사인 또 다른 고객 기업은 성장을 추구하는 과정에서 신규 거래를 찾고 성사시키기 위해 외부 공급업체와 에이전트를 과도하게 이용했다. 10억 달러의 계약을 성사시키기 위해 에이전트에 5%의 수수료를 지불하는 것은 표면적으로 보면 엄청난 보상에 대한 작은 대가처럼 보인다. 그러나 고위 공무원들과 그의 가족들에게 접근하고, 그를 통해 거래를 성사시키는 것은 신문 헤드라인을 장식하는 부패 스캔들의 시초가 된다.

이 두 가지 사례에서, 회사를 인수하는 것이 위험을 불러올 줄 몰랐다는 것은 변명이 되지 않는다. 새로운 기업을 인수하든 외부 에이전트나 컨설턴트에게 일을 '위탁'해 새로운 시장을 개척하든, 적절한 실사를 진행하고 끊임없이 경계해야 하며 중앙에서 감독하는 것이 필수다. 이는 규제 당국이 기대하는 바기도 하다.

이를 올바르게 수행하는 방법을 보여 주는 예로, 고객 기업 중 한 곳은 전환하는 과정에서 기업에 대한 감독을 강화하고 통제하기 위해 상당한 노력을 기울였다. 이 노력 덕분에 보다 중앙 집중화된 회계가 가능해졌다. 무엇보다도 본사의 경리부는 제삼자가 관여된 모든 국경을 초월한 지출을 관할했다. 제삼자가 실사를 거치지 않거나 그가 제공한 실질적인 서비스를 증명하지 못하면 국가 간의 지출은 이뤄지지 않았다. 이 방식을 채택하면서 외환 및 거래 비용을 크게 절감할 수 있었다. 이는 또한 공무원이나 대리인에게 지불하는 부적절한 지출이 발생하지 않도록 하는 데 도움이 됐다.

제삼자가 일으킨 문제가 이 책에서 계속해서 언급되는 주제인 데에는 이유가 있다. 부패가 만연한 나라에서 기업이 에이전트를 이용함으로써 스스로 곤란한 상황에 빠지는 상황을 많이 지켜봤다. 그러나 일반적인 견해와 달리, 이런 의심스러운 제삼자들은 위험성이 높은 신흥 시장에만 존재하지 않는다. 따라서 회사의 성장 전략이 제삼자를 이용하는 것에 달려 있는 만큼, 회사를 대신해서 일하는 제삼자에게도 새로 시행되는 윤리 강령을 확실하게 적용하는 것이 중요하다.

직원들에게 요구하는 높은 수준의 행동 준칙은 거래를 하는 모든 사람에게 동일하게 적용돼야 한다. 그들에게 윤리적 완전성을 요구하고 회계를 감사할 수 있는 권리를 행사하고 부합하지 않은 사람들과는 관계를 단절해야 한다. 이런 방식으로 제삼자도 긍정적인 변화를 위한 촉매제 역할을 할 것이다. 파트너에게 설정한 높은 기준은 공급망을 통해 필터링되면서 광범위한 비즈니스 세계에서 기준을 상향하는 데 도움이 된다.

전략을 다시 생각하려면 기업의 여러 측면에서 적용하고 실행해야 한다. 모든 부서가 변화에 동참해 각자의 역할을 수행하는 것이 중요하다. 고객 기업 중 한 곳인 독일의 제조 회사는 다음과 같은 몇 가지 중요한 계획을 포함시켰다.

첫째로, 이 회사는 위험성이 높은 신흥 시장에 분산된 거래를 하나로 통합했다. 본사는 멀리 떨어져 있는 나라의 지사에서 맡았던 위험한 파트너와의 거래를 다루며 본사와 긴밀히 연결해 업무를 처리했다.

둘째, 자회사의 게이트키퍼 부서(재무, 회계, 관리, 인사, 내부 감사, 윤리 및 준법, 조달)의 수직적 보고를 의무화했다. 이 말은, 즉 자회사의 CFO의 의무,

고용, 진급 그리고 보상은 자회사의 CEO나 경영진이 아니라 모회사의 CFO가 직접 지시한다는 것을 의미한다. 지역의 게이트키퍼 부서가 압박에서 벗어나고 본사의 게이트키퍼 부서와 연결이 강화되며 문제를 투명하고 효과적으로 해결할 수 있게 만들었다.

이사회부터 시작해 지배 구조를 개선한다

지난 20년 동안 기업의 지배 구조, 특히 이사회(혹은 두 단계인 경우 감사회)의 역할이 우리 회사의 핵심 업무였다. 많은 기업에서 준법 프로그램을 벤치마킹하거나 갭gap을 분석해서 올바른 직책과 절차를 모두 갖추는 것을 모범적인 사례로 간주했다. 이런 활동도 중요하지만 우리는 한 기업이 (최소한 문서상으로라도) 완전한 프로그램을 갖췄더라도 형식(예를 들면 문서화된 정책)에만 치중하고 본질(인사, 문화, 전략, 관행)을 소홀히 여긴다면 결국 법을 어길 수 있다는 사실을 발견했다. 이것들은 같이 평가될 필요가 있다.

안타깝게도 기업의 지배 구조 문제에 대해 진전이 있어도, 늘어나는 절차와 주위를 기울여 확인해야 하는 일이 안 그래도 바쁜 이사들의 집중력을 흐리고 있다. 모든 리스트 중에서 이사들이 우선적으로 집중해야 하는 다섯 가지 핵심 기능과 감독 영역이 있다. 이는 다음과 같다.

- CEO 및 경영진 채용, 해고 및 평가

- 기업 전략에 감독권 행사
- 기업 브랜드 및 자산 보호
- 기업의 윤리적인 기조 설정
- 고위 경영진들의 비즈니스 활동 영역 보호

위의 사항은 기업이 해야 할 일에 대한 가장 중요한 규칙이다. 해서는 안 되는 것 중에서 가장 명심해야 할 것은 CEO를 신경 쓰지 않는 것이다. 일반적으로 이사회는 눈과 귀를 열어 두지만 손을 쓰지는 않는다(이 말은 비상임 이사는 일상적인 업무에 관여하지 않는 것을 의미한다). 이사회는 CEO 또는 고위 경영진의 위법 행위 의혹을 해결하기 위해 직접 나서야 한다. 만약 CEO가 잘못된 길에 들어서고 이사회의 충고를 따르기를 거부하는 경우, 이사회는 상황을 직접 신속하게 대처해야 한다. CEO는 경영진을 피해, 경영진을 위해 일하는 직원과 직접 일하고 싶은 유혹을 느낄 수도 있지만, 이는 위험한 길이다. 어려운 결정에 따르는 격변을 두려워하면 안 된다. 쉽게 이야기하면, 만약 CEO를 믿을 수 없고 CEO가 이사회의 의견을 듣지 않으면, 새로운 CEO를 찾을 필요가 있다.

CEO와 경영진에게 책임을 묻는 것은 전 조직에 걸쳐 바른 기조를 세우는 데 도움이 된다. 위기를 겪은 후 기업의 리더는 그들이 언론과 대중의 관심을 받는다는 사실을 민감하게 인식하고, 그들이 올바른 일을 하고 있다는 사실을 보여 줘야 하는 압박을 느끼게 된다. 하지만 위기가 지난 후 수많은 경영진들이 자신의 본색을 드러내고 과거의 악습으로 돌아가는 모습을 빈번히 봤다. 그들은 강연, 인터뷰에서 윤리에 대한 연설을 하지만, 회사의 자원을 사적으로 사용하고, 경비 보고서를 작성하지 않으며 회사 전용기를 제멋대로 이용한다. 직원들이 위선과 정당한 자격을 구분하지 못하는 것은 아니다. 강력한 롤 모델이 없으면 기업 문화는 뒤처지고 다음 위기를 일으킬 씨앗이 뿌려진다.

이런 이유로, 특히 CEO와 관련된 경우, 이사회의 감독 역할이 과소평가돼서는 안 된다. CEO는 기업의 관리자로서 자신이 기업을 물려받을 상태보다 더 나은 모습으로 기업을 물려줘야 하는 큰 책임을 가지고 있다. 오랜 역사를 가진 기업에서 CEO는 종신직이 아니라 임시직에 불과하다. CEO가 많은 업적을 이루고 카리스마를 가진 인물이라 하더라도 이사회는 CEO에게 겁을 먹어서는 안 된다. 이사회는 새로운 CEO가 필요한 시기를 알아야 하고 계획이 예상대로 진행되지 않을 때를 대비해 대체 계획을 가지고 있어야 한다.

물론 이 모든 것을 말하는 것은 쉽다. 이사회 수준에서 발생한 수많은 위기를 본 후, 이사회는 해야 할 업무에 집중하고 회사의 CEO 및 경영진이 해야 할 일에 집중하도록 돕기 위해 일곱 가지의 교훈을 개발했다. 이사회의 역할은 무엇보다도 전략적이어야 하기 때문에 이 교훈들은 7단계에 포함시켰다. 하지만 이사회는 기업의 윤리적 전환의 모든 단계에서 해야 하는 필수적인 역할을 수행한다.

이사회 교훈 1: 어두운 구석을 주시하라

이익과 성장만을 추구하는 글로벌 기업은 따로 떨어져 반독자적으로 업무를 개척해야 할 수도 있다. 최근에 인수한 기업, 슈퍼스타 담당하에 있는 지역 법인, 기업을 위해 영업을 하는 제삼자가 이에 해당한다. 이런 기업은 내부 통제 시스템과 같이 확립된 기업 구조에 대한 투명성이나 연결되지 않은 채 비밀리에 운영돼 회사 전체에 막대한 위험을 초래할 수 있다. 이사회 구성원은 이런 일이 일어나지 않도록 하는 중요한 역할을 해야 한다. 그들은 새로운 시장으로 확장하는 것과 확장을 담당하는 직원들에 대해 비판적이고 회의적인 시각을 가져야 한다.

이에 대응하는 가장 좋은 방법은 현장을 직접 방문하는 것이다. 업무에 직접 관여하지 않으면서 현장에서 일하는 직원들과 직접 이야기를 해보라. 지역의 분위기, 문화, 위험성 있는 환경을 가늠할 수 있는 질문을 하고, 거기서 발생할 수 있는 우려를 검토하라.

이사회 교훈 2: 슈퍼스타를 주시하라

이는 이사회 교훈 1과 밀접하게 연관됐다. 이사회는 회사의 평판과 윤리적 잣대로 인한 잠재적 손실로 인해 대규모 이익과 분기별 예상 보고서에 현혹돼서는 안 된다. 이사회는 기업가형 경영진의 신용이나 그들이 재무적인 목표를 달성한 것을 그대로 받아들이지 말고, 그들이 택한 방식에 주목하라. 기업 문화, 기존의 전략, 그리고 정책 및 절차에서 벗어난 행동을 면밀히 주시해야 한다. 일부 직원은 회사 내에서 절대적인 지배권을 얻고 그들의 손안에 있는 곳을 공포와 침묵으로 조장하며 권력을 유지하고 확장한다. 정보에 입각한 결정을 내리기 위해 주요 위험과 윤리적 완전성(예를 들어 경비 보고서)에 초점을 두고 업체들에 대한 정기적인 감사를 확실하게 진행하라.

이사회 교훈 3:
복잡한 절차는 문제를 가리기 위한 마스크라는 사실을 기억하라

특히 감독이 부실한 업체들이 법을 준수하지 않은 영업 활동을 모호하게 만들고자 할 때 그 위험은 가중된다. 엔론의 경우, 궁극적으로 스캔들을 유발한 복잡한 거래를 이해한 직원은 거의 없었다. 많은 기업의 리더들이 단기적인 성과에만 초점을 맞춘다. 만약 복잡한 거래를 이해하지 못하고 넘기기로 결정했다면, 계약서, 은행 계좌 증명서, 이메일 회의록을 샅샅이 조사한 조사관들이 이 퍼즐을 확실히 풀어 줄 것이다.

이사회 교훈 4: 소통하고 질문하라

모든 이사회 구성원들(특히 감사·위기·지배 구조 위원회 의장을 맡은 사람들)은 외부 감사인뿐만 아니라, 주요 준법 관련 게이트키퍼들과도 정기적으로 일대일 면담을 해야 한다. 그 목적은 이사회가 직접적인 업무를 맡는 것이 아니라 청렴함을 가져올 수 있는 소통 라인을 만드는 데 있다. 이런 논의는 위법 행위 가능성의 조짐뿐 아니라 회사 안에 존재하는 압박을 받는 작업 환경에 대해서도 솔직하게 다룰 수 있게 만든다. 이사회는 직원들 사이에서 금기 사항이나 기밀이라고 부르는 어떠한 것이라도 주의를 기울여야 한다.

이사회가 금기 사항 중 하나를 발견한 경우, 혹은 위법 행위의 혐의를 다룰 때 그들은 기업 내에 존재하는 인간적이거나 조직적인 이슈를 시사할 수 있는 유형의 문제가 나타났는지 자문해야 한다. 주요 질문은 다음과 같다.

- 위법 행위에 대한 혐의나 우려가 담당자의 행동과 연관되는가, 아니면 고위 경영진 수준에서 윤리적 완전성, 판단, 감독 혹은 역량 부족을 반영하는가?
- 고위 경영진이 업무상의 윤리 및 준법과 관련된 위험에 적절하게 대응하는가?
- 준법 관련 부서의 책임자들이 충분한 권한을 가졌고, 정보를 제공받으며 업무에 관여하고 있는가?
- 윤리적 완전성이 경영진의 의사 결정에 영향을 끼치는가? 특정 인물, 제삼의 비즈니스 파트너, 영업부 또는 현지 기업에서 허용하는 이중 기준이나 준법에 대한 '사각지대'가 있는가? 있다면 왜 그런가?
- 위법 행위에 대한 사실과 상황이 개인의 책임임을 알리는 신호를 기업에게 보내고 있는가?
- 위법 행위 혐의가 기업의 비즈니스 모델 및 실무 관행(기업의 직접적인 통제 밖에 있는 제삼자를 이용하는 것을 포함)이 방치됐거나 규정을 어길 가능성이 있다는 것을 시사하는가?
- 위법 행위 혐의가 제삼자 비즈니스 파트너의 활동과 관련된 경우, 파트너가 기업에 제공하는 서비스에 대한 정확한 정보가 있는가? 이런 서비스가 실질적이고 합법적이며 보상은 적절한가?
- 기업은 위법 행위의 조짐에 대해 채널(예를 들어, 내부 고발자 핫라인)을 동원해서 적극적으로 감지하기 위해 노력하는가?
- 모든 심각한 의혹을 조사하고 적절한 시기에 투명하게 이사회에 보고하는가?

- 기업의 조사는 근본적인 원인을 포함해 사건과 관련된 모든 측면을 다루는가? 좁은 범위에 그치진 않는가?
- 선의로 문제를 제기하는 직원들에 대한 위협이나 보복이 나타난 조짐이 보이는가?
- 사내 문화가 침묵을 강요하며, 공포 분위기를 조성하고 일부 부서를 단절시키는 징후가 있는가?

이사회 교훈 5:
진실은 수치가 아닌 사건에 있음을 기억하라

이사회가 진행하는 윤리 및 준법에 관한 프레젠테이션이 수치, 일반적인 패턴 및 높은 수준의 개요에 초점을 맞추는가? 무언가를 측정할 수 있는 것이 경영의 전제 조건이기는 하지만, 조사 횟수나 교육을 받은 직원이 몇 명인지를 보여 주는 다채로운 그래프는 기업의 윤리적 성과를 완전하게 보여 주지는 못한다. 경영진이 '본질에서 벗어난' 경영진을 그냥 두는 것은 위법 행위의 근본적인 원인을 진단하지 않거나 처리하지 않은 채 넘어간다는 의미다. 사내 변호사들은 이것이 이사회를 책임에서 보호할 수 있기 때문에 이런 방식을 선호한다. 그러나 결과는 적절하지 못한 지배 구조일 뿐이다.

윤리 및 준법 프로그램을 평가할 때, 이사회는 특정 사건의 주요 사항을 이해하고, 위법 행위에 대한 혐의, 관련 조사 그리고 규제 조치가 의미하는 바를 이해하는 것에 초점을 맞춰야 한다. 여기서 기업 문화와 위험 수준에 관한 이야기가 나타난다.

이를 위해서 더 깊은 수준의 통찰력, 판단, 그리고 특정 사건이 우려스러운 행동 패턴으로 나타날 가능성이 있는지 평가할 수 있는 경험이 필요하다. 이는 이사회가 윤리 및 준법 규정을 지키는지 여부를 평가하는 유일한 방법이다.

이사회 교훈 6: 외부 도움을 활용하라

윤리 및 준법 기능에 대해 개인이 긴밀하게 참여하는 것은 위험과 기업 문화를 측정하고 기업 지배 구조를 제대로 형성하는 데 필수적이다. 외부 지원 없이 이사회에서 스스로 문제를 직접 조사하는 것은 제대로 된 효과를 볼 수 없다. 특히 고위 경영진의 행동이 이슈가 되는 경우에, 이사들은 준법과 관련된 문제의 진척 상황에 대해 조언과 도움을 줄 수 있는 외부 전문가가 필요하다.

이사회 교훈 7:
당신이 남긴 발자취가 위태롭다는 사실을 잊지 마라

앞서 언급한 바와 같이, 이사회는 기업의 전략, 문화, 브랜드, 자산, 그리고 CEO와 경영진을 감독할 책임이 있다. 이처럼 이사회는 기업의 성패에 대한 궁극적인 책임을 진다. 기업에서 위법 행위가 일어날 경우 이사회는 문제를 규명하고 교정 절차를 밟기 위해 과감하고 신속하게 행동해야 한다. 그렇지 못하면 이사회의 능력, 판단, 헌신에 의심을 품을 것이다.

이사회는 기업에 대한 헌신은 자신의 임기를 넘어 존속될 것이며, 윤리적이고 사회적으로 책임 있는 사업 관행을 유지하는 것과 수익을 내는 것을 어떻게 감독하는지에 따라 자신의 업적이 좌우된다는 사실을 명심해야 한다. 이사회는 기존의 실무 관행과 기업 내에 있는 리더들이 만든 현 상황을 효과적으로 깨뜨리기 위한 도덕적 용기와 지적 독립성을 모두 가지고 있어야 한다. 위법 행위를 외부에 위탁하는 것을 방지하고 의도적인 사각지대를 만드는 조직 문화를 없애기 위해 제삼자 비즈니스 파트너에게도 단호한 자세를 취해야 한다.

이사회를 위한 마지막 조언

위기가 발생할 때 이사회는 이사회 구성원 일부를 교체해야 한다. 새로운 비전에 찬성하지 않고 비윤리적인 행위를 용인한 적이 있으며, 변화를 받아들이기 주저해 기업의 회생을 방해하는 구성원은 언제나 존재하기 때문이다.

기업의 이사회를 재구성하는 것은 매우 어려운 일이다. 개인적인 충성심은 물론, 존경받는 동료를 판단하는 것에 망설이는 순간 회생은 더욱 어려워진다. 하지만 이사회 차원에서 선의만으로 문제가 재발하지 않도록 만들 수는 없다. 때로는 이사들이 그들의 역할이 지나치게 익숙하거나 수많은 이사회 회의를 거치느라 피로하거나 무감해지는 경우가 있다. 그럼에도 투자자들과 규제 당국은 가장 높은 수준의 책임을 기대하기 때문에, 외부와 기업 내부의 변화를 알리는 가장 좋은 방법은 이사회 재구성이다.

7단계 마무리하기

전략에 다시 초점을 맞추는 것은 위기 상황에서 혁신으로 이어지는 **윤리적 완전성에 힘 실어 주기** 과정의 일곱 번째 단계이자 마지막 단계다. 더 나은 기업 문화를 구축하는 방법(6단계)에서 언급했듯이 모든 기업을 만족시키는 프로그램은 없는 것처럼 기업의 전략에 다시 초점을 맞추는 것에 정해진 틀은 없다.

나는 많은 기업이 이런 과정을 거쳐 더 강력하고 발전된 모습으로 부상하는 것을 지켜봤다. 일곱 단계를 완성시키는 것은 쉬운 절차는 아니지만, 그로 인한 결과는 시간, 에너지, 자원을 투자할 충분한 가치가 있다.

6장

리더는
회사를 고칠 수 있다

회사는 이유 없이 망하지 않는다

선과 악은 종이 한 장 차이

이 책의 중심 메시지 중 하나는 개인이나 기업이 선과 악, 빛과 어둠을 구분하는 윤리적 완전성의 선을 넘나드는 것이 쉽다는 것이다. 그들은 최선을 다해 회사에 기여하면서도 자신도 모르게 위법 행위를 저지를 수 있기 때문에 영웅과 악당을 구분하는 것이 항상 쉬운 일은 아니다.

이 책의 서두에서 언급했듯이, 어린 시절 엘살바도르에서 지낸 경험을 통해 나는 선과 악을 가르는 선이 얼마나 희미한지 이해하게 됐다.

엘살바도르 출신 중 가장 유명하고 존경받는 인물 중 하나인 오스카 로메로 대주교는 이 나라를 고통스럽게 만든 가난, 폭력, 불평등에 대해 용감하게 목소리를 내며 맞서 싸웠다. 그는 법률 제도의 부패를 공개적으로 비판하고, 설교단에 서서 불평등에 대해 이야기했다.

1980년 어느 날, 그는 이 나라의 군인들에게 정부의 인권 탄압에 동조하지 말라고 호소했다. 다음날 그는 성당이 운영하는 병원의 작은 예배당에서 미사를 거행했다. 그가 설교를 마쳤을 때, 붉은색 자동차가 성당 앞 길가에 세워졌고, 저격수가 로메로의 심장을 쏜 뒤 그 차를 타고 도망쳤다. 이 총성은 전국에 울려 퍼진 충격적인 사건이었다. 로메로 대주교의 장례식은 25만 명 이상이 참석한 대규모 시위로 돌변했다.

약 40년이 지난 지금도 로메로의 영향력은 전 세계의 사람들에게 계속 울려 퍼지고 있다. UN은 그를 기리기 위해 그가 암살된 3월 24일을 '국제 모든 인권 침해와 관련된 진실에 대한 권리와 희생자의 존엄을 위한 날'로 선포했다. 2011년 오바마 대통령은 엘살바도르를 공식적으로 방문하면서 그의 무덤을 찾았다. 2015년 로마 교황청은 그를 시복시켰고, 로메로는 성인으로 시성되기 전 마지막 단계를 밟았다. 그는 가난한 사람들을 위해 목소리를 낸 순교자로 여겨진다.

오늘날까지도 로메로의 암살로 정식 기소된 사람은 없지만, 엘살바도르에 파견된 UN 진상규명 위원회는 로베르토 다우부이손Roberto D'Aubuisson 소령이 지시한 것으로 추정하고 있다. 그는 군인 출신의 정치인으로 1984년 선거에서 대통령으로 당선될 뻔했다. 1981년 3월 4일자 CIA의 기밀 해제 메모에 의하면, 그는 '극우파의 권위적이고 카리스마 있는 대변인', '자기중심적이고 무모하며 정신적으로 불안한 인물'이다.[10] 그는 반공산주의 '암살단'을 주도한 혐의를 받고 있으

---

10 https://www.cia.gov/library/readingroom/docs/DOC_0000049235.pdf

며 엘살바도르 내전 당시 많은 시민을 죽이고 고문을 자행한 전력이 있다.

앞서 언급한 내용과 지난 일을 되돌아보면, 이 이야기의 영웅과 악당을 분명히 알 수 있을 것이다. 그러나 당시 엘살바도르에 살았던 사람의 입장에서 보면 항상 그런 것은 아니다. 매일 빛과 어둠이 충돌하며 뒤섞인 나라, 빛과 어둠을 구별하기 어려운 세상에서 살면 영웅과 악당이 쉽게 혼동될 수 있다.

사실 많은 엘살바도르 사람들은 다우부이손을 영웅으로 취급하기도 한다.

1980년대 중반, 나는 아버지가 경영하던 새우 가공 공장에 방문한 다우부이손을 만난 적이 있다. CIA의 묘사처럼 그는 믿을 수 없을 만큼 매력적이고 자신감 넘치며 카리스마 있는 사람이었다. 그는 공산주의를 반대하며 엘살바도르가 쿠바같이 공산화되거나 베네수엘라처럼 붕괴될 것을 두려워하는 국민들에게 어필했고, 많은 국민들은 다우부이손의 폭력적인 수단이 그의 목적을 정당화한다고 믿었다.

오랜 기간 기업의 컨설턴트로 일하면서, 비즈니스 세계도 상황이 크게 다르지 않다는 사실을 깨달았다. 기업의 위법 행위의 결과는 엘살바도르에서 경험한 것만큼 극단적이거나 명백하지는 않지만, 개인과 기업이 옳은 일을 한다고 믿으면서도 위법 행위에 참여하는 과정에 비슷한 점이 있다. 위법 행위에 큰 목소리를 내는 사람이 희생되는 것에서도 교훈을 얻을 수 있다.

좋은 리더, 좋은 회사가 망가질 때

일반적으로 말해, 기업의 '악당'은 괴물처럼 보이지 않는다. 사실은 그 반대다. 심각한 위법 행위에 연루된 CEO의 대부분이 몰락하기 전, 능력이 좋다고 평가된다. 그들은 '사이코패스 보스'라는 전형적인 고정 관념과 전혀 다른 모습을 보인다. 실제로 기업 피라미드의 꼭대기에 있는 사람들은 진지하고 지치지 않지만 관대하고 정중하며 세심하기도 하다. 그들의 목표를 달성하려는 야망과 열정 때문에 실수를 용서하지 않는 무자비한 면을 가질 수도 있다. 대부분의 경우, 그들은 조직을 새로운 높이에 올려놓거나 곤경에 처한 조직을 구출했다. 사람들은 자연스럽게 그들에게 끌리고 따르고 싶어 한다.

그러나 이 상황 중 어느 것도 그들이 윤리적 사각지대를 만드는 것을 막지 못하며, 자신의 이익을 채우기 위해 규칙을 어기는 것을 막지도 못한다. 그들은 위험할 정도로 불안정한 시스템을 만들 때까지 기업 내의 압박 수위를 높인다. 그들은 괴물이 아니지만, 끔찍한 환경을 만들어 낸다. 그들은 어두운 곳에서 활동하지만 대중의 눈에는 반짝이는 빛이다.

반대편엔 내부 고발자들이 있다. 그들은 주변에서 일어나는 문제를 보고 침묵하지 않는다. 이들은 일반적인 관행을 따르지 않거나, 팀에 적응을 못하거나 까다로운 사회 부적응자라는 평판이 있을지도 모른다. 내부 고발자들은 많은 사람들이 알고 있지만 대놓고 표현하지 못하는 이야기를 수면 위로 끌어 올린다. 그리고 그 용기 때문에 처벌받는다. 그들은 카리스마가 있지도 않고 일반적인 의미에서 리더라고 부르기도 어렵다. 그들은 어두운 구석에, 가장자리에 있는 것처럼 보이지만 문제를 밖으로 끌어내는 사람도 그들이다.

여러 위법 행위가 글로벌 기업에서 빈번하게 일어나고 있다. 이런 일은 계속될 것이다. 성장과 이익을 추구할 때 생기는, 즉 압박을 느낄 수밖에 없는 사회적·심리적 요소가 위법 행위를 불가피하게 만든다고 앞서 언급했다. 견제를 받지 않는 권력, 목표를 달성해야 한다는 과도한 압박, 판단을 흐리게 만드는 상황은 시간이 흘러도 거듭해서 나타난다. 그러나 위법 행위라는 개별적인 이슈가 위기를 촉발하는 사업에서 시스템적인 실패와 동일한 것은 아니다.

심각하고 만연한 기업의 위법 행위(이는 위기로 이어진다)는 종종 기업의 기반을 잠식하는 심각한 조직적인 설계의 결함을 반영한다. 기업의 리더는 자신이 알지 못하거나 신속하고 효과적으로 대응하지 못했다며 변명해도 책임을 모면할 수는 없으며 재임 기간 동안 기업의 발전시키고 보호해야 하는 의무가 있다. 그들에게 책임을 물어야 윤리적인 위기를 예방하고 감지하며 대처 능력이 뛰어난 강력한 기업을 구축할 수 있다. 그리고 이걸 최우선적으로 생각해야 한다. 이는 쉬운 작업은 아니지만 필수적인 작업이다.

사회와 기업의 구성원으로서, 카리스마 있지만 타협적인 리더를 알아보고 자리에 맞는 적절한 리더를 선출해야 한다. 동시에 내부 고발자를 격려하고 인정하는 것은 기본이다. 또한 불가피한 위법 행위를 더 잘 다룰 수 있다면 좋다. 그것이 피할 수 없는 본격적인 위기로 확대되기 전에 말이다.

어둠에서 빛으로 떠오르는 것

윤리적 완전성에 힘 실어 주기는 기업의 리더들이 윤리적인 문제에 대응하고 망가진 기업 구조를 재건하며 기업을 긍정적으로 변화시키는 것을 돕는 틀이며 궁극적인 목표는 기업을 과거의 영광으로 되돌리고 더 나은 미래를 확보하는 것이다.

윤리적 완전성에 힘 실어 주기는 7단계로 구성돼 있으며, 이를 완료하는 데 수년이 걸릴 수도 있다. 이 과정에서 몇 번의 경영진이 교체될 수도 있다.

다음은 각 단계의 요약이다.

- 1단계는 회사에 관한 단발성 뉴스가 보도되는 것을 말하는 게 아니다. 바로 위기에 닥쳤다는 사실을 인식하는 것이다. 이해관계자, 규제 당국과 신뢰의 기반이 흔들리고 있다는 사실을 이해하는 것도 포함된다. 이 단계에서 이사회는 기업의 대응에 대한 감독 및 방향을 설정한 권한을 CEO와 경영진으로부터 받아야 한다.
- 2단계는 이사회의 지휘하에, 혐의의 진상을 규명하기 위한 철저하고 강력한 조사가 필요하다.
- 3단계는 이사회가 감독하지만 고위 경영진이 시행하는 교정 조치로, 위법 행위가 재발하지 않도록 하는 개선 조치가 포함되며 인사·통제·교육, 및 기타 부서와 연관이 된다. 이는 또한 개선된 조직 구조와 규제 당국 및 다른 이해관계자와의 합의를 위한 포괄적인 로드맵을 그리는 것도 포함된다.

- 4단계는 양형 거래 합의를 통해 규제 및 사법 당국과 문제를 종결시키는 것을 목표로 한다. 양형 거래에는 범죄 조사 및 채무 불이행으로 이어질 수 있는 사항에 특히 주의를 기울인다. 외부 전문가(내부 조사를 진행한 사람이 아닌 전문가)는 신속한 합의를 위해 필요하다.
- 5단계는 위법 행위를 예방하고 감지하며 대응할 조직적인 구조를 강화하는 데 초점을 둔다. 이는 국제 모범 사례에 따른 강력한 기업 준법 프로그램을 개발하면서 이루어진다. 고위 경영진이 준법 관련 외부 전문가를 활용하고 기업의 변화를 촉진함으로써 이 절차를 주도한다.
- 6단계는 새로운 리더를 통해 기업 문화를 재편하고 윤리적 완전성에 다시 초점을 맞추며 윤리적인 행동에 대해 새로운 인센티브를 제공하는 것을 다룬다.
- 7단계는 마지막 단계로, 기업 전략을 핵심 역량과 주요 시장에 다시 초점을 맞추고 불안정한 감독과 위험한 시장, 프로젝트에서 벗어나는 단계다. 이 단계는 이사회의 적극적인 참여가 요구된다.

비즈니스 수행 방식 전환

위기 상황에서 경영진들(과 직원들)은 끊임없이 쏟아지는 나쁜 소식과 경영진 및 경영 전략의 변화에 지칠 수 있다. 기업이 추락하고 있어도 근본적인 문제를 이해한다면 재건하는 방법과 그에 초점을 맞춘 전략을 명확하게 설정할 수 있다. 그들은 적절한 역량과 비전을 갖춘 직원들로 팀을 꾸려 변화를 주도한다. 앞서 언급한 바와 같이 전환 과정은 길고 어렵지만, 이는 필수적이며 궁극적인 보상이 뒤따른다.

다음은 변화를 이룩한 기업의 몇 가지 특징이다.

- **적극적으로 비리를 고발하는 직원**: 직원들이 보복에 대한 두려움 없이 잠재적인 문제를 쉽게 제기하고 부서 및 사업부 내의 윤리적인 문제에 대한 주도적인 입장을 취하는 투명하고 내부 고발자가 자유로운 조직 문화가 있다.
- **적극적인 위험 파악 및 문제 처리**: 위법 행위 혐의 및 잠재적인 이슈에 즉각적으로 관심을 가지고 혐의 및 이슈들이 일관되고 신속하며 투명하게 처리할 수 있는 능동적이고 적극적인 위험 관리 방식이다. 이를 위해 기업의 위부터 아래까지 개방된 효과적인 소통 채널이 필요하다.
- **현명한 기업 인수**: 체계적이고 투명하며 효과적인 선택과 승인 절차(꼼꼼한 실사 포함)를 거쳐 인수 합병을 진행해야 한다. 모회사는 자회사가 중앙 프로세스에 완전히 통합되도록 신경 쓰고 모회사의 윤리적 가치 및 문화를 따르는지 확실히 살펴야 한다.
- **응집력 있는 기업**: 과도하게 복잡한 운영 방식을 내세우지 않고 회사의 모든 부서가 독단적인 행동을 하지 않는 응집력 있는 그룹으로 운영돼야 한다. 이는 윤리 및 준법을 내세우는 균형 잡힌 성과 목표와 맞물린다.
- **긍정적인 영향을 주는 비즈니스 파트너**: 기업의 비즈니스 파트너를 선정하고 관리하는 데 있어서 윤리에 중점을 둔 절차가 필요

하다. 이는 비즈니스의 기준이 문서로 규정되고 계약서에 포함시키며 모든 파트너가 기업의 기대에 부응하는 것이 확실하도록 감사監事를 받는다.

- **향상된 문화**: 좋은 의견과 나쁜 관행 모두 자유롭게 드러나며, 실수를 감추거나 반복하지 않는 한 용인되는 윤리적 논의와 논쟁을 조장하는 문화와 환경을 형성한다.
- **사회적 영향**: 기업이 사회에 적극적으로 참여하는 비즈니스 접근 방식이다. 기업 문화와 가치에 대해 이야기하는 것이 아니라 일상적인 활동을 통해 리더십을 발휘하는 것이다. 이는 기업의 롤 모델로 작용하며 글로벌 기업들과 협력해서 시장 전체에 윤리적 가치를 공유하는 것을 의미한다. 이는 또한 기업의 제품과 서비스가 공공의 이익을 제공하고 일자리를 창출하며 환경을 훼손하지 않고 정직하고 진실하게 마케팅하는 것이다.

강력한 리더십

기업을 이상적인 상태로 만들기 위해 절대적으로 필요한 요소가 있다. 바로 강력한 리더십이다.

책 전반에 걸쳐 논의한 바와 같이, 리더는 기업 전체의 문화적·전략적·구조적인 건전함뿐 아니라 기업의 직원 및 파트너들의 행동에 민감하고 적절하게 대응해야 한다. 대규모의 복잡한 조직을 이끄는 사람들에게 이것은 말처럼 쉬운 일이 아니다. 실제로 윤리적인 리더십의 감각을 다시 정의할 필요가 있다.

- 조직, 비즈니스 파트너 및 고객과의 일상적인 거래에 숨겨진 문제, 압박, 열악한 비즈니스 관행을 탐지한다.
- 내부 고발자 및 제삼자가 보낸 메시지를 듣고 회의, 현장 방문 및 주요 이해관계자와의 상호 작용에 대해 언급되지 않은 내용까지 세심한 주의를 기울여야 한다. 리더는 단순히 듣고 싶은 것만 듣는 위험한 경향이 있다.
- 비즈니스가 실패한 이유를 더 광범위하게 파악하기 위해, 구체적인 사실이나 혐의의 정황, 조사나 감사 보고서에 드러난 사실을 넘어 근본적인 본질에 초점을 맞춰 숨겨진 맥락을 들여다봐야 한다.
- 가장 골치 아프고 불편한 사안을 남에게 위탁하고 미루기보다는 직접 건드려야 한다.
- 증명을 하려면 직접 시도해야 한다. 이는 교정 조치나 후속 조치가 실제로 진행됐는지 확인하기 위해 테스트와 심사를 의무화함으로써 제대로 된 검증과 후속적인 조치를 취해야 한다는 것이다.

리더는 직원들이 솔직하고 투명하게 행동하도록 힘을 실어줄 필요가 있다. 간단히 말해서, 이견을 용납하지 않는 리더는 조직을 운영해서는 안 된다. 이 말은 내부 고발자를 대하는 방법이 중요하다는 뜻이다. 리더가 진정으로 내부 조사나 준법 프로그램을 포용하거나 '권력자에게 진실을 말하는 것'에 눈살을 찌푸리고 있는가? 탐욕과 거짓이 합리화되고 나아가 제도화되고 있지는 않은가? 우리는 역사를 통해 독선적이고 편협한 목표에 사로잡힌 리더의 위험성과 그런 리더가 얼마나 많은 사람에게 해를 끼치는지 지켜봐 왔다.

슈퍼스타의 세계

엘살바도르 범죄 조직의 모토는 '최악의 악마는 천사의 옷을 입고 숨어 있다'(Dreier, 2018). 이들은 기업계에서 카리스마 있고, 매력적이며 유능하고 지적인 슈퍼스타 같은 공감 능력이 뛰어난 리더일 것이다. 그들은 특별한 대우를 받고 규정을 바꿀 수 있는 권력과 평판을 쌓는다. 그들은 보통 사람들의 눈에 보이지 않도록 문제를 숨기고 부적절한 행동을 일상 업무처럼 보이게 만드는 마술사다. 그들은 그들을 숭배하는 집단, 신을 따르는 사제, 혹은 범죄 조직과 유사한 추종자들을 만든다. 그들은 권력을 남용하고 조직적 절차를 그들에게 유리하게 왜곡하면서 자신만의 방법을 찾는다. 스탠리 밀그램과 필립 짐바르도는 이런 상황이 얼마 쉽게 발생하는지를 보여 줬다.

이 슈퍼스타들은 쉽게 멈추지 않는다. 당신은 그들을 능가할 수 없다. 글로벌 기업의 리더들은 위기가 닥쳐도 그들을 용서하며 이들에게 어떤 행동을 취하려 하면 명백한 위법 행위의 증거를 원한다. 날아오르는 슈퍼스타의 날개에 상처를 내고 싶지 않아 이익과 성과라는 명목으로 의도적으로 외면함으로써 슈퍼스타의 범죄를 용서한다.

이런 문제가 있는 슈퍼스타를 따르는 직원들은 야망 있고 충성심이 높으며 대개 그들에게 순응한다. 이를 의도하지 않았지만 이로 인해 직원들은 자신의 양심을 쉽게 팔게 된다. 직원들은 자신이 희생됐다는 사실을 고위 경영진이 묵인했다는 이유로 그들의 상황과 행동을 합리화한다. 많은 사람들이 그렇듯 탐욕과 압박이 그들을 비겁한 사람으로 만든다. 사실 희생자가 된 직원들은 루이스가 언급한 '핵심 인력'이 되기를 원했던 것이다.

시간이 지난 후 생각해 보면 영웅과 악당, 유능한 사람과 그렇지 않은 사람을 구별하기는 쉽다. 슈퍼스타들은 그들의 힘을 통합하고 행동을 합리화해 기업과 직원들에게 큰 손해를 입힌다.

그러나 현실은 다르다. 맥락, 상황, 관점이 중요하다. 우리가 더 많이 의식하고 깨닫게 되면, 가장 어두운 순간에 다양한 선택의 가능성을 보고 찾게 될 것이다.

우리는 행동과 성격 묘사를 바탕으로 선과 악을 판단한다. 또한 선과 악을 구분하는 것처럼 그들과 우리를 분리하려 한다. 이 책에서 예시로 언급한 사례는 모두 가장 청렴한 나라와 그렇지 못한 나라에서 영업하는 유명한 기업에서 발생했던 일이다. 국가마다 차이가 있지만 작동하는 요소는 비슷하다. 우리가 하는 도전은 나쁜 의도가 있다기보다는 안 좋은 결과를 피하는 것에 있다. 우리는 모두 취약하다. 개개인이 썩은 사과로 변질되거나 기업이 유해한 바구니가 되는 것을 막기 위해 **윤리적 완전성에 힘 실어 주기**가 필요하다.

변화의 바람이 불고 있다. 유명 대기업의 전 CEO와 브라질, 대한민국, 엘살바도르의 대통령이 부패 혐의로 감옥에 수감됐다. 이 사례는 실제보다 과장된 이 인물들이 처벌받지 않고 활동하는 것을 보지 않겠다는 의미다. 더 많은 일이 일어날 것이다. 승패를 가르는 스포츠

경기에 심판과 레드카드가 필요한 것처럼, 시스템에도 신뢰를 유지하기 위한 예시가 언제나 필요할 것이다.

거대한 권력의 위험과 잠재력, 미래를 위한 로드맵

기업은 사회가 국경을 초월하고 전 세계를 통해 소통을 할 수 있도록 만든 영향력 있는 인간의 창조물이다. 기업은 자원, 노동력, 지식, 시장, 투자자를 연결하고, 사회 및 경제 개발에 필수적인 역할을 한다. 오늘날의 다국적 공기업은 1602년에 설립된 네덜란드 동인도 회사까지 거슬러 올라간다.

기업이 문명을 발전시키는 데 많은 기여를 한 만큼 어두운 면도 존재한다. 최근의 금융 위기와 수많은 위법 행위 사례에서 볼 수 있듯, 기업의 조직은 환경, 정치, 사회, 금융 등 많은 피해를 야기할 수 있다.

금융 위기의 결과로 은행은 1,500억 달러가 넘는 벌금을 지불했지만,[11] 위법 행위의 피해자에 대한 보상과 시스템 붕괴로 인한 실제 비용은 아직 집계되지 않았다. 대중의 분노는 여전히 식지 않았다.

기업이 좋든 나쁘든 세계에 영향을 미칠 것에는 의심의 여지가 없다. 세계는 좀 더 복잡해지고, 서로 연결되며 기술 중심으로 변한다. 이는 진부한 표현이지만, 매 10년이 지날수록 변화의 속도는 점점 더 빨라지고 있다. 다음 혁신의 물결은 이미 인공 지능, 생명 공학, 나노

---

11   https://www.ft.com/content/71cee844-7863-11e7-a3e8-60495fe6ca71

기술과 같은 새로운 지평을 예고하고 있다. 이런 혁신을 주도하는 기업은 전례 없는 권력, 이점, 그에 상응하는 책임을 가질 것이다. 혁신을 이루는 사람들은 기발한 아이디어가 결실을 맺도록 뒷받침하는 데 적절한 환경을 만드는 스타트업이나 세계적인 기업에서 근무하는 개인일 것이다. 그들은 우리의 조건이 수반하는 모든 결점, 유혹, 약점을 가지고 있으며 인간적이지만, 야심차고 목표 지향적일 것이다.

이 모든 상황은 역사의 순간에 세계를 공유하는 사람들에게 불안과 희망을 동시에 불러일으킨다. 두 가지 감정은 이해할 수 있고 정당화될 수 있다. 그리고 이 두 감정은 상호 배타적이지 않다. 그래서 기업의 리더와 사회는 혁신을 일으키는 사람들에게 책임감 있게 행동할 것을 요구하는 것이 무엇보다도 중요하다. 또한 기업을 성장시키고 혁신적인 사람들을 통제할 수 있는 능력을 이해해야 한다.

위기는 생활과 기업을 망치지만, 새로운 기회와 긍정적인 변화를 위한 씨앗을 심을 수도 있다. 하나의 위기에서 벗어났다는 사실이 미래에 다른 위기를 맞을 위험이 없다는 의미는 아니다. 위험은 항상 존재하고, 글로벌 비즈니스라는 경쟁이 치열한 전장을 탐색하는 것은 항상 위험하다. 공격적인 전략을 옹호하는 사람들은 늘 존재한다. 이들은 비핵심 시장에 진출하고 인수할 기회를 만들고 사각지대를 무시하며 기업의 전략적인 건전성과 윤리적 행동을 위한 헌신을 위협한다. 규칙과 윤리를 무시하고 좋은 성과를 올리는 악역들과 그들의 행동에 피해를 입는 사람들에 대한 관심이나 동정심을 보이지 않는 사람들도 늘 있을 것이다.

바닷물은 잔잔할 때가 거의 없고, 수평선 너머에선 또 다른 폭풍이 밀려온다.

먼 바다에 있는 선원처럼 폭풍을 이겨 내고 목적지에 도달하는 기업의 가장 큰 희망은 고정된 기준점을 갖는 데서 온다. 이것은 당신이 어디 있는지, 배가 어디로 향하는지 알게 해준다.

항해 초기에, 항해자들은 익숙한 랜드마크를 이용해 육지를 찾을 수 있었다. 육지에서 멀리 떨어진 먼 바다로 나가기 위해 고정된 기준점이 필요했던 그들은 하늘을 올려다봤다. 지식이 쌓이고 천문 항법 celestial navigation이 발달하면서 북반구의 항해사들에게 주요 기준점은 북극성이 됐다.

오늘날, 전자 항법 장치와 GPS가 북극성을 대신하지만, 원리는 동일하게 남아 있다. 성장과 이익을 위한 압박이 존재하는 기업 환경은 당신으로 하여금 경로에서 벗어나 멀리 가도록 만들지만, 윤리적 완전성은 당신의 북극성이다. 이를 통해 올바른 방향으로 나아갈 수 있으며 기업에 어둠이 내릴 때 방향을 다시 잡을 수 있다. 삶과 마찬가지로, 비즈니스에서도 북극성, 즉 윤리적 완전성을 따라가면 목적지에 안전하게 도착할 것이다.

마지막 당부

이 책을 통해 리더와 내부 고발자를 분리하고 뚜렷한 '인물'로 묘사했지만 항상 그런 것은 아니다. 불의와 비리를 밝히는 사람이 항상 주변에서 일하는 것도 아니다. 그들은 가끔 권위와 권력을 가진 사람이기도 하다. 그리고 리더와 내부 고발자가 같은 사람일 때, 놀라운 일이 일어날 수도 있다. 이런 사람들이 진정으로 세상을 바꾸는 사람들이고, 적어도 세상을 바라보는 방식을 바꾼 사람들이다.

그 예로 여성 참정권을 쟁취하기 위해 앞장선 수전 앤서니, 미국 인권 운동을 이끈 마틴 루터 킹 목사, 남아프리카공화국의 인종 차별을 종식시킨 넬슨 만델라, 그리고 전 미국 부통령으로서 기후 변화에 경각심을 불러일으킨 앨 고어가 있다.

이와 같은 개인은 드문 편이지만, 오늘날 기업계에 높은 수준의 윤리적 완전성을 주입하기 위해 이 사례에서 영감을 얻을 필요가 있다. 자신의 도덕적인 관념을 믿고 비리를 수면 위로 끌고 와, 회사 안에서뿐만 아니라 다른 기업들도 **윤리적 완전성에 힘 실어 주기**에 동참하도록 만들라. 세계은행이 규정한 효과적인 준법 프로그램을 위한 지침은 개혁을 이룬 기업이 전반적으로 업계에 긍정적인 기여를 하고 긍정적인 영향력이 미치는 범위의 폭을 넓힐 것이며 '집단적인 행동'에 대한 요구로 결론을 맺을 이유기도 하다. 좋은 아이디어와 개선된 절차를 공유해야 한다.

이는 당신의 개인적인 행동에서 시작된다. 행동은 전염성이 강하다. 직원들은 그들의 상사가 하는 행동을 그대로 답습할 것이다. 자기 자신, 직원, 기업과 함께하는 모든 비즈니스 파트너에게 높은 수준의 윤리적 완전성을 요구하라. 만약 그들이 당신의 요구가 합당하고, 스스로가 정한 기준에 부합한다면, 그들은 당신을 위해, 혹은 당신과 계속 일을 하기 위해 그들의 행동을 고쳐 당신의 선례를 따를 것이다.

다음으로, 당신의 의견을 널리 알려야 한다. 비즈니스에 윤리적 완전성을 기반에 둔 방식, 내부 고발자의 활동이 자유로운 기업 문화, 그리고 단순화된 기업 전략과 같은 변화가 당신의 기업을 성장시키고 일하기 좋은 장소로 만들었다는 연설을 하고 글을 기고하라. 지역 또는 지역 비즈니스 커뮤니티와 업계 이벤트, 협회 및 모임에서 목소리를 높이고 강력한 영향력을 행사하라. 또한 당신의 메시지를 언론 매체에 확실히 알려 당신의 영향이 미치는 모든 곳에 있는 관계자들이 빛을 보도록 만들어라.

이런 변화의 일환으로, 비리를 저지르고 평판이 좋지 못한 임원이 자신의 범죄로 회사를 떠날 때 높은 퇴직금을 챙기는 '황금 낙하산'의 관행을 종식하는 것에 일조해야 한다. 이들이 떠날 때 이들을 고용했던 사람들은 계약상의 의무라는 핑계 뒤에 숨는다. 그들을 해고하는 일이 단기적인 법적 분쟁을 가져오더라도 이 관행을 끝내야 한다. 그럼으로써 다른 기업의 리더들이 황금 낙하산과 관련된 오래된 관습이 시대착오적이라는 사실을 깨닫고 거기에 동의하도록 도와야 한다. 그리고 이 어리석고 비생산적이 관행을 끝날 시기라는 사실을 인식하는 것이 중요하다.

한 걸음 더 나아가, 악의적이고 탐욕적으로 이해관계자와 지역 사회에 큰 피해를 입힌 경영진에 대한 법적 기소와 선고를 통해 기업의 리더들이 개인의 책임이 중요함을 깨닫게 만들어야 한다. 대규모 기업 부패가 발생했을 때 기업은 엄청난 액수의 벌금을 지불하지만, 비리로 고소당한 직원은 금전적인 손실도 없고 처벌도 받지 않은 채 회사를 그만두는 경우를 흔히 볼 수 있다. 이런 불공정한 사례에 목소리를 높이는 소비자 단체와 정치인들이 늘어나고 있다. 이제는 더 많은 기업의 리더를 포함한 모든 사람들이 범죄를 저질렀음에도 처벌조차 받지 않는 이 불공정한 사례에 분노를 표시할 시기다.

만약 독자들이 이 책의 결론까지 읽었다면, 훌륭한 기업 전략, 훌륭한 기업 지배 구조, 윤리적 완전성에 대한 강한 의지가 장기적인 측면에서 봤을 때 훨씬 효과적이며 이익을 만드는 효율적인 조직을 만드는 데 작용한다는 기본 전제를 받아들일 것이다. 이는 현장에서 얻은 경험에서 나온 것이다.

기업계와 그들이 영업하는 지역 사회 모두의 이익을 위해, 이해와 사업 방식에 있어 더 의미 있는 변화를 추진하기를 촉구한다.

감사의 글

나를 이끌고 내게 지원을 아끼지 않은 감사한 사람들 덕분에 내 삶과 경험이 더욱 풍부해졌다. 가족의 사랑, 친구와 동료들의 격려와 지원, 그리고 고객들의 신뢰가 내 생각을 책으로 발간할 수 있는 밑거름이 됐다.

이 책은 내 인생의 다섯 번째 서막을 올렸다. 바로 지금, 내 고객이 내게 맡긴 과제는 물론, 기업의 신뢰와 완전성을 향상하기 위해 강력하고 포괄적인 관점에서 바라볼 준비가 됐다. 나는 책을 집필할 생각은 없었지만, 컨설팅 업무가 아닌 다른 일도 할 필요가 있다는 생각이 들었다. 내가 해 온 일이 중요한 의미를 가졌나? 기업이 실패하는 이유가 무엇인가? 최고의 기업이 어떻게 무너지고 다시 살아나던가?

나는 어렸을 때 엘살바도르에서 살았다. 상황이 악화되기 전까지, 나는 가족과 좋은 친구들에게 둘러싸여 행복한 시절을 보냈다. 그러나 우리 가족은 생계 위협과 폭력으로 인해 이민을 갈 수밖에 없었다. 우리는 새롭게 자리를 잡아야 했으며, 새로운 삶을 위해 많은 노력이 필요했다. 우리는 캐나다의 삼촌의 집에서 생활했다. 10명이나 되는 우리 가족은 비좁은 방이 두 개 있는 아파트에서 임시로 살았다. 그 건물은 분명히 소방과 건축 법규를 어겼을 것이다. 우리는 일과 공부를 병행하며 새로운 삶을 시작했고 성공할 기회를 잡기 위해 고군분투했다. 이 격변의 시기는 고통스럽고 힘들었지만 마냥 괴로운 것만은 아니었다. 가끔씩 나는 어린 시절의 우리 가족이 이 힘든 시절을 어떻게 견디고 헤쳐 나갔는지 궁금해 과거를 회상하곤 한다.

고등학교와 대학교를 졸업했을 때가 내 삶의 두 번째 단계였다. 졸업 후, 캐나다와 미국에서 전문 회계사 자격을 취득했다. 꽤 힘들었지만, 대학교 재학 중에 세계적인 회계법인 PwC에서 인턴으로 근무할 기회를 얻었다. 나는 PwC의 캐나다, 쿠바, 미국, 네덜란드 지사에서 일을 배울 수 있었다. 고된 일이었지만, 엄청난 기회였다. 캐나다에서 내가 희망하던 과에 입학하고, 10년 뒤 PwC의 파트너가 되는 것이 쉬운 일만은 아니었다. 나는 2001년에 네덜란드 지사로 갔다. 이 책에서 인용된 주요 사건들과 전반적인 경험이 나를 성장시켰다. 일을 하면서 박사 학위를 끝내는 것은 쉽지 않았기 때문이다. 그리고 아름답고 사랑스러우며 배려심이 깊고 현명한 아내, 샤나를 만났다. 샤나는 내 생각과 에너지가 지나친 것을 알고 나를 잘 다독이며 내가 가는 모든 길을 응원했다.

내 인생의 세 번째 단계는 FBI 간부였던 루이스 프리와 함께했다. 2008년, 우리는 위험을 감수하고 컨설팅 회사를 차렸고 다행히도 사업은 성공적이었다. 우리는 전 세계를 돌아다니며 어려움에 처한 회사를 도왔다. 나는 독립적으로 일을 진행했고, 사업가로서 각 회사에 맞는 방식으로 전문적이고 중요한 일을 시작했다. 기업의 임원들은 우리에게 의견을 묻고 답을 구했으며 우리는 그들에게 회사가 가야 하는 길을 조언했다. 곧이어 우리 회사는 기업에게 입소문이 나기 시작했다. 우리는 더 많은 책임감을 가져야 했다. 흔히 말하는 직원들에게 월급을 주고 고정 비용을 지출하는 진정한 기업인이 됐다는 기쁨은 이루 말할 수 없는 것이었다. 우리는 경비를 최소화하기 위해 다국적 기업으로 운영했다. 그러나 일은 감당할 수 없을 만큼 버거워졌고 결국 2012년에 회사를 매각했다.

내 인생의 네 번째 단계는 2012년 가을에 시작됐다. 그때 출장이 많고 집을 오래 비울수록 중요한 것을 잃는다는 것을 깨달았다. 사랑스러운 내 아이들(비앙카와 마테오)과 더 많은 시간을 보내고 아내를 외조하기 위해 집에 머무르는 시간이 늘어났다. 그래서 주로 캐나다와 유럽에서 오는 고객들을 상대하며 일과 삶의 적절한 균형을 맞추는 생활에 집중했다.

2015년, 우리는 고객과 함께한 10년간의 경험을 글로 작성해 보자는 제안을 받았다. 원래는 준법에 초점을 둔 글을 쓸 예정이었지만 유명 대기업이 이룬 엄청난 변화에 초점을 맞추기로 했다. 내 오른팔인 마크 로리와 루이스 프리와 함께 우리가 목격한 변화의 과정을 보여주는 글을 썼다. 우리는 회사가 위법 행위에 대응하고, 회사 체계를 재구성해 변화하는 과정을 볼 수 있었다. 그것이 이 글을 쓰게 된 결정적인 이유였다. 이 과정에서 우리는 새로운 사업인, 오르투스와 **윤리적**

완전성에 힘 실어 주기의 뼈대를 형성했다. 많은 글을 쓰고 머리를 모아 의견을 공유하려 노력했다.

2015년과 2016년, 회사를 찾는 고객이 확 줄었다. 모두 중요한 고객이었지만, 이전과 같이 바쁘지 않아서 **윤리적 완전성에 힘 실어 주기**의 단계를 정확하게 정의할 시간이 있었다. 각 단계에 이름을 붙이며 우리의 생각을 종이에 써 내려갔다. 이 과정에서 우리는 전문가 로저 다센, 조나단 테퍼맨과 잉크 스트래티지Ink strategy에서 근무하는 시각 예술가 밥과 트리스탄을 포함한 많은 사람과 다양한 의견을 교환했고 그들의 창의적인 생각을 정리했다. 밥과 트리스탄은 우리의 아이디어와 말을 단순한 그림으로 표현하는 것을 도와줬다. **윤리적 완전성에 힘 실어 주기**의 일곱 단계를 명료하게 정리한 샤나에게도 감사하다고 전하고 싶다.

2016년 3월, 나는 이 책의 초고를 완성했다. 책의 주제는 좋았지만, 특색이 부족했으며 구성이 복잡하고 기술적으로 느껴졌다. 나는 책을 편집하면서 문장을 교정해준 훌륭한 편집자 로리에게 무한한 감사를 표하고 싶다. 톰 그루트, 얍 반 마넨, 톰 스코트, 데이비드 도일, 레온 크르이머, 프릭 탈스마, 내이선과 밥 로리가 훌륭한 의견을 제시해줬다.

2016년 7월, 나는 비즈니스에 관한 책을 쓰는 제임스 괴세브룩을 소개받았다. 그는 나에게 이야기를 서술하듯 일화를 추가해서 원고를 더 읽기 쉽게 쓰라고 조언했다. **윤리적 완전성에 힘 실어 주기** 일곱 단계를 서술하는 것에 초점을 맞추고, 각 단계를 소개하는 말과 문제점의 본질에 관한 내용 및 결론을 덧붙이라는 뜻이었다. 마크와 나는 그의 조언을 따랐다. 우리는 우리의 견해와 생각을 효율적으로 전달하기 위해 사람들이 쉽게 읽을 수 있는 책을 원했다. 그 후 약 2년 동안 전화를 붙들고 의견을 교환하고 컴퓨터로 내용을 편집하면서 각 장을 재구성했다.

이 작업을 하기 위해 엄청난 시간과 노력을 들였다. 그 결과, 문장의 의미가 좀 더 분명해졌고 우리가 전달하고자 하는 이슈들의 다른 이면도 볼 수 있었다. 우리의 끈질긴 노력에 대한 보상이었다고 생각하며 독자들도 이에 동의할 것이라 믿는다.

2018년 초, 전보다 향상된 책의 초안이 나왔다. 첫 번째 초안을 읽은 동료들이 새로운 원고를 검토해 줬다. 레온, 데이비드, 야프, 프리크, 마리아, 샤나가 도와줬다. 루이스를 포함한 조나단 짐블렛, 리커트 엥겔스, 키스 캠퍼먼, 로렌스 몰레그라프, 피터 와키 등도 내게 피드백을 해줬다.

내 박사 논문처럼, 이 책은 우리 가족의 프로젝트였다. 내 형제자매인 리야와 라울, 편집을 맡아 주신 장모님, 인쇄를 비롯한 각종 지원을 해주신 부모님, 집필과 아이디어 창출은 마크와 함께했고, 주석은 샤나가, 삽화는 내 아이들 비앙카와 마테오가 맡아 수고해 줬다. 책을 집필하면서 자주 만난 사람은 VU인쇄에서 근무하는 페리인데, 그는 2015년부터 스무 가지가 넘는 원고를 인쇄하고 제본해 줬다.

***

엘살바도르에 있는 나의 가족들에게, 나는 전쟁과 평화 사이에서 얻은 교훈이 이 책에 담기길 바란다. 사랑과 폭력, 온정의 손길이 가득한 나라에서, 더 나은 내일을 위해 살아가고 발전하고 희망을 가지며 살기 위해서는 용감한 노력이 필요하다.

2018년 10월, 엘살바도르의 가톨릭교회의 대주교이자 성인이며, 가난한 사람을 대변하다 제단에서 영원히 눈을 감은 오스카 아눌포 로메로 같은 영웅에게

내게 새로운 국적을 부여하고, 직업을 바꿀 수 있도록 지원해준 캐나다와 네덜란드에게

내 동료, 루이스 프리와 존 라히에게, 그들은 믿을 수 없이 훌륭한 파트너이며 이 책의 내용이 풍부해질 수 있게 한 수많은 경험을 함께했다.

기업이 선을 넘지 않도록 하는 규제 담당자와 검사들, 특히 미 증권거래 위원회와 법무부에서 근무하는 현명하며 개혁의 기폭제가 된 분들에게

아홀드, 다임러, 지멘스, 피파, 에쓰엔씨-라발린, 텔리아와 같은 기업의 리더들에게, 당신들과 일하며 얻은 경험이 다른 기업의 이익을 위한 최고의 교훈이 되길 바랍니다.

감사합니다.
호세 에르난데스

옮긴이의 글

경영학의 권위자, 피터 드러커는 일찍이 기업이 현대 사회의 대표적인 기관이라고 설파했다. 그의 말을 빌릴 것도 없이, 현대 사회에서 기업의 영향력은 너무나도 크다. 특히 전 세계를 상대로 경영을 하는 다국적 기업의 영향력은 특히 가공할 만하다.

그런 영향력을 가진 기업이지만, 기업의 존립 이유는 이윤의 극대화, 특히 주주의 이익의 극대화에 있다. 이익을 내지 못하면 존립 자체가 위협받기 때문에 경영을 위임받은 경영진들은 이익을 내기 위해 온갖 노력을 경주한다.

하지만 경영진들이 단기적인 이익에만 집착해서 수단 방법을 가리지 않으면, 기업들은 큰 위기에 봉착하는 위험에 처하게 된다. 인터넷과 IT 기술의 발달로 인해, 무리한 경영으로 발생하게 되는 스캔들은 전 세계로 삽시간에 퍼지고, 기업은 난관에 봉착하게 된다. 한 번

잃은 신뢰는 회복하기가 쉽지 않고, 기업은 돌이킬 수 없는 타격을 받게 된다.

전 세계를 상대로 하는 기업들의 경영은 자국에만 영업이 한정되지 않기 때문에 복잡할 수밖에 없다. 한 나라에서 너무나도 당연하다고 생각이 되는 관행이 다른 나라에서는 금기시되는 경우도 많다. 또한 본사와 너무 떨어져 있을 때, 직접적인 관리가 대부분 힘들어진다.

이 책은 무너진 기업을 복원하는 방법에 대해서 논하고 있다. 기업이 성과를 올리고, 업무 영역을 확장해 나가는 것은 상당한 시간이 필요하지만, 스캔들로 인해 기업이 무너지는 것은 오래 걸리지 않는다. 단순한 대증對症 요법으로 문제가 된 부분을 잘라 내는 것만으로는 근원적인 해결을 할 수가 없고, 기업의 윤리적 완전성이 기업 경영 전 영역에 뿌리를 내려야 비로소 좋은 기업으로 거듭날 수 있다고 저자는 설파하고 있다.

대부분의 기업의 경영진들은 영업 실적을 중요시하는데, 특히 사분기로 측정되는 단기적인 영업 성과에 집착을 한다. 주식 시장에서 주식이 공개적으로 거래되는 경우, 손익 계산서의 마지막 숫자bottom line, 즉 이익이 가장 중요하기 때문에 대부분의 경영진들은 거기에 목을 매게 된다. 그 지점에서 윤리적 또는 법적으로 옳지 못한 행위까지 동원된다.

전 세계적인 영업망을 가진 글로벌 대기업은 본사에서 지역적으로 멀리 떨어진 대륙에서도 영업을 하게 되는데, 매출 신장을 위해 불법적인 행위를 의도적으로 묵인하거나, 그 지역의 유능한 슈퍼스타에게 의존하게 된다. 슈퍼스타는 그 지역의 정·관계에 연결 고리가 있거나 아니면, 제삼자 대리인을 적절히 활용해 매출의 대폭적인 증가를 꾀한다.

이 모든 문제들이 처음에는 잘 가려진 것처럼 보이지만, 여러 가지 경로로 폭로되고, 그로 인한 기업의 이미지는 회복이 거의 불가능할 정도로 손상되는 것이 대부분이다. 따라서 비리나 위법 행위는 기업 내부에서 사전적으로 차단하는 것이 바람직한데, 매출의 신장에만 모든 신경을 쏟는 경영진들은 사전 내부 감사의 기능, 게이트키퍼 기능을 경시하고, 비용을 낭비한다고 홀대하기 일쑤며, 평상시에는 제대로 작동시키려 하지 않는다. 하지만 궁극적인 기업의 성패는 이 게이트키퍼 기능이 제대로 작동하는가에 달려 있다.

또한 간과하지 말아야 할 사항은, 이른바 내부 고발자에 대한 처리다. 기업의 경영진들은 내부 고발자들이 단순히 기업에 불만을 가지거나 정신적으로 온전하지 못한 자들이라고 치부하는 경향이 있으며, 적절한 대처 없이 무시하는 경향이 있다. 그러나 그들의 고발은 언론이나 사법 당국의 관심을 끌고, 큰 문제로 진화하는 경우도 종종 있다. 내부 직원의 고발은, 기업이 건전성을 유지하기 위해 꼭 필요한 행위이므로 이에 대한 적극적이고도 적절한 대응이 무엇보다도 중요하다.

최근 기업 규모가 확대되고, 영업이 전 세계적으로 이루지고 있는 한국의 글로벌 기업에도 이 문제는 점차 중요성을 더할 것이다. 세계적으로 영업을 확장할 때, 초기에는 다른 지역 시장에 침투하기 위해서 많은 노력을 기울이고 상당한 시장 점유율을 가지게 되기도 하지만, 현지에 사정에 정통하지 않은 경우 역풍을 맞을 수 있고, 현지 파트너를 잘못 선정하게 되면 스캔들에 휘말릴 수 있다. 특히 사법 관할권을 최대로 넓게 해석하는 미국의 사법 제도에 익숙지 않아서 낭패를 볼 때가 많다. 미국은 자국의 사법 관할권 내에서 단지 상품이 거래되는 경우에도 해당 기업 경영 전반에 대해 관여를 하는 것으로 악명 높다. 이런 사항이 우리 기업에게는 해당되지 않을 것이라 하는 안일한 대응이 점차 세계적으로 영업을 하려는 기업들에게 심대한 영향을 끼치는 경우가 종종 있다.

요즘 전 세계적인 코로나19 사태로 인해 국가 간의 직접적인 교역이 다소 줄고 있으나, 인터넷이나 다른 연결 수단을 통한 비대면 거래는 증가하고 있다. 그렇다고 하더라도 기업 상호 간, 기업과 개인 간의 거래에서 신뢰 및 윤리적 완전성의 중요성이 감소해서는 안된다. 여전히 신뢰와 윤리적 완전성을 최우선으로 생각해야 한다.

참고 문헌

Batson, C.D (2016). Moral motivation: a closer look. In: Cheating Corruption, and Concealment (ed. J. Prooijen and P. A. M. Van Lange), 13-14. Cambridge: Cambridge University Press.

Blader, S. L. and Yap, J. (2016). Power, dishonesty, and Justice. In: Cheating, and Concealment (ed, Prooijen and P. A. M. Van Lange), 208-229. Cambridge: Cambridge University Press.

Buffet, W. (2006). "2006 memo by Warren Buffett." https:// www.ft.com/ content/48312832-48312857d48312834-48312811db-be48312839f-40000779e48312340.

Drier, H. (2018). "A Betrayal: The teenager told police all about his gang, MS-13. In return, he was slated for deportation and marked for death." Pro Publica: https://features.propublica.org/ms-13/a-betrayal-ms13-gang-police-fbi-ice-deportation/.

Gino, F. (2016). How moral flexibility constraints our moral compass. In: Cheating Corruption, and Concealment (ed. J. Prooijen and P. A. M. Van Lange), 75-97. Cambridge: Cambridge University Press.

Goldberg, P. (1988). "Architecture View: A Novel Design And Its Rescue From Near Disaster." New York Times.

Heffernan, M. (2013). "TED Talk: The dangers of willful blindness." https://www.ted.com/talks/margaret_heffernan_the_dangers_of_willful_blindness/transcript.

Kotter, J. (1996). Leading Change, 한정곤 역, 2007, 《기업이 원하는 변화의 리더》, 김영사.

Lewis, C. S. (1944). "Lecture at the University of London's King's College entitled 'The Inner Ring'."

Milgram, S. (1963). Behavioral study of obedience. Journal of Abnormal and Social Psychology 67(4): 371-378.

Milgram, S (1965). Some conditions of obedience to authority. Human Relations 18 (1): 57-76.

Moore, C. (2016). Always the hero to ourselves: the role of self-deception in unethical behavior. In: Cheating Corruption, and Concealment (ed. J. Prooijen and P. A. M. Van Lange), 98-119. Cambridge University Press, Cambridge University.

OECD(2014). "Organisation for Economic Cooperation and Development (OECD) Foreign Bribery Report: An Analysis of the Crime of Bribery of Foreign Public Officials." http://www.oecd.org/corruption/oecd-foreign-bribery-report-9789264226616-en.htm.

Perrow, C. (1984). Normal Accidents: Living with High-Risk Technologies.

김태훈 역, 2013, 《무엇이 재앙을 만드는가: 대형 사고와 공존하는 현대인들에게 던지는 새로운 물음》, 알에이치코리아.

Piff, P. K., Stancato, D. M., and Horberg, E. J. (2016). Wealth and Wrongdoing: social class differences in ethical reasoning and behavior. In: Cheating Corruption and Concealment (ed. Prooijen and P. A. M. Van Lange), 185-207. Cambridge: Cambridge University Press.

Useem, J. (2016). "What was Volkswagen Thinking? On the origins of corporate evil- and idiocy." The Atlantic: https://www.theatlantic.com/magazine/archive/2016/2001/what-was-volkswagen-thinking/419127/.

Van Prooijen, J. W. and Van Lange, P. A. M. (2016). Cheating, Corruption, and Concealment. In: Cheating, Corruption, and Concealment: The Roots of Dishonesty (ed. J. Prooijen and P. Lange), 1-11. Cambridge: Cambridge University Press.

Vincent, L. C. and Polman, E. (2016). When being creative frees us to be bad: linking creativity with moral licensing. In: Cheating, Corruption, and Concealment: (ed. J. Prooijen and P. Lange), 151-165. Cambridge: Cambridge University Press.

WBG(2010). "World Bank Group's(WBG) Integrity Compliance Guidelines." http://siteresources.worldbank.org/INTDOII/Resources/Integrity_Compliance_Guidelines_pdf.

Wiltermuth, S. S. and Raj, M. (2016). Not for my sake: preventing others from using potential beneficiaries' benefits as justifications for dishonest. In: Cheating, Corruption, and Concealment, (ed. J. Prooijen and P. Lange) 120-133. Cambridge: Cambridge University Press.

Winter, C. (2012). "Are creative people more dishonest?" Bloomberg (13

March): http;//www.bloomberg.com/news/articles/2012-2003-2012/are-creative-people-more-dishonest.

Zimbardo, P. (2007). The Lucifer Effect. Understanding How Good People Turn Evil. 이충호, 임지원 역, 2013, 《루시퍼 이펙트: 무엇이 선량한 사람을 악하게 만드는가》, 웅진지식하우스.

옮긴이 _ **김경식**

서울에서 태어났다. 서울대학교 사범대학 부속 고등학교와 고려대학교 경영학과를 졸업했다. 대학 시절 전공에 대한 관심보다는 문학에 대한 매력을 느껴 〈문학사상〉과 같은 문학잡지를 즐겨 탐독했다. 전문 번역가로 활동하고 있으며, 옮긴 책으로는《백사자의 신비》《성장에 눈 먼 세상》《이야기를 바꾸면 미래가 바뀐다》《이브의 몸값》등이 있다.

회사는 이유 없이 망하지 않는다

1판 1쇄 2021년 10월 28일
1판 2쇄 2021년 11월 15일

지은이   호세 에르난데스
옮긴이   김경식

펴낸이   임지현
펴낸곳   (주)문학사상
주소   경기도 파주시 회동길 363-8, 201호(10881)
등록   1973년 3월 21일 제1-137호

전화   031)946-8503
팩스   031)955-9912
홈페이지   www.munsa.co.kr
이메일   munsa@munsa.co.kr

ISBN 978-89-7012-529-9 (03320)